»Halte stets eine mit dem Allernötigsten gepackte Tasche bereit, damit du jederzeit auf Reisen gehen kannst.« Diesen Rat einer alten Freundin kann Kathleen Winter, kanadische Journalistin und Nummer-1-Bestsellerautorin, schneller als erwartet in die Tat umsetzen: Als sie überraschend das Angebot erhält, an Bord eines russischen Eisbrechers durch die legendäre Nordwestpassage zu fahren, zögert sie nicht und sagt zu. Es ist der Beginn einer einzigartigen Reise durch eine extreme Region, die immer noch viele Gefahren birgt – wie auch Winter und die anderen Passagiere erfahren müssen, als ihr Schiff auf einen Felsen aufläuft und sie zu Schiffbrüchigen werden.

In wunderbaren Bildern und luzider Sprache schildert die Autorin ihre Begegnungen mit dieser großartigen Landschaft und ihren Bewohnern. Winters Reisebericht ist zugleich die Geschichte ihrer persönlichen Lebensreise, eine Geschichte vom Verlieren und Finden, vom Suchen und vom Bei-sich-selbst-Ankommen.

KATHLEEN WINTER ist Journalistin, Romanautorin, verfasst Kurzgeschichten und schreibt Drehbücher für das kanadische Fernsehen. Ihr Debütroman »Annabel« war ein Bestseller in Kanada und ein internationaler Erfolg. Ihr Memoir »Eisgesang« war nominiert für den Hilary Weston Writers Trust Prize for Nonfiction und den RBC Taylor Prize. Kathleen Winter hat lange in St John's auf Neufundland gelebt. Heute lebt sie in Montreal.

Kathleen Winter

Eisgesang

Meine Reise durch die Nordwestpassage

Aus dem Englischen
von Elke Link

btb

Die kanadische Originalausgabe erschien 2014 unter dem Titel
»Boundless: Tracing Land and Dream in a
New Northwest Passage« bei House of Anansi Press, Toronto.

 Dieses Buch ist auch als E-Book erhältlich.

MIX
Papier aus verantwor-
tungsvollen Quellen
FSC® C014496

FSC
www.fsc.org

Verlagsgruppe Random House FSC® N001967

1. Auflage
Genehmigte Taschenbuchausgabe März 2020
btb Verlag in der Verlagsgruppe Random House GmbH
Copyright © 2014 by Kathleen Winter
Copyright © der deutschsprachigen Ausgabe 2016 by btb Verlag
in der Verlagsgruppe Random House GmbH
Neumarkter Straße 28, 81673 München
Covergestaltung: semper smile, München
Umschlagmotiv © Getty Images/Martin Zwick
Druck und Einband: GGP Media GmbH, Pößneck
MK · Herstellung: sc
Printed in Germany
ISBN 978-3-442-71902-0

www.btb-verlag.de
www.facebook.com/btbverlag

Für JD

Inhalt

Kapitel 1: Eine Einladung | 13

Kapitel 2: Kangerlussuaq | 25

Kapitel 3: Die Wikingerbestattung | 35

Kapitel 4: Sisimiut | 46

Kapitel 5: Kathedralen aus Eis | 69

Kapitel 6: Der Kapitän | 91

Kapitel 7: Wassermassen | 106

Kapitel 8: Annies Puppe | 125

Kapitel 9: Emily Carrs Milchrechnung | 142

Kapitel 10: Geologie | 151

Kapitel 11: Dundas Harbour | 162

Kapitel 12: Der weiße Garten | 178

Kapitel 13: Beechey Island | 190

Kapitel 14: Auf Franklins Spuren | 195

Kapitel 15: Ein warmer Faden | 215

Kapitel 16: Gjoa Haven | 233

Kapitel 17: Jenny Lind Island und Bathurst Inlet | 253

Kapitel 18: Die Macht des Gesteins | 266

Kapitel 19: Kugluktuk | 277

Kapitel 20: Heiliges Land | 289

Dank | 315

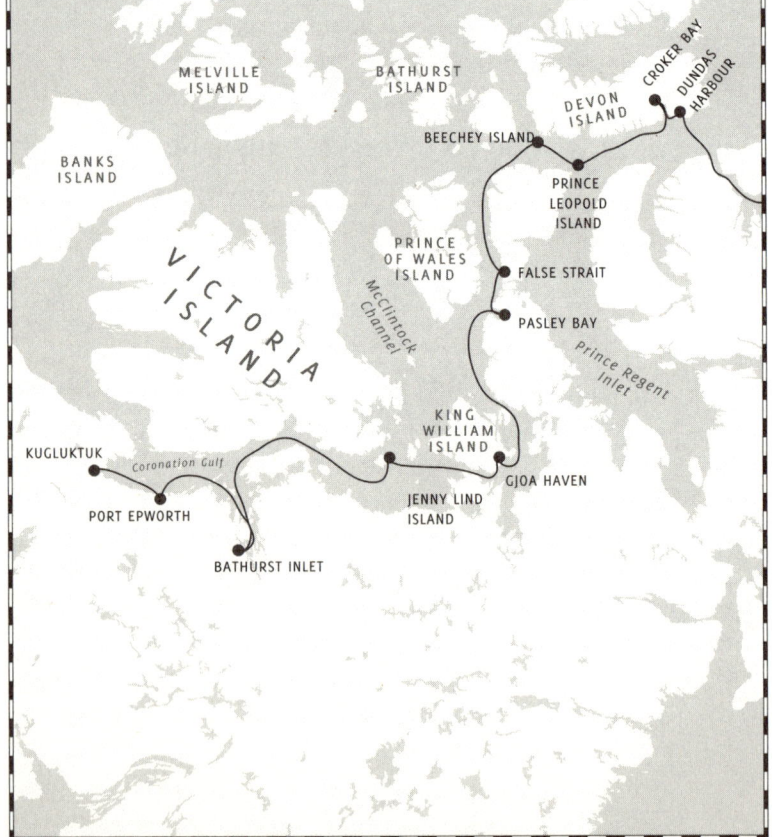

Nordwest-passage

ELLESMERE ISLAND

MELVILLE ISLAND

BATHURST ISLAND

DEVON ISLAND

CROKER BAY

DUNDAS HARBOUR

BANKS ISLAND

BEECHEY ISLAND

PRINCE LEOPOLD ISLAND

PRINCE OF WALES ISLAND

VICTORIA ISLAND

McClintock Channel

FALSE STRAIT

PASLEY BAY

Prince Regent Inlet

KING WILLIAM ISLAND

KUGLUKTUK

Coronation Gulf

PORT EPWORTH

GJOA HAVEN

JENNY LIND ISLAND

BATHURST INLET

GRÖNLAND
UPERNAVIK
KARRAT FJORD
Baffin Bay
ILULISSAT
BYLOT ISLAND
Davis Strait
POND INLET
KANGERLUSSUAQ
SISIMIUT
BAFFIN ISLAND
Foxe Basin

»Das Wasser, das Land, der Wind, der Himmel –
sie allein besitzen absolute Freiheit.«
BERNADETTE DEAN

»Der Körper ist eine Feder, die über die Tundra weht.«
AAJU PETER

| Kapitel 1 |

Eine Einladung

Eine Woche bevor ich die Einladung zu der Reise erhielt, die mich eine längst vergessene Suche wiederaufnehmen lassen sollte, lag ich mit Freundinnen aus dem College auf einem Steg. Es war unser zweites Treffen, nachdem wir dreißig Jahre lang getrennt voneinander unsere Leben gelebt hatten und erwachsen geworden waren. Ich war mittlerweile fünfzig und konnte endlich mit einem gewissen Mitgefühl über die herzzerreißend jungen Gesichter auf den Fotos in unserem Jahrbuch lachen. Wir hatten einander belanglose alte Verletzungen verziehen und betrachteten uns mit Weitblick und Menschlichkeit. So viel Gelächter war ich gar nicht gewöhnt – normalerweise saß ich stundenlang allein in einem Zimmer und schrieb, bis meine Familie zum Abendessen nach Hause kam. Hin und wieder unternahm ich einen Ausflug in die Bibliothek oder traf mich höchstens einmal mit einer Freundin zum Kaffee. Meistens war ich jedoch alleine unterwegs. Und nun war ich hier auf einer Art Stegparty. Ich kam mir vor wie eine Figur in einem Buch der Jugendbuchautorin Judy Blume. Es gab kaltes Bier und Nachos, und der Steg samt der dazugehörigen Hütte, die sich Aloise, mit der ich während des Studiums zusammengewohnt hatte, mit ihrem Mann gebaut hatte, kam mir vor wie ein Stück vom Himmel.

Als ich so dalag, erinnerte ich mich, wie viele Fragen an das Leben ich gehabt hatte, als Aloise und ich uns als Studentinnen eine Mietwohnung über einer Kneipe geteilt hatten, deren pulsierendes buntes Licht zu mir ins Zimmer gedrungen war. Damals spürte ich manchmal, dass sich meine gewohnte Welt verändert hatte und ich einen Blick auf etwas Schönes, Fremdes erhaschen konnte. Durch diesen kurzen Blick wurden Steine, Äpfel, Straßen und Bäume zu etwas anderem als einem geschichtslosen Chaos: Ich sah die Stadt in eine Art unhörbare Musik oder schillernde Transparenz getaucht, voller rätselhafter Bedeutung. In diesen Momenten gab es nichts Gewöhnliches mehr. Wenn dieser kurze Augenblick vorüberging, wie es stets der Fall war, blieb ich leer zurück. Ich hatte das Gefühl, die Welt hätte versucht zu sprechen. Das gesamte Sein schien aufgeladen von einem leuchtenden Sinn, über den ich unbedingt mehr wissen wollte.

Während meiner Jugend empfand ich durch diese transzendenten Momente immer ein paar Minuten der intensiven Verbundenheit und Zugehörigkeit zu dieser Welt. Es war, als wäre ich ein Fitzelchen verirrter Energie – als würde ich manchmal, für einen kurzen Moment der Glückseligkeit, durch Zufall mit dem Stromkreis verbunden werden, zu dem ich eigentlich die ganze Zeit hätte gehören sollen. Doch dann war ich wieder abgekoppelt, und die vertraute Schwermut kehrte zurück. Die Vision, die ich in diesen intensiven Augenblicken kurz erblickt hatte, war kraftvoll und lebendig, aber sie war auch auf eine rätselhafte Art gefährdet. Etwas sagte mir, dass dieses Leben mit seinen einfachen, liebenswerten Dingen – Kraniche am Horizont beispielsweise, das Licht der Morgendämmerung auf den Flügeln der Möwen oder die Schönheit des

Spiels von Licht und Schatten in den Treppenaufgängen der Stadt – dass dieses Leben mehr war, als es zu sein schien, und dass es auf eine Weise gefährdet war, die ich noch nicht verstand. Ich fragte andere, ob sie das Gleiche empfanden, ich las meine Studientexte daraufhin, ob sie mir eine Erklärung liefern konnten, ich suchte auch auf spirituellen Pfaden; aber die einzig wahre Quelle war die natürliche Welt selbst, ihre greifbaren Gegenstände, ihr Licht und ihre Formen.

Ich fand Gesellschaft in Dichtern, die mir die einzigen Menschen zu sein schienen, die mich verstanden. William Wordsworth hatte geschrieben, dass in seiner Jugend die Erde und »jede Alltagssicht« für ihn von Licht umhüllt zu sein schienen, von einer Art »frischem Schein«, verklärend wie in einem Traum. Und als er dann älter wurde, klagte er, dass »nichts die Stunde wiederbringen kann/Da Leuchten durch das Gras, da Glut durch Blumen rann …«. Ich wusste, was er meinte. Nachdem ich von der Universität abgegangen war, ließ diese Wahrnehmung nach, um stattdessen meiner »Nestbauphase«, wie meine Töchter es nennen würden, Platz zu machen. Ich ließ mich auf die Ehe mit einem Mann ein, der hoffte, ich wäre jemand, der ich in Wahrheit nie würde sein können. Er wurde krank und starb nach zwei langen Jahren schwerer Krankheit, und manchmal glaubte ich, er wäre vor lauter Enttäuschung über mich gestorben. Unsere kleine Tochter half mir, nachdem ihr Vater gestorben war, Holz zu schlichten und den Kamin zu säubern, indem sie sich mit einem Eimer darunter stellte und ich von oben auf dem Dach mit einer Drahtbürste den Ruß herausputzte.

Dann lernte ich meinen zweiten Mann kennen. Er war Maurer, Steinmetz, Experte für Kamine – und alles wurde besser. Mit ihm bekam ich eine zweite Tochter und ging ganz darin auf, eine Familie zu gründen. Auch wenn es eine schöne Zeit war, zog sich die alte, geheimnisvolle Vision einer Welt – oder meine verlorene Welt – hinter Suppentöpfen, Tilgungsraten und dem Füttern der Ziegen zurück. Im Stillen verzweifelte ich daran, ob ich jemals wieder einen Zugang zu dieser Welt bekommen würde, die ich gleich unter – oder irgendwie innerhalb – dieser so uninspirierten gefunden hatte.

Aber nun schien sich diese Phase ihrem Ende zu nähern. Wir waren nach Montreal gezogen, die Drahtbürste für den Kamin hatte ich zurückgelassen. Meine Töchter wurden immer unabhängiger, und ich war zu Aloise an den See gefahren, zusammen mit den alten Freundinnen aus meiner Jugend, einer Zeit, in der sich alles nur darum gedreht hatte, was für Möglichkeiten wir hatten. Während ich so in der Sonne lag und die Wellen gegen den Steg plätscherten, wurden mein jüngeres und mein älteres Ich eins.

Ab und an verkündete eine von uns, was sie im Lauf der Jahre gelernt hatte. Denise war es, die sagte: »Ich habe gelernt, jederzeit eine Einladung annehmen zu können, wenn das für mich heißt, dass ich reisen kann. Wenn mich jemand fragt: ›Denise, hast du Lust, in den Rockies Skifahren zu gehen?‹ oder ›Wir wollten uns zu viert Scarlett Johansson am Broadway anschauen, aber Hadley kann jetzt doch nicht mit‹, wisst ihr, was ich dann sage?«

»Nein, Denise«, sagte ich. »Was denn?«

»Meine Sachen sind schon gepackt.«

Ich war beeindruckt.

»Und das ist wirklich so. Bei mir im Wandschrank steht eine gepackte Tasche, mit der ich jederzeit loskann. Sie enthält einen kleinen Kulturbeutel, nur mit dem Allernötigsten, Unterwäsche, ein paar Sachen zum Wechseln. Ich muss noch nicht mal einen Blick hineinwerfen.«

Diese Vorstellung gefiel mir sehr. Ich weiß nicht genau, ob es daran lag, dass es Juli war, ich auf den silbergrauen Brettern von Aloises Steg lag und mich von der Sonne wärmen ließ. Das leise Plätschern der Wellen schläferte mich ein, hin und wieder hörten wir einen Seetaucher, bauschige, weiße Wolken zogen vorüber – und die Idee von Denise faszinierte mich mehr und mehr.

»Das mache ich auch«, sagte ich. »Sobald ich zu Hause bin, packe ich meine Sachen.«

»Du musst es aber auch tun und es nicht nur behaupten.« Denise nahm einen Schluck von ihrem Bier, der Schalk blitzte in ihren Augen – wie vor dreißig Jahren. Sie war immer diejenige gewesen, die einen dazu gebracht hatte, seine Geheimnisse zu verraten, ohne dass sie selbst etwas von sich preisgab. Sie hatte es faustdick hinter den Ohren, und ich spürte, wie ein wenig von ihrer Abenteuerlust auf mich abfärbte, als ich mir vorstellte, wie ich meinen kleinen Koffer packte und ihn in meinem Wandschrank verstaute.

»Stopf bloß nicht zu viel rein«, warnte sie mich. »Nur das, was du unbedingt brauchst. Das ist der Schlüssel. Nimm nicht viel zum Anziehen mit.«

Daran hielt ich mich. Sobald ich wieder zu Hause war, packte ich eine Tasche und prahlte mit meiner Abenteuerbereitschaft. Mein Mann Jean und meine jüngste Tochter Juliette schwiegen, wie so häufig, wenn ich etwas verkündete. Sie kennen mich genau und wissen, dass es das Zusammenleben mit mir ungemein erschwert, wenn sie mich in Frage stellen. Sie sind es gewöhnt, dass ich intuitiv durchs Leben gehe und dass es dabei zu unerklärlichen Wendungen kommen kann. So ist es für mich beispielsweise eine Qual, mich an ein Kochrezept zu halten oder meinen Tag planen zu müssen. Es kann sein, dass ich Feigen in den Eintopf gebe, das Geländer in der U-Bahn hinunterrutsche oder mich auf dem Weg in die Bücherei anders entscheide und in einem Tretboot auf dem Kanal lande. Warum *Der Wind in den Weiden* lesen, wenn man selbst der Maulwurf oder die Ratte sein kann?

Das neue Reisegepäck war nur ein weiteres Beispiel für meine Sehnsucht nach dem Unvorhergesehenen. Doch selbst ich war überrascht, als wenige Tage später ein Anruf kam und sich meine Reisetasche tatsächlich als nützlich erweisen sollte. Es war an einem Samstagmorgen um sieben Uhr – normalerweise rief mich kein Mensch um diese Zeit an.

»Hättest du denn Interesse«, fragte mich Noah, ein Schriftstellerkollege, »auf einem Schiff durch die Nordwestpassage zu fahren?«

»Die *Nordwestpassage*?«

»Ja«, sagte er. »Du hast vielleicht gehört, dass russische Eisbrecher manchmal Passagiere mitnehmen. Sie möchten einen Schriftsteller an Bord haben, und ich kann nicht, deshalb würde ich dich vorschlagen. Zuerst wollte ich dich aber fragen, ob das überhaupt etwas für dich wäre.«

Ich dachte an Franklins Gebeine, an die Segel der britischen Entdeckungsreisenden in der Kolonialzeit, an eine weite Tundra und an die Möglichkeit, diese zu erkunden, ein Privileg, das bisher nur Inuit, Männer wie Franklin und Amundsen und ein paar Wissenschaftler gehabt hatten. Ich dachte an die Bleivergiftungen durch die Konserven von Franklins Männern, an

Unterwassergräber und an die verlorenen Schiffe namens *Erebus*, was »Finsternis« bedeutet, und *Terror*, was das bedeutet, kann man sich ja vorstellen …. Ich dachte an meine eigene Kindheit in England, die voll mit Geschichten über Seereisen gewesen war. Ich dachte an die Abenteuer der Jumblies von Edward Lears, die mit einem Sieb in See stachen. Ich dachte an Königin Victoria und an Jane Franklin, an die Sehnsucht und an die romantischen Gefühle, die meinen Vater dazu veranlasst hatten, nach Kanada auszuwandern. Ich dachte an alle Bücher, die ich über Polarforschung gelesen hatte, über die Versuche weißer Männer und weißer Frauen, den hohen Norden Kanadas zu bereisen.

Ich hatte das Gefühl, Noah lud mich ein, an den Ort zu fahren, wo sich eine imaginäre Welt mit der wirklichen überschneidet: ein Ort, an dem die Zeit anders vergeht als auf die lineare Weise, die wir ihr für hier, für die südliche Welt, beigebracht haben. Der Name »Nordwestpassage« ist auf alten Weltkarten nicht verzeichnet: Es ist eher eine Vorstellung als ein Ort. Diese Vorstellung zog mich schon lange an, mit einer Macht, die ich nicht ganz begreifen konnte.

Meine Töchter waren nicht mehr ganz klein und unselbstständig; ich hatte schon ein paar kleinere Reisen unternommen und sie zeitweise ohne Mutter zurückgelassen. Ein Blick auf eine Karte mit der Route, zu der Noah mich eingeladen hatte, setzte meine Fantasie in Gang und ließ Bilder von Eis, Meer und Einsamkeit entstehen. Für eine Schriftstellerin ist die Einsamkeit sehr verlockend. Schon die Namen auf der Karte fesselten mich: Lancastersund, Resolute, Golf von Boothia. In mir wurde etwas in Gang gesetzt, das lange davon geträumt hatte, an diese Orte zu fahren.

Ich dachte über die Reise der Seele zu jeder Art von Grenze nach, physisch und spirituell. Die Nordwestpassage war in meiner Vorstellung der Inbegriff eines Ortes, der so aufregend war, dass ich nie gewagt hätte, mir vorzustellen, ihn jemals zu sehen. Wie oft hatte ich mit meiner Gitarre in der Küche gesessen und die eindringliche Melodie der alten Ballade »Lady Franklin's Lament« gespielt?

In Baffin's Bay where the whale fish go
The fate of Franklin no man may know.
The fate of Franklin no man can tell.
Lord Franklin among his seamen do dwell…

»Das Schiff legt am kommenden Samstag ab«, sagte Noah. »Du wirst zwei Wochen unterwegs sein. Mir ist klar, dass das sehr kurzfristig ist …«

Ich konnte dem Sog der Erregung, den ich an diesem Morgen verspürte, unmöglich widerstehen. Denise hatte mich doch erst vor wenigen Tagen auf dem Steg von Aloise auf die ideale Antwort für diese Einladung gestoßen. Und wenn schon ein Mann namens Noah einen auf ein Schiff einlud, sollte man dann nicht auch unverzüglich an Bord gehen?

»Meine Sachen sind schon gepackt«, sagte ich.

Ich versuchte, mich zu erinnern, was ich nach Denises Vorgaben alles in die Tasche gepackt hatte: ein schwarzes Kleid, zwei Garnituren Unterwäsche, ein T-Shirt und eine Jeans. Ich erinnerte mich, gelesen zu haben, dass Franklin und seine Männer sich in einer männlichen Version dieser Ausrüstung aus dem 19. Jahrhundert zu ihrer Reise in den Tod aufgemacht hatten: Knickerbocker, Seidenhemden, Strümpfe. Ich rief mir die mumifizierten Überreste von Franklins Männern vor Augen, die ich in Geschichtsbüchern gesehen hatte, mit ihren konservierten Grimassen, ihren ausgemergelten, vom Todeskampf gezeichneten Gesichtern. Ich beschloss, meinen Freund Ross anzurufen, um ihn zu fragen, was er davon hielt. Ich kenne Ross seit der Highschool in Corner Brook, wo wir mit siebzehn auf den Abfallcontainern hinter der Hauptstraße gesessen, zu der Felswand, die hinter dem Woolworths aufragte, hinaufgesehen und so getan hatten, als wären wir in Neapel. Mittlerweile waren wir beide in Montreal gelandet, eine ganz gute Alternative, wie wir fanden.

»Die Nordwestpassage?«, fragte Ross.

»Ja. Ich mache mir ein wenig Sorgen. Ich bin natürlich begeistert, aber…«

»Das verstehe ich. Ich verstehe, dass du dir ein wenig Sorgen machst.«

»Immerhin liegt Franklins zur Hälfte aufgefressener Leichnam noch dort oben unter dem Eis.«

»Ja, aber…«

»Von Menschen.«

»Ich weiß, aber du wirst kaum…«

»…vergiftet von Blei, und ich weiß, dass das Eis dort oben schmilzt, aber es ist trotzdem extrem abgelegen – außerhalb von –, ich meine, vieles davon ist immer noch unerforscht, um Himmels willen.«

»Ja, aber die Crew des Schiffs wird doch wohl wissen, was sie tut. Sie würden dort nicht hinfahren, wenn…«

»Schon. Aber man hört doch die ganze Zeit in den Nachrichten…«

»Es ist nachvollziehbar, dass du ein wenig Angst hast. Aber ich glaube nicht, dass es so…«

»Meinst du denn, das geht? Esther ist zwar einundzwanzig, aber Juliette ist doch erst dreizehn.«

»Ja, es ist normal, dass du dir Gedanken um deine Kinder machst. Aber solche Sorgen fühlen sich gerne größer an, als sie tatsächlich sind…«

»Du findest, ich sollte einfach fahren?«

»Na ja, ich glaube, es ist normal, dass du dir diese Fragen stellst. Aber im Ernst, was wäre das Schlimmste, was passieren könnte, wenn du es machst?«

An diese finale Frage sollten wir uns später noch erinnern. Aber damals klang sie ganz vernünftig, und die Tatsache, dass er diese Frage stellte, beschwichtigte meine Ängste, wie es nur ein Gespräch mit einem alten Freund kann, selbst wenn es keine richtigen Antworten darauf gibt. Die Anweisungen von Denise missachtend, packte ich also meine Tasche neu und folgte diesmal der Liste des Expeditionsleiters, die besagte, dass ich eine Wollweste und Gummistiefel brauchen könnte und lange Hi-Tech-Unterhosen, die es für Franklin und seine Crew damals noch nicht gegeben hatte. Ihre Unterwäsche hatte von Hand genäht werden müssen, die Männer waren nur ein paar Monate vor der Erfindung der Nähmaschine verschwunden. Ich unterzeichnete das Formular und die Verzichtserklärungen für die Reise; ich lebte in moderneren Zeiten, eine Tatsache, aus der ich ein gewisses Maß an Mut zog. Bei den Formularen und Verzichtserklärungen fand ich auch Fotos der anderen Experten im Team. Mir fiel auf, dass es fast alles Männer waren, die meisten von ihnen trugen typische Forscherbärte. Ich besaß zufällig auch einen Bart aus brauner Wolle, den ich auf einer Zugfahrt mit meiner Mutter gehäkelt hatte – ich ähnelte damit ein bisschen mehr Rasputin als einem Forschungsreisenden, aber seine Schlaufen passten gut um meine Ohren, deshalb packte ich ihn mit ein.

In der Liste kamen keine Musikinstrumente vor, aber ich hatte irgendwo gelesen, dass es auf Franklins Schiff eine Art Klavier gegeben hatte und dass die Männer vor ihrem Tod versucht hatten, einander auf typisch englische Art aufzuheitern, indem sie während der arktischen Nächte füreinander Pantomimen aufführten, sangen und tanzten. Ich übte seit einiger Zeit auf einer alten deutschen Ziehharmonika und konnte »Lady Franklin's Lament« spielen, ein paar neufundländische Lieder und die »Varsovienne«, einen alten Volkstanz aus Warschau, den mir Gearóid Ó hAllmhuráin in St. John's beigebracht hatte. Die Ziehharmonika hatte keinen Kasten, daher nahm ich sie mit zu Canadian Tire und steckte sie dort in eine isolierte Bierkühltasche, die einen Schulterriemen hatte und angeblich wasserdicht war. Wenn ich mich in der Nordwestpassage einsam fühlen oder auf einem Eisberg stranden sollte und alle Hoffnung auf Rettung vergebens war, dann hatte ich zumindest meine Ziehharmonika dabei, die, wie mein Vater gewusst hatte, auch Schifferklavier genannt wurde.

»Du solltest meine alte Helly-Hansen-Regenjacke mitnehmen«, sagte mein Mann, als ich mein dünnes Regenzeug zusammenrollte und in die Tasche stopfte. Seine Jacke war strapazierfähig und sah aus wie die Plane, mit der ich immer das Holz abdeckte.

»Die passt nie und nimmer da rein.«

»Dann zieh sie an.«

»Sie hat ein Loch unter dem Arm.«

»Das ist eine hervorragende Jacke.«

»Und die Tasche ist zerrissen.«

»Warte.« Er ging in den Keller und kam mit einer neuen Rolle Gaffer-Tape zurück, riss ein paar Streifen ab und klebte sie kunstvoll über die Löcher. »So. Jetzt kannst du den Elementen trotzen.«

»Du solltest den Rest der Rolle auch mitnehmen«, meldete sich Juliette zu Wort. Sie steckte sie mir in die Tasche. Die Rolle nahm jetzt mit Abstand den meisten Platz darin ein. Und Juliette sollte recht behalten. In der Nordwestpassage würde unser Schiff und die gesamte Crew jedes Fitzelchen Gaffer-Tape brauchen, das wir in die Finger bekommen konnten.

| Kapitel 2 |

Kangerlussuaq

Unser Charterflugzeug startete von Toronto aus. Am Flughafen fiel unsere Gruppe zwischen den gutgekleideten Pendlern mit den stromlinienförmigen Rollkoffern besonders auf: Wir schleppten Seesäcke und Rucksäcke mit zahlreichen Lederriemen, die Ferngläser, Wanderstöcke und Audubon-Vogelführer fixierten. Die bärtigen Männer waren vollzählig erschienen; unser selbsternannter Expeditionsleiter und der Konteradmiral versuchten herauszufinden, wie man das Flughafenpersonal davon überzeugen konnte, dass es richtig und notwendig für uns war, Waffen zu transportieren.

»Die Waffen dienen weniger zum Schutz vor den Wildtieren«, riefen die Waffenträger uns anderen zu, »sie sollen eher dabei helfen, euch auf Linie zu halten, wenn ihr euch in der Tundra nicht anständig benehmt.«

Sicherheitsbeamte wollten mich von meiner Ziehharmonika trennen, aber sie schienen nicht recht zu wissen, was sie damit anfangen sollten. Sie schickten mich zum Sperrgepäck, obwohl die Tasche nur für ein Dutzend Bierdosen gedacht war.

»Wo soll das hingehen?«, fragte mich die Frau hinter dem Röntgenapparat.

»Nach Grönland.«

Unser Ziel war Kangerlussuaq, wo das Schiff auf uns wartete, mit dem wir unsere Reise zurückzulegen sollten. Zunächst die Südwestküste Grönlands hinauf, dann würde es über die Baffin Bay Richtung Pond Inlet gehen, der ersten kanadischen Station. Von hier aus würden wir dann den Eclipse Sound hinauffahren, zwischen der nordwestlichen Spitze der Baffin-Insel und der Bylot-Insel hindurch zum Lancastersund, dem Tor zu Roald Amundsens Nordwestpassage. Wir würden die Passage durchqueren und in Kugluktuk – oder »Coppermine« – von Bord gehen, um dann mit einem Charterflugzeug wieder zurück Richtung Süden zu fliegen. Allein bei dem Gedanken an die Reiseroute stockte mir der Atem.

»Wo ist das?« Die Beamtin hinter dem Röntgenapparat trug Latexhandschuhe und hatte die Haare zu einem Pferdeschwanz gebunden. Sie wusste nicht, wo Grönland lag. Sie hatte meine Ziehharmonika in der Hand und würde sie gleich in eine Öffnung in der Wand werfen. Manchmal ist es unbegreiflich, mit welchem Gleichmut manche Menschen Situationen begegnen können, die für andere von so großer Bedeutung sind.

»Grönland«, sagte ich so beherrscht wie möglich, »ist die große, von Eis bedeckte Landmasse nordöstlich von Kanada.« Wenn Grönland dem Sicherheitspersonal des Flughafens unbekannt war, wie weit entfernt vom bekannten Universum würden dann die Ziele unserer restlichen Reise sein? An Bord des Flugzeugs legte sich eine Art wohliger Frieden über die etwa hundert Passagiere, die von nun an gemeinsam unterwegs sein würden. Wir mussten unser unordentliches, ein wenig verstörendes Äußeres nicht mehr erklären – unsere Expeditionsseesäcke, unsere Hosen mit den vielen Laschen und

Extrataschen. Die Passagiere hatten sich um die Bordexperten für ihre jeweiligen Interessensgebiete versammelt. Eine Gruppe Vogelbeobachter drängte sich um den Ornithologen Richard Knapton. Sie verglichen Kameraobjektive und Vogellisten, um festzustellen, wer auf unserer Reise einen Seeadler, einen Sterntaucher oder einen Wassertreter sehen wollte. Eine Gruppe eleganter japanischer Reisender fiel mir auf. Sie waren in Begleitung einer jungen Frau, die alles für sie übersetzte, was uns der Pilot oder unser Expeditionsleiter erklärte. Andere waren in ein Geologie-Bändchen vertieft, das der Bordgeologe Marc St-Onge für uns vorbereitet hatte. Der Historiker Ken McGoogan führte leidenschaftlich aus, dass Franklin die Nordwestpassage überhaupt nicht entdeckt hatte – in Wahrheit sei das ein unerschrockener Schotte namens John Rae gewesen. Kens Frau, die Künstlerin Sheena Fraser McGoogan, hatte Farbstifte und Skizzenhefte für alle dabei, die die Wunder, die wir an Land sehen würden, zeichnen wollten. Außerdem gab es noch einen schüchternen, stillen Anthropologen namens Kenneth Lister sowie Pierre Richard, einen Biologen und Spezialisten für Meeressäuger. Er hatte seine elegante Schwester Elisabeth mitgebracht. Sie wollte endlich einmal das Land sehen, das er so liebte. Viele dieser Bordexperten waren schon zuvor in der Arktis gewesen, aber dennoch war die Aufregung aller zu spüren.

»Ich war schon oft für wissenschaftliche Projekte dort«, erzählte mir Pierre Richard. »Aber wenn man zu Forschungszwecken kommt, ist das etwas anderes als eine Reise wie diese. Da hat man Zeit, herumzulaufen und nachzudenken und sich einfach nur der Liebe für dieses Land hinzugeben.«

Ein paar Plätze weiter verstaute unser Bordmusiker Nathan

Rogers seine handgefertigte Gitarre, setzte sich geräuschunterdrückende Kopfhörer auf den rasierten Schädel und versank in seinen eigenen Gedanken. Jemand hatte mir erzählt, dass er der Sohn des verstorbenen Folkmusikers Stan Rogers war, dessen einprägsames Lied »Northwest Passage« viele Passagiere schon auswendig konnten. Ich setzte mich neben Bernadette Dean, eine kanadische Inuk-Frau, die zusammen mit der Grönlandkanadierin Aaju Peter als Kulturbotschafterin an Bord war. Ihnen fiel die Aufgabe zu, uns den Norden aus der Perspektive von Inuit-Frauen näherzubringen. Die hatten ihr ganzes Leben dort verbracht und durch langjährige Erfahrung die Tiere, Pflanzen und Menschen dort auf zwei Weisen kennengelernt: als Indigene sowie als Besucherinnen. Bernadette schrieb, während unser Flugzeug startete, eifrig in ihr Notizbuch.

Unser Pilot sprach mit einem munteren amerikanischen Akzent. Als wir über Nordquebec flogen, verkündete er über Lautsprecher: »Da, sehen Sie, unter uns … ganz viel *Nichts*.«

Es gab ein kollektives Erstaunen, das der Pilot wahrscheinlich genoss.

»Das glaubt er wohl«, murmelte Bernadette und blickte von ihrer Arbeit auf. Zwischen den Seiten, die sie dicht beschrieben hatte, spitzten Fotos hervor. Ihre Notizen interessierten mich, und sie merkte, dass ich verstohlen Blicke darauf warf.

»Ich schreibe, um mich von meinem kleinen Enkelkind abzulenken«, sagte sie. »Der Junge oder das Mädchen wird bald geboren, wahrscheinlich noch, während wir auf dieser Expedition sind. Mir wird es schwerfallen, nicht dort zu sein. Das hier sind Notizen über meine Urgroßmutter.«

Bernadette erzählte mir, ihre Urgroßmutter sei die Inuit-

Kleidermacherin Shoofly gewesen, die sich Anfang des 20. Jahrhunderts in einen Walfangkapitän aus Boston verliebt, ihm viele ihrer Perlengewänder geschenkt hatte und von ihm nach Amerika mitgenommen worden war. Bernadette hatte Jahre damit verbracht, diesen Bestandteil ihres kulturellen Erbes wieder aufzuspüren.

»In einem Depot habe ich sie schließlich gefunden«, erklärte sie, »im Museum of Natural History in New York City. Ich habe lange gebraucht, um die Verantwortlichen davon zu überzeugen, mir zu erlauben, sie anzusehen. Die Kleider meiner eigenen Urgroßmutter! Schließlich bekam ich ein Zeitfenster von zwei Wochen. Ich sagte zu und fuhr hin – hier, da ist ein Bild davon, wie ich mir die Kleider ansehe.« Sie zeigte mir ein Foto von sich, auf dem man sah, wie sie die Kleidungsstücke im Museum aus einer Schublade nahm. »Das da ist die skandinavische Kuratorin.« Sie deutete auf eine wachsame Gestalt neben ihr. »Sehen Sie nur, wie sie mir auf den Leib gerückt war. Ich musste sogar weiße Handschuhe anziehen.«

»Die Kuratorin wirkt aber besorgt.«

»Die wollten nicht, dass ich die Kleider meiner eigenen Urgroßmutter anfasse. Sehen Sie ihren Namen? Shoofly. Der Walfangkapitän hatte ihn auf ihre Kleider geschrieben.«

»Ich erkenne es.«

»Ich wusste, dass dies noch nicht alle Kleidungsstücke waren. Zu dieser Garnitur gehören noch mehr Teile, und ich wollte von der Kuratorin wissen, wo sie waren. Doch sie traute mir nicht. Sie behauptete, es wäre sonst nichts da. Ich wollte die Sachen aber unbedingt finden und fing deshalb an zu suchen. Ich zog eine Schublade nach der anderen auf, bis ich sie gefunden hatte. Sie wusste noch nicht einmal, was das alles war. Sie hatte keine Ahnung. Ich kam mir wieder vor wie ein Kind mit einer weißen Lehrerin.«

Unser Flieger landete in Kangerlussuaq, wo uns in verdorrten Gräsern und vor den von Schnee bedeckten Felswänden ein alter russischer Bus erwartete, der uns zum Schiff bringen sollte. Die Landschaft erinnerte ein bisschen an das, was ich in Labrador gesehen hatte: hoch aufragende, schartige Felsen vor einem weiten Himmel. Die Pflanzen waren zwergwüchsig, doch die Sonne leuchtete durch die lilafarbenen und weißen Blütenblätter hindurch wie das Licht eines Projektors durch einen Film und ließ jedes Detail erkennen.

Während wir in den Bus stiegen, rief Pierre Richard, der Meeresbiologe, Nathan Rogers zu: »Wir haben noch eine Musikerin an Bord – sie hat eine Ziehharmonika in ihrem Bierkühler!«

Richtige Musiker haben immer eine Menge abfälliger Bemerkungen über Menschen mit Ziehharmonikas parat, und Nathan bildete in dieser Hinsicht keine Ausnahme.

»Dann halte sie bloß von mir fern«, sagte er. »Und wirf die Ziehharmonika über Bord – diese Art von Folter muss man im Keim ersticken.«

Ich wusste, dass Nathans Vater Stan bei einem tragischen Flugzeugunglück ums Leben gekommen war, Nathan musste damals etwa vier Jahre alt gewesen sein. Auf unserer Reise würde Nathan nicht nur den geliebten Song seines Vaters über die Nordwestpassage, sondern auch Lieder aus einem umfangreichen World-Folk-Repertoire und eigene Kompositionen singen. Er würde auch den Inuit-Mädchen aus Pond Inlet beibringen, wie man den mongolischen Kehlkopfgesang am besten lernt, doch davon wusste ich damals in dem russischen Bus noch nichts. Ich wusste nur, dass er mit seinem rasierten Schädel, seinen auffälligen Tätowierungen und beißenden Bemerkungen wirkte wie jemand, um den ich besser einen großen Bogen machen sollte.

Nachdem unser Bus die Klippen von Kangerlussuaq umrundet hatte, sah man unser Schiff in der Bucht. Es trieb so frisch und blau und weiß im Wasser, dass es aussah, als hätte es jemand gebügelt und gestärkt und in eines der dreidimensionalen Pop-up-Bilderbücher gesteckt, die mich als Kind so fasziniert hatten. Schlägt man eines davon auf, springt die Welt aus dem Buch mit ihren verborgenen Nischen und Brücken und Treppen heraus. Hier, in der grönländischen Bucht, lag nun ein Schiff wie aus einem Bilderbuch mit Flaggen, Decks und Bullaugen, das ich lieben und das mir wichtig werden sollte, als wäre es ein lebendiges Wesen.

Ich hatte viele Jahre in Neufundland verbracht, vom Ufer aus Schiffe beobachtet und mir gewünscht mitzufahren. Aus der Ferne sahen sie immer ein wenig wehmütig aus, wie im Traum – wenn sie mit funkelnden Lichtern auf dem Meer trieben, fern und klein. Wie geheimnisvoll sie doch wirkten, als bestünden sie nicht aus fester Materie, sondern aus Gedanken und Geschichten. Als wir jetzt in die Zodiacs stiegen – motorisierte Schlauchboote, die auf den nassen Steinen warteten, bis sie sich stotternd in nichts als Lärm und Gischt verwandelten, die uns durch das unruhige Wasser fuhren –, rückte unser Schiff immer näher und wirkte mit einem Mal gar nicht mehr wie ein Traum, sondern sehr erhaben und kraftvoll. Aus dem Maschinenraum tief im Inneren des Schiffs dröhnte es.

Wie Noah am Telefon erwähnt hatte, waren die allerersten solcher Reisen auf russischen Eisbrechern durchgeführt worden. Aber die Tatsache, dass das Eis im Norden schmolz, brachte mit sich, dass die Schiffe, die durch die Nordwestpassage fuhren, nicht mehr nur nützliche Arbeitstiere sein mussten. Unser Schiff war für die Bedingungen im Eis ausgerüstet, aber es verband Zweckmäßigkeit mit Anmut. Seine Flaggen und Decks wirkten fröhlich. Auf den Hauptdecks gab es mehrere bequem ausgestattete Bereiche mit klaren Linien, die jedermanns Verlangen nach Robustheit befriedigten, aber fast schon an Eleganz grenzten. Im Bugsalon konnte man auf ausladenden Ecksofas sitzen und etwas von der Bar trinken, oder man saß an kleinen Tischen, die um einen Bühnenbereich herum aufgestellt waren, als wäre es ein schwimmendes Kabarett. Mittschiffs gab es noch eine Bar mit Hockern, Sofas und Liederbüchern, die ein kluger Mensch zusammengestellt hatte und die ungefähr jeden Song enthielten, den wir uns wünschen konnten. Der Speiseraum hinten im Schiff war ein luftiger Bereich mit vielen Fenstern, weißen Tischdecken und funkelnden Stielgläsern. Es sollte täglich wechselnde Fünf-Gänge-Menüs geben und dazu ein Büffet mit Unmengen von aufgeschnittenem geräuchertem Saibling, gelben Feigen, die im eigenen Sirup schwammen, Kapern und dänischem Käse, marinierten Paprikaschoten, Oliven und Bergen von frischer Ware, die nordische Lieferanten anlieferten und entlang unserer Route an diversen Küstenstreifen so lange stapelten, bis sie uns nicht mehr erreichen konnte.

»Ein bisschen«, vertraute ich Elisabeth an, die ich mit ihrer stillen, angenehmen Art sympathisch fand, »ein bisschen komme ich mir vor wie die Jumblies.«

»Die Jumblies?«

»Aus dem Nonsensgedicht von Edward Lear.« Das Gedicht des verrückten Engländers gehörte zu meinen Lieblingen, seit ich lesen konnte. »Er hat auch ›Die Eule und das Kätzchen‹ geschrieben. Er hat Limericks geschrieben. Aber am liebsten mag ich die ›Jumblies‹. Sie erschienen nur kurze Zeit nach der gescheiterten Franklin-Expedition: *Ihr Kopf ist grün, ihre Hände sind blau/Und sie stachen in See per Sieb* – ein wenig wie Franklin, und sie hatten kuriose Verpflegung an Bord, so wie wir – *Und vierzig Flaschen Ring-Bo-Rar/Und laiberweis Käs aus Emmental.*«

Elisabeth lachte. Ich spürte, dass sie sich geistig gerne in dunkle Bereiche vorwagte – ich hatte das Gefühl, sie wäre jederzeit gegen merkwürdige Ereignisse gefeit und würde in jedem Fall ruhig bleiben. Ich mochte das sehr. Sie war schlank, und sie versuchte, ihre unbändigen Locken unter einem kleinen Barett zu zähmen. Neben ihr wirkte ich ein wenig wie ein steinzeitlicher Trampel, aber daran war ich gewöhnt.

Es war Zeit, hinunter in meine Kabine, Nummer 108, zu gehen. Auf der schmalen Treppe wurde mir bewusst, dass unter dem Hauptdeck alles zunehmend weniger ornamental und einfacher wurde, robuster, je weiter man nach unten kam. Die Luft wurde wärmer, die Wände kamen näher. Die Türen waren klein, manche davon aus Metall, und je weiter ich nach unten ging, desto lauter drang der Lärm aus dem Maschinenraum. Weiter oben hatte ich durch die offenen Türen in die Luxuspassagierkabinen hineinsehen können. Aus ihren großen Fenstern hatte man Blick auf die Baffin Bay. Unten, in meiner eigenen kleinen Kabine angelangt, entdeckte ich kleine Bullaugen, und als ich die Nase an das Glas drückte, lag dort die Meeresoberfläche auf Höhe meines Brustkorbs. Mir machte das alles nichts aus: Ich fand das Dröhnen mit den zugehörigen Vibrationen außerordentlich beruhigend. Ich war ein kleines Tier, das sich ganz eng ans Herz seiner Mutter kuschelte, und gemeinsam machten wir uns auf zur Nordwestpassage – Land der Fabeln, Kanal der Träume.

| Kapitel 3 |

Die Wikingerbestattung

Mir gefiel meine Kabine ausnehmend gut. Sie lag in den Eingeweiden des Schiffes, neben einer Tür, auf der die Buchstaben WTD standen – ich sollte später herausfinden, was das bedeutete, und unsicher sein, ob mich das beruhigen oder ob es mir Angst einjagen sollte. Die Kabine war ordentlich, es gab ein Waschbecken und eine Dusche, und die Lampen erlaubten es meiner Kabinengenossin und mir, zu lesen und uns Notizen zu machen, ohne dabei den Schlaf der anderen zu stören. Meine Mitbewohnerin war die junge Leiterin der kleinen japanischen Expedition, sie arbeitete Tag und Nacht als deren Übersetzerin. Wenn wir um halb sieben aufstanden, um frühmorgens zu ankern und einen Ausflug mit dem Zodiac zu machen, dann stand Yoko vor sechs auf. Wenn die Nordlichter ihren Zauber am Himmel vollführten und alle bis Mitternacht wach waren, blieb sie bis weit darüber hinaus auf und schrieb danach noch eine weitere Stunde Berichte auf ihrem Laptop. Alle Mitarbeiter arbeiteten so gewissenhaft, aber sie war immer am längsten wach und stets mit großem Ernst bei der Sache.

Sie war nicht sehr häufig in der Kabine, und so hatte ich sie, als zurückgezogene Schriftstellerin, herrlicherweise meistens für mich allein. Ich konnte in meiner Koje liegen und Ziehharmonika spielen oder auf dem Kissen kniend durch das Bullauge das Wasser betrachten, das nur Zentimeter von meinem Gesicht entfernt war. Es gefiel mir, dass sich mein Körper unter dem Meeresspiegel befand, wenn ich auf dem Boden der Kabine stand. Und wenn das Schiff in Fahrt war, wenn wir den Anker gelichtet hatten und losfuhren, dann genoss ich das Gefühl, dass unter uns kein Land war. Wenn das Schiff sich neigte und die Kabine brummte und mit den Maschinen erzitterte, wenn sich das Meer und die Wolken hinter unserem Bullauge bewegten und das bisschen von Grönland, auf dem wir gestanden hatten, erst zu einem Strich wurde, dann zu einem dünneren Strich und schließlich zu einer Linie aus Träumen in der Ferne, dann wusste ich, dass ich mich in all den Jahren, in denen ich über Stock und Stein und Berg und Tal gewandert war, ohne es zu wissen, nach so etwas gesehnt hatte, wie auf einem Schiff Richtung Baffin Bay zu fahren. Als Sternzeichen Fische war ich jetzt voll und ganz in meinem Element und wünschte mir, meine Reise würde niemals enden.

Eine Kabine im Bauch eines Schiffes hat etwas von einem Mutterschoß, besonders nachts, wenn man in der Koje liegt, bevor der Schlaf kommt. Die Kabine ist so klein, dass es an Land indiskutabel wäre, aber weil darunter der Ozean schaukelt, verspürt man ein ganz ursprüngliches Gefühl, es könnte das Gefühl sein, in Fruchtwasser zu schwimmen, geschützt von den Wänden um dich herum: Das Schiff ist deine Mutter, deren Organe dich halten, es atmet. Schon nach kurzer Zeit konnte ich mir kaum mehr vorstellen, wie es war, an Land zu schlafen.

Vor einiger Zeit hatte es in meinem Leben eine andere Begegnung mit dem Wasser gegeben, bei der ich begonnen hatte zu verstehen, wie das Meer den Aufruhr schwieriger Zeiten an Land einfach fortspülen konnte. Während der Jahre, in denen mein erster Mann krank war, hatte mich eine Schwermut ergriffen, gegen die nichts hatte ankommen können. Ich hatte mich um das kleine Haus am Fuß eines Berges namens Butter Pot gekümmert, in dem wir mit unserer Tochter lebten. Der Berg war oft von Schnee überzuckert, der Mond und die Sterne ließen ihn weiß leuchten. Unter unserem Fenster lief ein Bach vorbei. Sumpffrösche und Einsiedlerdrosseln begleiteten die Musik des Wassers mit lustigen Bassnoten und schickten rätselhafte Refrains – »*Carambola! Carondelet!*« – über die Wipfel der Tannen und Fichten. Im Juni machten die Bekassinen ein anderes Geräusch: Über dem Sumpf lassen sie sich aus großer Höhe herabfallen, und beim Sturzflug erzeugt die Luft, die durch ihre Schwanzfedern schießt, einen geisterhaften Ton.

Der Ruf der Bekassine war ein Echo unseres traurigen Lebens dort. Es war schön in seiner Einfachheit, doch die Tatsache, dass mein Mann bald sterben würde und unsere Beziehung sich als eine von vielen Enttäuschungen entpuppt hatte, machte alles zunichte. Im Winter fror der Teich hinter unserem Haus zu, und wir gingen im Mondschein eislaufen: Meine letzte Erinnerung an unsere Ehe ist das Bild von James, wie er in dickem Mantel und Pelzmütze über dieses Eis geht. Unsere Tochter und ich liefen Schlittschuh, während er damit rang, alles zurückzulassen, was er liebte, auch wenn ihn schon vieles verlassen hatte, bevor er starb.

Hinter dem Haus machte ich lange Spaziergänge. Ich sang Lieder neben Felsen, denen meine Tochter und ich Namen gaben, anmutige Felsen, die Charakter hatten. Auf einem morastigen Bergpfad hockte ich mich neben Sumpforchideen und bestaunte die Adern in ihren Blütenblättern, und ich lernte die Namen von Pflanzen wie der Clintonia oder des Moosglöckchens, *Linnaea borealis*. Ich hatte den visionären kurzen Blick auf die Wirklichkeit nicht vergessen, das Gefühl meiner Jugend, dass die gewöhnliche Welt mit ihren Pflanzen, Steinen und Menschen von einer Herrlichkeit durchdrungen wurde, die sich mir nur kurz zeigte, sich dann jedoch gleich wieder zurückzog oder verbarg. In letzter Zeit hatte ich so etwas nicht mehr wahrgenommen, und ich hatte schon befürchtet, dass dieses Gefühl ein Segen der Jugend war, der mit dem Alter verschwand. Als ich jung war, war ich abgestumpften Menschen begegnet, verbitterten und desillusionierten, und ich hatte mir geschworen, nicht so zu werden wie sie. Aber in der Zeit von Armut und Krankheit war es schwierig, nicht die Hoffnung in diese frühe Andeutung von Herrlichkeit zu verlieren, woraus auch immer sie bestanden hatte.

Meine Enttäuschung machte das Zusammenleben mit mir nicht einfach. Ich wusste, dass es Bücher gab, die einen dazu anhielten, dort zu erblühen, wo man gepflanzt wurde, die Bürde eines sterbenden Ehemanns, das schmutzige Geschirr in der Küche und einen Brunnen, der im Januar einfror und im August austrocknete, zu akzeptieren. Aber wo war das Buch, das mir einen Ausweg aus dieser Mühsal zeigte? Immer, wenn ich den häuslichen Pflichten entkommen konnte, lief, rannte, weinte ich auf diesen Pfaden im Wald, bat den Himmel, die Erlen und das Wasser, zu mir zu sprechen und mir diese Andeutung von etwas Majestätischem und Allumfassendem wiederzubringen.

Zwei Tauben mit blutroten Punkten am Hals gurrten unter

unserem Fenster. Die Hühner, die ich hielt, bekamen in der Abenddämmerung Besuch von wilden Rebhühnern, die in unseren Birken schliefen. Ein Raufußkauz ließ sich in der Schwarzfichte auf der anderen Seite des Bachs nieder, und es gab Seetaucher. Im Moor verbarg sich eine Entenfamilie, die die örtlichen Jäger aufspüren wollten; jedes Frühjahr gab es neue Entenjunge. Ich lauschte all den Vögeln und dem Wind, und ich nehme an, sie sprachen zu mir, auch wenn ich es damals nicht so empfand. Ich flehte jegliches Leben, das es in der Welt dort draußen geben mochte, jeglichen großen Geist, der dort wohnen mochte, an, mich etwas zu lehren, irgendetwas, nur ein kleines Stückchen Weisheit, Erkenntnis oder Trost. Ich nahm die Andeutung von Geheimnissen wahr, die sich sofort wieder zurückzogen, und bat sie, sich zu zeigen. Doch meine Bitten verhallten ungehört.

Es frustrierte mich, dass das Leben so viel härter geworden war: dass Mutterschaft, Armut und Krankheit zur Folge hatten, dass ich nicht mehr die Energie oder das Vorstellungsvermögen hatte, eine Frage zu stellen, die darüber hinausging, ob meine Hühner Eier für das Abendessen gelegt hatten oder nicht, ob ich die Rohre, die vom Brunnen zum Haus führten, auftauen konnte oder wie lange es dauern würde, bis mein grünes Feuerholz Wärme spendete statt nur Rauch, weshalb bald die ganze Küche voller Qualm war und wir nur noch husteten. Ich hatte eine Gitarre und ein paar Hefte mit Gedichten, und wenn es einen Song gab, der zum Ausdruck brachte, wie ich mich damals, zwischen den Besuchen bei Tafeln und im Krankenhaus, fühlte, dann war es »Hard Times« von Stephen Foster:

'Tis the song, the sigh of the weary,
Hard Times, hard times, come again no more
Many days you have lingered around my cabin door;
Hard times, come again no more.

Jemand hatte unseren Namen an Organisationen weitergegeben, die zu Weihnachten Geschenkkörbe verteilten. Wir bekamen drei Truthähne, aber nichts, was wir dazu essen konnten. Wenn ich meinem zweiten Mann von den Truthähnen erzähle, sagt er: »Warum habt ihr nicht zwei der Truthähne gegen ein bisschen Gemüse und Brot und Kuchen eingetauscht?« Das hört sich eigentlich ziemlich vernünftig an. Doch wir brieten und aßen die drei Truthähne, und als der letzte aufgegessen war, bekamen wir eine Essenseinladung von einer Wohltäterin, die uns nicht gut kannte, die aber gewusst haben musste, dass bei uns zu Hause ein Mann im Sterben lag, und vermutete, dass wir Hunger hatten. Sie lebte alleine und kämpfte noch mit den Überresten ihres eigenen Truthahns. Sie setzte uns Truthahnsuppe vor. Wahrscheinlich glaubt sie heute noch, die Tränen, mit denen ich ihr Tischtuch tränkte, waren Tränen der Dankbarkeit.

Als James starb, hing ein Schleier über allem. Ich hatte das kleine Haus, das wir liebevoll unseren Zigeunerwagen nannten, sehr gemocht, doch es enthielt noch die Schatten, von denen ich mich befreien musste. Das brauchte Zeit. Ich musste mich von Dingen trennen, die sich in verborgenen Winkeln angesammelt hatten. In einer Ecke im Keller fanden sich viele traurige Erinnerungsstücke: Papiere, Bilder und Andenken an James, Kleidungsstücke, die er besonders geliebt hatte. Alles, was ich für so wichtig gehalten hatte, dass ich es für seine

Tochter oder seine engsten Freunde oder Verwandten aufheben wollte, hatte ich herausgesucht und verteilt. Aber es gab immer noch Kisten und Kästen, die dunkle und machtvolle Erinnerungen enthielten. Bevor ich dieses Haus verlassen konnte, musste ich etwas damit anfangen.

Christine, die *conjointe* meines Bruders Michael, wie es in Montreal heißt, sagte: »Eine Wikingerbestattung wäre genau das Richtige für dich.«

»Eine was?«

»Du packst die Sachen zusammen und bringst sie zu mir raus nach Western Bay. Wir bauen ein Floß dafür, ziehen es mit unserem kleinen Boot hinaus in die Bucht und zünden es an. Ich rudere dich.«

Das hatte etwas sehr Endgültiges und Schönes an sich. Ich war einverstanden.

Bei Sonnenuntergang zeigte ich Christine und der kleinen Prozession, die sich versammelt hatte, um alles auf dem Wasser treiben und brennen zu sehen, die letzten Sachen.

»Was ist damit? Das ist seine Wolfspelzmütze.«

»Verbrenn sie.«

»Und das? Die Unabhängigkeitserklärung auf Pergament, er hat sie gemacht, als er sich mit Kalligraphie beschäftigt hat.«

»Die wird schön in Flammen aufgehen.«

»Und seine mittelalterliche Weste?«

»Wirf sie mit auf den Haufen.«

Christine war eine perfekte Bootsführerin. Sie hatte einen Flachmann mit Wodka dabei, den sie zuvor gekühlt hatte. Alle paar Minuten reichte sie ihn mir, und ich trank feierlich einen großen Schluck. Weder ihr Äußeres noch ihr Verhalten verriet auch nur die Spur eines Zweifels an unserem Vorhaben. Sie sah aus, als hätte sie bei Hunderten von Wikingerbestattungen das Boot gerudert. Auch die Zuschauer sahen aus, als würden sie seit Jahrtausenden an solchen Zeremonien teilnehmen – besonders die Kinder, die auf den wilden Gräsern, deren Grün unter dem sich rot färbenden Himmel immer kräftiger wurde, Räder schlugen. Als wir das Floß zum Strand hinunterzogen, hatte sich der Himmel grauviolett gefärbt und die Sterne waren bereits zu erkennen. Christine hatte auch eine Dose Feuerzeugbenzin dabei. Sie schüttete eine ordentliche Portion über James' Besitztümer, dann stiegen wir in das kleine Boot, und die Zuschauer schoben uns hinaus aufs Wasser.

Es war ein erhebendes Gefühl, auf dem Wasser zu treiben. Ich hatte völliges Vertrauen in Christine, in ihre Fähigkeit, James' Sachen mit Brandbeschleuniger zu tränken, in ihre Vorliebe für Wodka und in ihr Rudertalent. Jetzt gab es nur noch uns beide, den schweren Himmel über uns und das schöne, plätschernde, wogende Salzwasser. Ich hatte noch nie eine zerstörerische Handlung als so richtig empfunden. Trotz der Dunkelheit erkannten wir immer noch unsere Freunde am Strand – klein allerdings, denn wir waren weit draußen in der Bucht.

»Ich möchte, dass du jetzt an alles denkst, was du dir für die Zukunft wünschst«, sagte Christine. »Und ich möchte, dass du daran denkst, wie endgültig du diese Dinge aus der Vergangenheit loslässt. Wie großartig das ist, und wie sehr dich das befreien wird.«

Ihre Ruder rauschten durch die Luft und tauchten ins Wasser ein. Mir gefiel dieses Geräusch, und mir gefiel, was sie sagte. Von irgendwoher kam Licht und fing sich in ihren langen braunen Haaren, und sie war groß und stark. Ich hatte das

Gefühl, mich in den Händen von jemandem zu befinden, der wusste, was er tat, auch wenn es nur für diese Unternehmung galt.

»In Ordnung«, sagte ich.

»Ich schütte jetzt noch mehr Feuerzeugbenzin über die Sachen«, sagte sie. »Hier sind die Streichhölzer. Wenn du bereit bist, zündest du den Stapel an.«

Sie reichte mir die Streichhölzer. Ich riss eines an und hielt es an das Papier. Es waren nicht James' Tagebücher – die hatte ich für seine Tochter aufgehoben –, und es waren nicht unsere alten Liebesbriefe, die ich immer noch aufbewahre. Aber er hatte noch Durchschläge der Hörspiele, die er geschrieben hatte, seine Zeitungsartikel über Kunst, Recherchematerial über das Leichentuch von Turin, Richards Brothers und die Anglo-Israeliten sowie Begleithefte von alten gregorianischen Chorälen und andere derartige Dinge, die mich deprimierten und mich ein bisschen verrückt machten und die ich, solange ich lebte, nie mehr wiedersehen wollte. Ich zündete das Papier an.

»Zünde das mittelalterliche Gewand an. Zünde die Wolfsmütze an.«

Ich riss ein halbes Dutzend Streichhölzer an und hielt die Flammen zwischen die auf dem Wasser treibenden Sachen. Zuerst dachte ich, nichts davon würde brennen. Aber eine Flamme züngelte hoch, und da wussten wir, dass das Feuer größer werden und nicht ausgehen würde. Christine holte eine Schere hervor, von der ich gar nichts gewusst hatte, und schnitt das Seil durch, das unser Boot und das Floß verband. Sie ruderte uns weiter hinaus in die Bucht, damit wir das Feuer betrachten konnten. Das Floß trieb brennend auf dem dunklen Wasser dahin, und durch die kleine Versammlung weit weg am Strand ging ein Aufruhr, als sie es sah. So ein großes Feuer auf dem Meer treiben zu sehen und zu wissen, was dort verbrannte, das hatte etwas Alchemistisches, Ursprüngliches, Magisches an sich. Aus irgendeiner Ecke des Lebens, des Todes oder des Kellers, wo die Sachen so lange gelegen hatten, kam die Überlegung, dass wir das nicht tun sollten. Stärker jedoch als diese Überlegung war das Gefühl, dass es richtig war, dass es befreiend war. Während das Feuer weiterbrannte, ruderte Christine langsam in einem immer größer werdenden Kreis um die Flammen herum und fragte, ob ich von hier aus zusehen oder mich lieber weiterbewegen wollte. Sie kam jedes Mal meinem Wunsch nach, wenn ich sie bat, stillzuhalten oder noch etwas weiterzurudern. Hin und wieder hielten wir auf dem Meer an, und sie beschrieb eine S-Kurve mit dem Ruder, damit wir auf einer Stelle blieben und befriedigt zusehen konnten, wie alles zerstört wurde, was versuchte hatte, mich einzuschließen und mich an traurige oder schwere Erinnerungen zu binden. Diese Zeichen gingen allesamt in Flammen auf, und der Ozean würde sie verschlingen.

Ich weiß nicht, wie es Christine gelungen war, den zeitlichen Ablauf zu dirigieren, aber irgendwann, als das Feuer immer noch brannte, vielleicht aber schon etwas kleiner wurde, fragte sie, ob wir nun langsam ans Ufer zurückkehren wollten. Ich bejahte. Sie ruderte so, dass ich weiterhin die Flammen beobachten konnte, und irgendwie schaffte sie es, dass die allerletzte Flamme ganz klein und einsam flackerte, als die Kieselsteine am Ufer unter unserem kleinen Boot knirschten. Ich spürte die Liebe, den Beistand und den Trost unserer Begleiter an Land, die jetzt ganz still waren, während wir alle diese letzte Flamme beobachteten. Und als sie erstarb, brachten es Christine und ihre Wikingerbestattung irgendwie zustande, dass vom östlichen Rand des Himmels bis zum westlichen eine langsam verglühende grellweiße Sternschnuppe flog.

Und nun war es wieder so, dass mir das Rollen unseres Schiffs das Gefühl vermittelte, dass die Sorgen, die ich an Land gehabt hatte, weniger wurden, sich auflösten. Eine Welle hat keine Ecken und Kanten, die Sorgen der Welt können einen unmöglich packen oder an sich reißen. Die Südwestküste von Grönland entlang in Richtung der Dörfer Sisimiut, Ilulissat und Upernavik zu fahren, war eine Fortsetzung dieser heilenden Fahrt in Christines kleinem Wikingerboot, losgemacht und auf das Unbekannte zusteuernd.

Kapitel 4

Sisimiut

Der Südwesten Grönlands erinnerte mich an Neufundland, und doch waren wir so weit im Norden, dass die Ähnlichkeiten begrenzt waren. Das Arktische Weidenröschen, das *Epilobium latifolium,* ist eine zwergwüchsige Verwandte der lupinenartigen Federbüschel, die in Neufundland und im Rest des südlichen Teils von Kanada den Spätsommer verkünden; mich mutete diese kleine Blume tapfer und zierlich an und irgendwie hartnäckig, trotz ihrer Größe. Sie zog den Blick auf sich und sagte: »Sei ehrlich und adrett, es ist ganz unnötig, laut zu werden, aufzufallen oder auf irgendeine Weise extravagant zu sein« – vielleicht eine ganz passende Aussage für Grönlands Nationalblume.

Der dänische Einfluss verleiht dem südlichen Grönland ein heiteres, ordentliches Aussehen: Die Atmosphäre vermittelt Frische und Fleiß. Auf den felsigen Hügeln stehen schmucke Häuschen, in knalligen Grundfarben gestrichen, die gemeinsam mit dem Gelb und dem Violett der Gänseblümchen und Weidenröschen frohlocken. Hier wurde einem uralten Land eine europäische Modernität übergestülpt, dessen Bewohner von den vor 4500 Jahren hier ansässigen Menschen der Saqqaq-, Dorset- und Thule-Kulturen abstammen, gemeinsame Vorfahren mit Kanadas Inuit haben und sich traditionell von Fisch, Vögeln, Wal, Seehund und Rentier ernähren. Ich hatte *This Cold Heaven* gelesen, das großartige Buch der amerikanischen Autorin Gretel Ehrlich. Sie erzählt darin, wie sie sieben Jahreszeiten lang mit Hundeschlitten und Kajak durch Grönland reiste, in Begleitung von einheimischen Jägern und Nachkommen des berühmten grönländisch-dänischen Forschers Knud Rasmussen. Laut Ehrlich ist Grönlands Norden immer noch ein archaischer Ort, gefährdet zwar, aber zum Großteil intakt – doch hier im südlichen Teil haben ehemalige Jäger begonnen, ein Leben der unsicheren Freiheit und Mühsal gegen Arbeit in der dänischen Fischerei einzutauschen. Heute ist es gang und gäbe, dass die Menschen einen hohen Preis für ein dänisches Huhn bezahlen, statt wilden Alk oder Seehund zu essen.

Unsere erste Station, Sisimiut, mochte zwar 75 Kilometer nördlich des Polarkreises liegen, aber die Währung dort war die Dänische Krone. In den Läden gab es die gleichen Käsereiben, Plastikhaarspangen, Waffelschnitten und Lakritztüten, die ich auch in europäischen und nordamerikanischen Vorstadtdiscountern gesehen habe. Es gab glänzende Packungen mit dänischen Keksen und alle möglichen europäischen Waren. Wie die Häuser, die Boote und die Lattenzäune um den örtlichen Friedhof waren die Regale der dänischen Läden aufgeräumt und ordentlich, als würde jemand über die ganze Anordnung Wache halten, um sicherzustellen, dass sie nicht vom nordeuropäischen Standard abwich. Und doch lag unterhalb der dänischen Heiterkeit, die Sisimiut übergestülpt wurde, noch etwas Unzerstörerisches, in der Arktis Heimisches.

Es erinnerte mich an die Inseln Saint-Pierre und Miquelon

vor der Südküste Neufundlands. Als Symbol für die Überreste der kolonialen Besitzverhältnisse gehören sie noch immer zu Frankreich. Ihre Fels- und Küstenlandschaften kennen Kabeljau und Wildpferde, Rum, Lunde und Seeschwalben. Sie kennen freudlose graue Gezeiten und Sommer, die nicht einmal der verträumteste französische Impressionist tupfen oder weichzeichnen könnte. Und doch verkaufen die Geschäfte dort französische Produkte: Wein, schlanke grüne Bohnen, französische Butter und Baguette. In den Schulen gibt es französische Klassenzimmer, und die Schüler lernen die französische Geschichte, als wären sie in Paris. Obwohl es kaum genügend Straßen gibt, um einen Sonntagsausflug zu machen, haben die Bewohner Citroëns, Renaults und Peugeots in ihren Garagen stehen. Durch diese Spannung – zwischen der alten Geographie des Felsens, der aus dem Nordatlantik ragt, und der von Frankreich auferlegten Kultur – entsteht in Saint-Pierre und Miquelon eine triste Atmosphäre, als befänden sich die Städte in einer Zeitkapsel; Kinderstädte, zu Waisen gemacht von einem Vaterland, das sie aus bürokratischen Gründen beansprucht. Man bekommt das Gefühl, dass dieser Ort, was die Liebe angeht, vergessen wurde.

In Grönland verhält es sich anders. Der dänische Einfluss scheint näher zu sein, gegenwärtiger und direkter – aber es kommt einem vor, als wäre eine Schicht über diese seit langem bestehende andere Kultur gelegt worden, in der die Menschen überleben, indem sie sich an eine alte Verbindung zur Tierwelt halten. Was diese Verbindung aufrechterhält und weiterhin möglich macht, ist die Tatsache, dass die Menschen in Grönland, anders als in Nordkanada, sich noch Gebrauchshunde halten.

Das Erste, was mir außer dem dänischen Einfluss auffiel, waren in der Tat die Hunde. In den Dörfern im Südwesten Grönlands hängen an jedem Schuppen bunte Leinen und Hundegeschirr von Haken und Nägeln. Während ich über die Wege und Pfade dort ging, beobachteten mich grönländische Huskys mit ihren dunklen, intelligenten Augen von Erdhügeln und Felsbrocken aus. Auf den Pfaden begegneten mir mehr Hunde als Menschen, und mir wurde bewusst, dass die Zahl der menschlichen Bewohner dieser kleinen Städte – Ilulissat hat 4000 Einwohner – gegenüber der Anzahl der Hunde verschwindend gering ist.

Mein Status auf dem Schiff war ein ganz besonderer. Ich war zwar Bordschriftstellerin, doch da ich erst in letzter Minute engagiert worden war, war mein Status kein offizieller. Ich hatte keine Lehrverpflichtungen wie die anderen Experten an Bord. Die Passagiere begannen, sich abzusondern und Kleingruppen um die Fachleute ihrer Wahl zu bilden. Marc St-Onge erklärte die Gletscherfjorde. Der Filmemacher John Houston erzählte, wie man eine Beziehung zu den Menschen im Land herstellt, und zeigte seinen neuen Film, *The White Archer*, ein Drama nach einer Geschichte aus der Sammlung von Inuit-Legenden seines Vaters James Houston aus dem Jahr 1967.

»Seien Sie mutig«, erklärte Houston den Passagieren. »Geben Sie etwas von sich, wenn Sie draußen in der Gemeinschaft sind. Wenn Sie über einen Übersetzer kommunizieren, dann blicken Sie in den Menschen hinein, statt nur den Übersetzer anzusehen.«

An Deck erzählte ich ihm, dass ich *Annabel* geschrieben hatte, einen Roman über einen Menschen mit zwei Geschlechtern.

»Ein solcher Mensch hat ein schamanisches Wesen«, sagte er. »Die Inuit-Pronomen haben kein Geschlecht. Man sagt nicht, da kommt *er* oder da kommt *sie*. Man sagt: Da kommen *die beiden*. Man muss der schamanischen Welt zuhören und den Träumen.«

Ich war eine aufmerksame Zuhörerin. Ich wollte genauso viel lernen wie alle anderen Passagiere auch. Auf dem Land überließ ich mich meiner Einsamkeit, meinen Spaziergängen und Beobachtungen, aber es zog mich auch zu Bernadette Dean und Aaju Peter hin, denn mich interessierte ihre Sicht der Dinge als Inuit und Grönländerin – ich wollte hören, was Frauen aus diesem Land zu sagen hatten. An den alten Geschichten der männlichen europäischen Arktisforscher, die die Geschichtsfans so spannend fanden, war ich weniger interessiert. Ich wollte auch hören, was die Passagiere zu sagen hatten. Ich wollte ihnen nichts beibringen, sondern von ihnen lernen, und das konnte ich tun, indem ich etwas schneller ging oder mich zurückfallen ließ, sodass ich neben Gillian aus England oder Penny aus Texas oder dem um die Welt wandernden Gerald herlief, der außer seinen abgetretenen Schuhen und seinem Wanderstock keine Heimat zu haben schien. Ihren Geschichten hörte ich unheimlich gerne zu. Ich erfuhr, dass viele durch die Nordwestpassage fuhren, um seelisches Leid zu verarbeiten. Mehr als eine Frau hatte im vergangenen Jahr ihren Lebenspartner verloren, und es gab noch andere Verluste zu beklagen, Sehnsüchte, persönliche Tragödien und Veränderungen, die die Menschen auf dieses Schiff gebracht hatten.

Nichts war stabil. Überall lag das Paradoxe. Jeans Ehemann hatte sich so sehr gewünscht, diese Reise zu unternehmen, doch er war gestorben, bevor sie an Bord des Schiffes gehen konnten. Dennoch strahlt Jean eine große innere Freude aus. Eine andere Frau, die den kürzlich erlittenen, schmerzvollen Verlust ihres Mannes betrauerte, war trotz allem in der Lage, andere von ihren körperlichen Schmerzen zu befreien, indem sie ihre heilenden Hände auf die entsprechenden Stellen auflegte. Ich tendierte dazu, den wandernden Seelen zu folgen und lieber ihnen zuzuhören als denen, die die meisten Fakten über das Land, das wir erkundeten, kannten.

Aber ich war auch gern allein. Ich lief über die steilen Anstiege von Sisimiut zu den geweißten Kreuzen des Friedhofs, versuchte, mich abseits zu halten, sprach nur, wenn ich angesprochen wurde, genoss den stillen, ungebrochenen Blick zwischen mir und den Schlittenhunden der Stadt als einzige Kommunikation. Aber bald hatte ich einen gesprächigen Begleiter.

»Solche Kreuze wie die dort auf den Gräbern«, erklärte mir Nathan Rogers, »sind vorchristlich.«

»Ja?«

Sein Kommentar ließ mich an meine Mutter denken, die tief in den Heftchen der Zeugen Jehovas versunken ab und an etwas über heidnische Kreuze murmelte. Aber Nathan ließ sich schwerer ignorieren. Er strahlte hell wie alles unter der grönländischen Sonne, und sein ehrliches Lächeln und seine wilden Tätowierungen ließen mich beinahe vergessen, wie er meine arme Ziehharmonika beleidigt hatte.

»Sie stehen für die Schwerter gefallener Soldaten.«

»Woher weißt du das?«

»Ein Studium der Religionswissenschaften ist dabei ganz hilfreich.« Daraufhin klärte er mich gleich noch über die Wurzeln der Freimaurerei und des Mormonentums auf.

»Ich hatte einmal eine Freundin, die ihre Kellerwohnung an

ein Mormonenpärchen vermietet hat«, erzählte ich ihm. »Sie hat ihnen jeden Abend ein Rosinenbrötchen und Tee gebracht, und sie haben ihr vorgebetet. Irgendwie ging es um Goldplatten im amerikanischen Wald, die Erkenntnisse für die Neue Welt enthielten.«

»Genau. Joseph Smith.«

»Jedenfalls bekehrten sie meine Freundin. Sie ging als mormonische Missionarin nach Bukarest. Da gibt es übrigens etwas, das ich unbedingt gerne wissen würde.«

»Was denn?«

Ich zögerte. Wir waren durch ein Gewirr von Wegen gegangen. Eine Kirchenglocke läutete. Es war zwölf Uhr mittags. Ein Husky in der Bucht hob die Schnauze und heulte, ein langes, einsames und durchdringendes Geräusch, das sich zwischen den geweißten Kreuzen hindurchschlängelte. Das Schiff, die Hauptstraße und die anderen Passagiere waren nicht mehr zu sehen. Plötzlich bekam ich Angst.

»Würden wir das Schiffshorn hören?« Das Horn war das Signal, dass wir zurück an Bord gehen sollten, um Sisimiut zurückzulassen.

»Vielleicht. War es das, was du unbedingt wissen wolltest?«

»Nein. Ich wollte wissen, was es mit dem Mann, dem nackten Mann in der Bibel, auf sich hat, der – gerade als die Jünger eingeschlafen sind und Judas Jesus gleich durch einen Kuss verrät – aus unerfindlichen Gründen durch den Garten Gethsemane rennt. Niemand sagt etwas über ihn.« Diese Frage stellte ich allen, die behaupteten, sich mit Religion auszukennen. Niemand hatte sie mir je beantwortet, man hatte es nicht einmal versucht. Nicht meine Mutter, nicht der Onkel meines Mannes, der als Weißer Vater Missionar in Afrika war, und nicht mein erster Mann, der behauptet hatte, er kenne das Neue Testament besser als den Busfahrplan des Conception Bay Highway. Die Leute hörten sich die Frage kurz an, dann wechselten sie das Thema.

»Der nackte Mann«, sagte Nathan, »vollzog einen Ritus des Dionysoskults.«

»Ach, wirklich?«

»Das hat mit dem Stern des Ostens zu tun. Mit verborgenen Mysterien, die nicht für alle Augen sichtbar sind.« Während Nathan das erklärte, waren wir oben auf einem Hügel angelangt. Von dort aus sah ich, dass unser Schiff viel weiter weg war, als ich gehofft hatte.

»Ob ich wohl meine Marke umgedreht habe?«, überlegte ich laut.

Jeder Passagier, der von Bord ging, hatte eine Wendemarke mit seiner Kabinennummer an einem Haken hängen: Grün bedeutete, dass man sicher zurück auf dem Schiff war, Rot bedeutete, dass man nicht an Bord war. Wenn man beim Verlassen des Schiffs vergessen hatte, die Marke auf Rot zu drehen, was man am Anfang leicht einmal vergaß, sah es für alle so aus, als würde man ein Nickerchen in der Kabine halten. Mir ging durch den Kopf, dass man auf diese Art und Weise hervorragend einen lästigen Ehemann loswerden konnte. Aber mir war auch durchaus bewusst, dass man die Marken ernst nehmen musste.

»Hast du die Geschichte über das verschwundene Ehepaar gehört, die Passagiere hier erzählt haben?«, fragte ich Nathan. »Sie sind bei einer anderen Expedition in den Süden zu weit auf ein Korallenriff hinausgegangen. Erst Stunden nachdem das Schiff das Riff verlassen hatte, lange nachdem das Paar von der Flut ins Meer gespült wurde, ist jemandem aufgefallen, dass sie nicht im Speisesaal waren.«

»Hast du Angst, das könnte uns auch passieren?«

»Ich würde nicht gerne zurückgelassen werden.«

»Das wird uns nicht passieren. Komm, wir gehen zusammen zurück zum Schiff.« Er ging die verwirrenden Pfade wieder hinunter, und ich merkte, dass er mich ernsthaft beruhigen wollte. »Mein Vater ist gestorben, als er andere Passagiere retten wollte«, erklärte er.

»In dem Air-Canada-Flugzeug.«

»Flug 797. Am 2. Juni 1983.«

»Ich weiß. Er war in dem Flugzeug eingeschlossen. Es tut mir sehr leid. Du warst erst drei oder vier Jahre alt, oder?«

»Er war nicht im Flugzeug eingeschlossen. Er stand am Ausgang und rief den Passagieren, die vor lauter Rauch nichts sehen konnten, zu, wo es hinausging, hob sie hoch und warf sie nach draußen, in Sicherheit. Falls wir jemals auf diesem Schiff oder sonst irgendwo einen Unfall haben, dann möchte ich auch so sterben. Also mach dir keine Sorgen, wir haben uns nicht verirrt, und du wirst nicht zurückbleiben.«

Wir schafften es, durch ein Labyrinth von kleinen Straßen hinunter und Richtung Ufer zu eilen, sogar noch rechtzeitig, um kurz in die Werkstatt der Dorfkünstler zu gehen, bevor das letzte Signal ertönte. Aaju Peter hielt eine Kette mit dem Fuß eines Alpenschneehuhns in der Hand. Er war weiß, die Federn flauschig wie Fell, und Aaju betrachtete jedes einzelne Detail zärtlich.

»Das wurde in der Stadt gefertigt, in der ich geboren wurde«, sagte sie, »von einer weißen Frau aus dem Süden. Ich muss es kaufen. Kunst hat keine Farbe.«

Etwas in mir öffnete sich. Ich hätte eigentlich gedacht, eine Inuk-Frau würde diesen Schneehuhnfuß weglegen, sobald ihr klar geworden war, dass eine weiße Frau ihn gemacht hatte. Indem sie die Arbeit der weißen Frau anerkannte, gab Aaju mir das Gefühl, dass auch ich das Recht hatte, auf dieser Reise meine eigene Wahrheit zu finden. Ja, ich stammte von kolonialen Engländern ab, und niemand aus meiner Familie war in Kanada geboren: Ja, ich fühlte mich wie eine kulturelle Waise. Aber wenn Aaju recht und die Kunst keine Farbe hatte, dann verdiente es meine Wahrnehmung, das Rohmaterial für meine Texte, vielleicht ebenfalls, dass ich ihr mit Zuneigung statt mit Selbstzweifeln begegnete.

Später, an Bord des Schiffes, trug Nathan »Northwest Passage« vor. Seine Gitarre war ein schönes handgemachtes Instrument, und für die Aufführung hatte Nathan prachtvolle Hemden mitgebracht, die mit westlichen und keltischen Mustern verziert waren. Vor Publikum machte er als richtiger Musiker noch mehr Eindruck, und als er den Song vorstellte, war ihm bewusst, wie sehr er die Vorstellung der Menschen geprägt hatte, wozu diese ganze Reise gut war. Ich fragte mich, was es wohl für ein Gefühl war, die Musik seines Vaters vorzuspielen, obwohl er nicht die Gelegenheit gehabt hatte, Stan Rogers anders kennenzulernen als durch die Lebensader seiner Songs. Sie zu singen, musste für ihn trotz der Öffentlichkeit eine sehr private Handlung sein, und ich glaube, viele Söhne verlorener, heldenhafter Väter hätten das niemals geschafft.

»Ich kann euch gar nicht sagen«, verkündete Nathan, »wie cool das ist, diese Reise mit euch allen zu unternehmen. Wenn man selbst etwas zu Ende bringt, ist das eine Sache: Etwas ganz anderes ist es, das für jemand anderen zu tun.« Und dann sang er den Song seines Vaters.

Im Laufe der Reise sollte Nathan mit vielen Stimmen singen: Durch ihn erklang die Stimme seines Vaters, und das entwickelte eine gewisse Kraft, die ihn zu einem Verstärker machte. Aber er hat auch seine eigene Stimme, eine modernere Stimme, komplexer und nuancierter und erfüllt von Nathans eigener esoterischer Psychologie. Sie ist gleichzeitig seltsam übersinnlich und kraftvoll und verbindet immer alte und zukünftige Welten.

Als die Nacht hereinbrach, hielt Aaju bei einer Schiffszeremonie, mit der wir im Norden willkommen geheißen werden sollten, den Körper eines Sterntauchers in der Hand, ausgehöhlt und gefüllt mit zundertrockenen Flechten.

»Das ist sehr leicht entflammbar«, sagte Aaju und zupfte etwas Flechte aus dem Sterntaucher. Mit Feuersteinen entzündete sie einen Funken und trug die Flamme mit einem Stöckchen zu der Flechte. Dann gab sie die Flamme von der Flechte weiter zu einer traditionellen Steinlampe, deren Docht, wie sie uns erklärte, aus Weidenwolle und Seehundfett gedreht worden war.

»Manchmal verwenden wir auch Wal- oder Karibufett.« Sie trank Kaffee aus einem Starbucks-Thermobecher. »Wenn die Lampe brennt, kann man damit Schnee für eine ganze Kanne Wasser schmelzen.« Da fiel mir auf, dass die Inuit-Muster, die auf Aajus Hände tätowiert waren, die Flammen der Steinlampe imitierten, die sie in Händen hielt. Auch ihre Stirn ist tätowiert; viele Inuit-Frauen, so habe ich erfahren, führen diese Körperzeichnungen nach Generationen der kulturellen Unterdrückung wieder ein.

Danach erzählte uns Bernadette etwas über Aajus Kleidung.

»*Tuilli*«, sie meinte damit Aajus Anorak oder Innenparka, »das bedeutet ›sehr praktisches Kleidungsstück‹. Da auf dem Rücken hat es ein V – das soll den Schnabel eines Alpenschneehuhns darstellen. Es zeigt Respekt für diesen Vogel. Die zugespitzte Kapuze steht für die Zunge des Karibus, und die Form der beiden Stiefel von Aaju ähnelt dem Kopf eines Seehunds, denn der Seehund schenkt uns Fett für die Lampe und er schenkt uns sein Fell, um unsere Füße, Hände und Körper zu wärmen.«

Im Salon, in dem die Zeremonie stattfand, waren alle elektrischen Lichter gelöscht worden, und die Lampe aus Seehundfett loderte nicht hell, sondern spendete ein sanftes Licht. Trotzdem beleuchtete sie jedes der aufmerksamen Gesichter im Raum. Die Flamme brannte an dem Docht aus zusammengedrehten Tundrapflanzen wie eine Schnur aus glühender Flüssigkeit. Mit der gekrümmten Schneide ihres Ulu schnitt Aaju rohes Seehundherz auf und bot allen davon an. Ich aß ein Stück, süß und kalt, fest und blutig. Hinter dem orangefarbenen Licht drückte die blaue arktische Nacht gegen die Fenster. Ich ging hinaus, in die Nacht hinein.

Viele der anderen Passagiere waren schon früh zu Bett gegangen, aber ein paar hielten sich noch draußen in dem blauen Leuchten auf, das ich sonst noch nirgendwo gesehen hatte. Das Deck war ein Grenzbereich zwischen dem Mutterschoß der eigenen Kabine und dem wilden Norden, der uns umgab. Hier gab es keine Kaffeekannen und Kekse, und es war nicht so behaglich wie im Salon und in anderen geselligen Teilen des Schiffes, wo man sich unterhalten konnte. An Deck wurde man in Ruhe gelassen, oder man führte zufällige Unterhaltungen mit anderen wandernden Seelen und badete in dem seltsamen mitternächtlichen Leuchten.

Nach der Lampenzeremonie traf ich draußen im Dunkeln auf Nathan und Bernadette. Ich glaube, darstellende Künstler und Lehrer müssen sich manchmal neu aufladen, nachdem sie etwas von sich gezeigt und in der Öffentlichkeit Dinge preisgegeben haben, die eigentlich persönlich und sehr privat sind. Wir drei standen da und betrachteten das beleuchtete Kielwasser des Schiffs, während wir nach Norden fuhren, weg von Sisimiut.

»Bei allem Respekt für Aaju und die anderen«, flüsterte mir Bernadette zu, »die Lampenzeremonie sollte im Winter stattfinden und nicht um diese Jahreszeit.«

Das erinnerte mich an Neufundland, als Chris Brookes von der »Mummers Troupe« sagte, die rituellen Mummenschanzstücke – ein altes und kraftvolles Mysterienspiel, das mit Fruchtbarkeit, Magie und der Sonnenwende zu tun hat – dürften nur während der zwölf Weihnachtstage aufgeführt werden: Jede Aufführung zu einem anderen Zeitpunkt verwässere ihre Kraft. Es sollte noch viele Momente auf dieser Reise geben, in denen solche Konflikte eine Rolle spielten. Solche Diskussionen lassen sich unmöglich vermeiden, wenn sich mehrere kulturelle Kreise überschneiden. Bernadettes eigene Geschichte erfüllte sie mit Kraft und Schönheit, und auch mit Schmerz. Mir gefielen ihre innere Anspannung, ihr Unwille, eine nahtlose und perfekte Geschichte zu erfinden, und ihr Beharren darauf, dass wir dem Land Respekt entgegenbringen mussten.

»Die Natur bestimmt alles«, sagte Bernadette. »Das Wasser, das Land, der Wind, der Himmel – sie allein besitzen absolute Freiheit.«

Immer noch hadere sie mit der Vorstellung, die tiefen Verletzungen, die mein Volk dem ihren zugefügt habe, zu verzeihen, erzählte sie. »Deshalb bin ich auf diesem Schiff«, sagte sie. »Um meinen Zorn in etwas Gutes zu verwandeln.«

In der arktischen Nacht herrscht eine Art Seefahrerversöhnlichkeit. Sie half mir, eine Beziehung zu den anderen herzustellen und meine Neigung zum In-sich-gekehrt-Sein ein wenig zu überwinden. Die Dunkelheit verbarg mich gnädig, und doch enthielt sie genügend Licht, um die Gesichter der anderen zu sehen und Zwiespältigkeit darin lesen zu können. Je mehr mir Aaju und Bernadette beibrachten, umso mehr Achtung und Mitgefühl empfand ich mir gegenüber. Je mehr Songs Nathan vorsang, umso mehr schien es mir, dass mein eigenes Leben, unser aller Leben sich in ein Lied verwandelte. Als ich mit den anderen an Deck stand, fühlte ich mich in der menschlichen Gesellschaft auf eine Art und Weise willkommen, wie ich es zuvor vielleicht noch nie empfunden hatte – und paradoxerweise umso geerdeter, je mehr sich unser Schiff von der Erde, die ich kannte, entfernte.

Ich hatte angefangen, mehr über das Schöne der Passagiere zu erfahren – wie eine Reise in den Norden die Menschen verbindet und unsere üblichen Vorurteile aufhebt. Landratten haben mehr Raum als Seeleute, und sie geben einander größere Kojen, damit sie sich nicht mit den unbequemen Eigenschaften der anderen auseinandersetzen müssen. Aber auf einem Schiff gibt es keine Möglichkeit, die eigene Persönlichkeit über Bord zu werfen; jeder Passagier zieht einen großen Ballon hinter sich her, der sämtliche Eigenarten enthält, die er auf dem Festland verbergen kann. Vielleicht ist das Land porös genug, um diese Wesenszüge zu verbergen und sie unsichtbar zu machen. Auf dem Schiff konnte man sie nicht verstecken; trotzdem wurden sie plötzlich liebenswert. Nachts in meiner Koje dachte ich über die Rätsel nach, die den Persönlichkeiten von Menschen zugrunde liegen, sowohl derer, die ich auf dem Schiff kennengelernt, als auch derer, die ich zu Hause zurückgelassen hatte. Ich dachte an meinen Vater und daran, dass viele Gründe seiner Umsiedelung von der Alten in die Neue Welt sehr persönlich gewesen waren und von seinen Kindern kaum verstanden wurden.

Generationenmuster kehren wieder. Meine Vorfahren haben immer zwischen Großstadt und ungezähmter Natur hin- und hergewechselt. Während des Zweiten Weltkriegs in Jarrow im Norden Englands hatte der Lehrer meines Vaters allen Kindern eine Bohne in einem Marmeladenglas mit feuchtem Küchenpapier geschenkt. Der Anblick der Bohne, die in dem Glas keimte, veranlasste meinen Vater, nach Hause zu laufen und seine Mutter zu fragen, ob sie etwas hatte, das er auf dem Luftschutzbunker in die Erde pflanzen konnte.

»Ich habe gerade Karotten geschält«, hatte meine Großmutter zu ihm gesagt. »Die kannst du einpflanzen.«

»Sie hat mir den Strunk der Karotten gegeben«, erzählte mein Vater mir. »Viel Erde gab es nicht auf dem Luftschutzbunker. Eigentlich gar keine. Ich habe sie mit einem Spielzeugeimer hingetragen, wo auch immer ich welche bekommen habe. Aber die Karottenstrünke sind gewachsen, und alles wurde immer besser.«

Als ich in Neufundland zu Besuch war, setzte er mich auf dem Weg zu seiner Blockhütte, wo er seine Rüben ernten musste, am Deer Lake Airport ab. Mit Ende vierzig war mir nun doch eingefallen, ihn zu fragen, wie aus ihm so ein guter Gärtner hatte werden können.

Mein Vater zieht seinen eigenen Lauch, Rosenkohl, Rüben, grüne Bohnen und Ackerbohnen, Erdbeeren und Kartoffeln. Er bringt Kaiserschoten in das örtliche chinesische Restaurant in Corner Brook, wo er sich im Gegenzug das ganze Jahr über samstagabends ein Essen mitnehmen kann. Bevor wir nach Kanada auswanderten, gewann er Preise bei den Porreewettbewerben in der Methodistenkirche hinter unserem Haus an der Hainingwood Terrace in Bill Quay. Gleich nach unserer Ankunft in Neufundland erwarb er genügend Land, um jedes Gemüse darauf anzupflanzen, das unsere Familie jemals essen würde. Während mehrerer Sommer, in denen er seine Hütte baute, rodete er hektarweise Land, aus dem wir Steinbrocken und Wurzelstöcke herausholten, damit er dort Kohl pflanzen konnte. Wir entrindeten auch die Baumstämme für seine Blockhütte, mit Werkzeugen, die er nach dem Muster eines langen Schäleisens herstellte, das er aus dem Lee-Valley-Katalog bestellt hatte. »Ein guter Arbeiter«, sagte er, »macht sich sein Werkzeug selbst.«

»Was war denn der Hauptgrund, weshalb wir nach Kanada ausgewandert sind?«, fragte ich ihn im Auto. Ich wusste, dass er Les Lakey und Joe Cramm zurückgelassen hatte, Freunde, mit denen er Ziegen gezüchtet, nach Coldstream getrampt und in Pubs gesungen hatte, und ich wusste, dass meine Mutter keine Ahnung gehabt hatte, wie schwer es werden würde, von der anderen Seite des Ozeans aus zusehen zu müssen, wie ihr Vater alt und blind und krank wurde und schließlich starb. Ich wusste, dass mein Dad froh war, England verlassen zu haben, und er sagte immer, er bedauere nichts, aber nun wollte ich von ihm hören, was der Grund gewesen war, alles Vertraute zurückzulassen.

»Die Freiheit«, sagte er, als würde das jeder Idiot wissen. »In England hat jedes Stöckchen jemandem gehört und war irgendwo verzeichnet, und das ist immer noch so.«

Man erfährt Dinge über seine Eltern entweder, wenn sie das wollen, wenn man mehr Weitblick hat oder wenn sie ihren Enkelkindern Geschichten erzählen, die wir selbst nicht kennen. Mein Vater erzählte meiner Tochter Esther, wie er die Beatles im Cavern Club gesehen hatte, bevor sie berühmt wurden. Er erzählte meiner Tochter Juliette, dass er als Junge Automechaniker werden wollte, doch an dem Tag, an dem er seine Lehre beginnen sollte, hatte der Meister erfahren, dass er keinen Lehrling annehmen durfte, weil es auf dem Gelände keine Toilette gab. Deshalb wurde mein Vater stattdessen Klempner in der Werft. Später wurde er Schreiner, entwarf Sideboards und Tische aus Mahagoni, lackierte Möbel und machte Nachbauten von Schreibtischen, Stühlen und Sofas im Queen-Anne-Stil oder aus anderen Epochen. Er unterrichtete jahrelang Holzbearbeitung und hatte lange Zeit danach sein eigenes Möbelgeschäft.

»Wie hast du es gelernt, Möbel zu bauen, Dad?«

Wieder dieser Blick – wie konnte eines seiner Kinder nur so begriffsstutzig sein? »Ich habe es aus Büchern gelernt.«

»Aber Bücher, Dad – ich kann doch nichts Dreidimensionales aus Büchern lernen. Das muss mir doch jemand zeigen.«

»Ich habe jedenfalls vieles von dem, was ich weiß, aus Büchern.«

Ich erinnerte mich an die Bücherstapel auf dem Sofatisch, den er gemacht hatte, und auf dem Bücherregal, das er gebaut hatte: Bücher über Möbelrestauration, über Tischlerei und Polsterung sowie über die Geheimnisse der Maya-Pyramiden und Polarexpeditionen. Ein Punjab-Arzt hatte ihn einmal damit betraut, ein Sofa aus geschnitztem Ebenholz zu restaurieren, ein antikes Stück, das aus Kaschmir hertransportiert worden war. Er las nach, wie man das machte, und legte los.

»Wenn du Besuch hast«, erklärte er mir, als ich klein war und mir Butter auf den Toast strich, »und du servierst diesem Besucher Brot und Butter, dann achte darauf, dass du die Butter bis ganz zum Rand verstreichst.«

Aus Resten von Walnussholz, die von Stuhlbeinen übriggeblieben waren, schnitzte er Adam und Eva. Durch seine Hände entstanden eine sprungbereite Katze, Kupfervasen, emailliertes Geschirr und ein Kaleidoskop aus Glas und Spiegeln mit lilafarbenen, goldenen und grünen Strahlenkränzen aus zerknülltem Quality-Street-Bonbonpapier. Er brachte mir bei, wie man Kupferrohrreste mit Hammer und Messer bearbeitete und sie mit Emaillepulver bestreute, um sie schließlich in einem Brennofen zu brennen und Ketten daraus zu machen, und er bot an, es auch meiner Tochter beizubringen. Er zeigte mir, wie man aus Kaffeesäcken, Stoffstreifen und einem Haken aus einem gefeilten Nagel, der in den Griff eines alten Nudelholzes getrieben wurde, Teppiche knüpfte. Doch etwas, was er machte, war ganz anders als alle diese Dinge. Ich habe mich lange darüber gewundert und tue es immer noch.

Ich war damals an der Junior Highschool, er noch in den Dreißigern. Auf einmal fing er an, sich mit einem Brett und einem Tablett mit grauer, brauner, grüner und blauer Farbe in Plastikfläschchen in seinen ledernen Schaukelstuhl zu setzen und an einem Malen-nach-Zahlen-Gemälde von Männern in einem Segelboot zu arbeiten. Ich erinnere mich an die unzähligen blau umrissenen Felder, die er mit einem winzigen Pinsel ausfüllen musste, und in jedem stand eine blaue Zahl. Dieses einsame Unterfangen ging über Wochen, vielleicht Monate. Es machte ihm nichts aus, wenn ich ihm zusah, und so wurde es ein stilles Ritual: Ich kniete mich auf den Teppich und betrachtete das Boot, die Segel und die Meereswellen, die aus scheinbar unverbundenen Farbklecksen entstanden: Hier war Licht, dort war Schatten. Der Rest des Haushalts lebte ganz normal um dieses ruhige, ozeanische Zentrum herum weiter – meine Mutter rollte Teig hinter der Durchreiche im Esszimmer, durch die wir einen viereckigen Ausschnitt der Küche sehen konnten, meine Brüder verprügelten einander und schauten sich *Mini-Max* an, oder sie spielten Risiko und G. I. Joe. Ich rieche heute noch das Leinöl. Für meinen damaligen Geschmack war die Wahl der Farben zu monochromatisch – wo waren Rot und Lila? Wie konnte aus diesen wenigen Farben ein Bild entstehen? Und doch wurde etwas daraus, und das Gemälde kam an die Wand über den Nähmaschinentisch meiner Mutter, wo es heute noch hängt.

Das Bild stellte mich vor Rätsel, denn es passte gar nicht zu all den anderen Dingen, die mein Vater entwarf oder bastelte. Was hatte ihn dazu veranlasst, etwas, das in meinen Augen kaum kreativer war als ein Puzzle, so viel Zeit zu widmen, sein wichtigstes Gut? Das typische Überlegenheitsgefühl eines Teenagers, das meine Tochter mich heute so ausnehmend spüren lässt, hatte mich vergessen lassen, dass mein Vater schon alles, was er kannte, in der Alten Welt zurückgelassen hatte, als er dieses Bild der Männer malte, die der See trotzen. Nur wenige Jahre bevor er mit der Arbeit an dem Bild begann, war er in ein »neu gefundenes« Land, nach Neufundland, gereist, das für seine britischen Freunde, seine Mutter und vielleicht auch für seinen Vater und jeden, den er je gekannt hatte, an Wildnis und unbekannten Möglichkeiten alles übertraf. Bevor unsere Familie England verlassen hatte, hatte seine Mutter zu mir gesagt: »Wenn ihr dort ankommt, hüte dich vor kräftig grünem Gras. Das ist kein Gras, das ist Sumpf, und wenn du ihn betrittst, kann er dich verschlingen.«

»Freiheit«, sagte mir mein Vater, das sei es, was er in Kanada gesucht hatte, und was stand mehr für die Freiheit als Segel im Wind oder das offene Meer? Mit der Zeit fand ich heraus, dass sein Bild nicht einfach nur irgendein Motiv war, das es bei Woolworth in der Nähe der Puzzles und Häkelwolle zu kaufen gab. Das Bild basierte auf einem der berühmtesten amerikanischen Bilder, dem Gemälde von Winslow Homer, das ursprünglich *A Fair Wind* hieß, zuerst 1876 auf der amerikanischen Weltausstellung gezeigt worden war und dann von Kritikern und einer Öffentlichkeit, die darin den Traum unendlicher Erfindungen und Entdeckungen der Neuen Welt erkannte, den neuen Namen *Breezing Up* bekommen hatte.

»Ja«, sagte meine Mutter, als ich sie nach unserer Emigration fragte. »Es war aufregend, die Neue Welt und all das. Aber vielleicht war uns damals nicht ganz klar, dass wir euch, die Kinder, von euren Wurzeln entfernen.« Ja – ich hatte doch Rhona und Deborah zurückgelassen, die nun auf Hainingwood Terrace ohne mich Gummihüpfen spielen mussten. Die Kinder von Neufundland hatten mich in der Pause hinter die Schule gezerrt und mir beigebracht, wie ich meinen nordenglischen Geordie-Dialekt loswurde und wie eine Neufundländerin sprach.

Mit zwanzig hatte ich in einem Fischer-Outport gelebt, auf der Suche nach Ersatzgroßeltern unter den alten Fischern und ihren Frauen, die immer noch Marmelade kochten und alte Geschichten über die Zäune der Rübengärten erzählten. Die erste Frage lautete dort: »Wo gehörst du hin?« Das war keine fremdenfeindliche Unfreundlichkeit, sondern eine uralte Begrüßung, die eigentlich bedeutete: »Woher kommst du, freundlicher Fremder?« Aber wenn man als Kind ein Land verlassen hat, dann weiß man nicht, wo man hingehört. Man versucht ständig, Wurzeln zu schlagen, aber die halten nicht so, wie sie es getan hätten, wenn dein Vater es wie Generationen seiner Vorfahren gemacht hätte und dort geblieben wäre, wo er geboren worden war. Man verharrt in einem Zustand des latenten, wenn auch permanenten Gefühls der Nichtzugehörigkeit, einem wurzellosen Unbehagen, das in dem neuen Land vielleicht nie ganz verschwindet, außer es passiert etwas, das alles verändert.

Vielleicht malte mein Vater das Bild von Winslow Homer nach, um zu lernen, wie man ein Ölgemälde macht: Wie überträgt man eine dreidimensionale Szene auf ein Brett? Wie schafft man Chiaroscuro und Tiefenschärfe? Experimentierte er wie früher, als er sich selbst beigebracht hatte, Schreibtische, Kommoden und emaillierte Kupferstückchen herzustellen? Oder war der Entdeckergeist der Neuen Welt der Köder, der ihn faszinierte?

Ich habe ihn nie gefragt. Aber ich weiß, dass 1876, als *A Fair Wind* auf der ersten offiziellen Weltausstellung hing, der Dampfer *Pandora* von Southampton aus auf seine zweite Suche nach der vermissten Franklin-Expedition auslief. Jane Franklin war elf Monate zuvor gestorben, nachdem sie zuvor schon sieben Suchaktionen finanziert hatte. Aber ihr Tod bedeutete nicht das Ende der Suchexpeditionen, die über diese erste Weltausstellung hinaus fortgesetzt wurden, durch das 19. und 20. Jahrhundert hindurch bis hin zu meiner eigenen Reise durch die Nordwestpassage im 21. Jahrhundert. Das erfüllte auch sie mit einer Spannung, die jeder Passagier auf unserem Schiff spürte. Franklin und seine Schiffe waren nie gefunden worden: Sie begleiteten uns in die arktische Nacht und waren uns vielleicht näher, als viele von uns zu denken wagten.

Zwischen Franklins Verschwinden 1845 und der Weltausstellung von 1876, auf der zehn Millionen Menschen das Gelände besuchten, auf dem Homers Bild ausgestellt war, war die europäische Seele gefesselt von der Vorstellung einer Nordwestpassage hinüber zu den Westindischen Inseln. Nur hundert Jahre zuvor, als sich der nicht ungebildete Samuel Hearne 1769 aufmachte, um die Gegend von Hudson's Bay bis zu dem Meer, das die Briten damals »Northern Ocean« nannten, zu erkunden, war nicht einmal Großbritannien genau kartografiert: Der »Ordnance Survey« dieser Nation existiert erst seit 1791. Selbst bis zum heutigen Tag wird die Arktis von Landvermessern der kanadischen Küstenwache per Schiff, zu Fuß und mit Unterwasser-Robotern, die mit Ultraschall-Technologie ausgestattet sind, erforscht, um die Wasserkarten zu vervollständigen, die so unstet wie das Wasser über Franklins Gebeinen sind. Unsere Expeditionsleiter gaben jedem von uns eine Karte, auf der wir unsere Reise nachzeichnen sollten, und es dauerte nicht lange, bis einer der versierteren Passagiere bemerkte, dass diese New Century Map of Canada, herausgegeben von der Royal Canadian Geographical Society und dem National Atlas of Canada, einen Fehler von mehreren Grad enthielt. Später sollte sich herausstellen, dass selbst die Schiff-fahrtskarten unseres Kapitäns nicht sicher vorhersagen konn-ten, was vor uns lag, denn ein Großteil der Arktis ist immer noch nicht kartografiert, und Land, Wind und Ozean befin-den sich in steter Veränderung.

Mein Vater wollte von Neufundland genau das, wonach sich die Amerikaner sehnten, als sie auf der ersten Weltausstel-lung Homers Seeleute betrachteten. Es ist das, wonach auch die Passagiere auf dem Schiff Sehnsucht verspürten, das, wo-nach wir alle zu jeder Zeit gesucht haben. Mein Vater mochte es Freiheit genannt haben. Ich wusste nicht, wie ich es nen-nen sollte, dort an unserem ersten grönländischen Ankerplatz in Sisimiut: vielleicht ein Glimmen, ein Wink – etwas im Eis, etwas Vielversprechendes in dem arktischen Licht.

»Wir haben unsere Wurzeln verloren«, sagte meine Mutter irgendwann einmal.

»Für die Freiheit«, beharrte mein Vater.

Auf unserem Schiff gab es keine Wurzeln mehr, die den Schlüssel zum Leben hielten: Hier wiegten mich Wind und Wasser. Während wir vor Sisimiut vor Anker lagen, spürte ich, dass der Konflikt meiner Eltern, die Tyrannei von Linien und Grenzen und selbst die Spannung zwischen Freiheit und Zugehörigkeitsgefühl in mir selbst vorübergehend ausgesetzt war.

Kapitel 5

Kathedralen aus Eis

Wir fuhren nun die Küste hinauf, weg von den Fjorden von Sisimiut, die das ganze Jahr eisfrei bleiben und Grönland den grünen Teil seines Namens verleihen. Ich konnte es kaum erwarten, weiter in den Norden zu kommen – ich wollte sehen, warum Grönland die »Mutter des Eises« genannt wird. In Neufundland hatte ich mich auf einen Felsen auf der Avalon-Halbinsel gesetzt und zugesehen, wie der Mond die Eismassen beleuchtete, die von den Küsten Grönlands und Labradors herbeitrieben; nun steuerten wir auf den Ort zu, wo sämtliche Eisberge, die Neufundland und Labrador je gesehen hatten, gekalbt worden waren. Ich wollte endlich diese Küste hinter mir lassen, wo alles so vertraut aussah: der Nebel, die Fischerboote, die Felsvorsprünge mit Sauerampfer und Weidenröschen, die gern auf saurem Boden wuchsen, und die bunt bemalten Häuser. Ich wollte den Einfluss der Dänen hinter mir lassen, die einer uralten Inuit-Gesellschaft ihre Kultur auferlegt hatten, und sehen, was nur die wenigsten und glücklichsten Europäer gesehen hatten – die Hocharktis, wo der koloniale Einfluss doch sicherlich gezwungenermaßen den Elementen weichen musste.

Auf dem Schiff kam ein Abenteuergefühl auf. Ich merkte

das den Passagieren an, von denen viele deutlich älter waren als ich. Wir wollten die letzte große Wildnis noch einmal sehen, bevor sie endgültig schmolz und die Menschen in ihrem kollektiven Rennen um die Homogenisierung des Planeten zur Ziellinie sprinteten. Jeder Passagier an Bord wollte ein Abenteuer erleben und atmete nun die spürbare Erregung ein, die der hohe Norden jedem einhaucht, der sich danach sehnt. Alle Wissenschaftler an Bord waren aufgeregt, auch wenn sie schon ähnliche Gebiete bereist hatten. Selbst diejenigen, die bereits mit unserem Schiff gefahren waren, hatten genau diese Reise noch nie unternommen. Wie es unser Bordhistoriker ausdrückte, hatten wir vor, im Wesentlichen der Route Roald Amundsens bei seiner ersten Durchquerung der Nordwestpassage zu folgen. Aber es konnte alles Mögliche dazwischenkommen: Wetter oder Eis konnten uns einen Strich durch die Rechnung machen, und es konnte jeden Moment passieren, dass das Schiff den geplanten Kurs ändern musste.

Während wir uns langsam auf das Eis zubewegten, wurde das Leben auf dem Schiff zusehends von einer gewissen Dualität durchdrungen: Es herrschte eine Spannung zwischen Geborgenheit und Gefahr. Im Bugsalon standen zwei hübsche Behälter bereit, aus denen man sich Eiswasser und gekühlten Orangensaft einschenken konnte. Ein Bäcker holte täglich Berge von süßen Brötchen aus dem Ofen, die man mit dänischer Sauerrahmbutter bestreichen konnte. Das Personal, das zum Großteil von den Philippinen kam und mehrere Monate an Bord blieb, während wir und andere Reisende das Schiff nur für einzelne Reisen charterten, legte die Bettdecken in unseren Kojen zusammen und platzierte auf jedes Kissen ein flaches, in Silberpapier eingewickeltes Stück Schokolade. Und doch gab es inmitten all dieses Luxus Ahnungen, dass dieser Komfort nur eine Illusion war, mit der man die Unerbittlichkeit des Meeres überdeckte. Bevor wir weiter nach Norden fahren konnten, mussten wir eine Evakuierungsübung durchführen, bei der wir lernten, was zu tun war, falls wir jemals gezwungen sein sollten, das Schiff zu verlassen.

Diese Übung war deutlich ernüchternder als die Vorführungen, gegen die Flugreisende mittlerweile immun geworden sind. Bei einer Schiffsübung geht ein richtiger Alarm los, laut und durchdringend und beängstigend, der einem durch alle Knochen geht. Man sieht nicht einfach nur zu, wie ein Steward eine Rettungsweste anlegt; man holt die Rettungsweste aus seiner Kabine, legt sie an, verschließt sie und findet sich dann am Sammelpunkt ein, mit den anderen, die demselben Rettungsboot zugeteilt sind. Der Alarm schrillt weiter, es krächzt aus den Lautsprechern, vom Wasser her weht der Wind. Man denkt an all die Schiffbrüche, von denen man gelesen, die man in Filmen gesehen oder von denen man vor dem Kamin gehört hat, und man weiß, dass diese Reise nicht immun gegen die Kräfte der Natur ist, die Schiffe wie dieses zum Verschwinden gebracht haben – nicht nur zu Franklins Zeit, sondern auch erst vor kurzem. Unser Schiff hatte ein Schwesterschiff, das vier Jahre vor dieser Reise auf einer ähnlichen Fahrt durch die Antarktis gesunken war. Der Untergang hatte vierundzwanzig Stunden gedauert, und alle Passagiere waren gerettet worden, doch das Schiff liegt immer noch auf dem Grund des Meeres, und bis heute kennt niemand die Ursache für dieses Unglück. Unsere Evakuierungsübung dauerte etwa eine halbe Stunde, und danach waren alle froh, die Rettungswesten auszuziehen, sie wieder in den Kabinen verstauen und die Vorstellung von einem Schiffbruch wieder an die Fantasie verweisen zu können.

Nach der Rettungsbootübung luden Aaju Peter und die anderen Waffenträger ihre Gewehre, für den Fall, dass wir draußen in der Wildnis, weitab von allem, Schutz brauchten. Ein paar von uns hatten angefangen, kleine Territorien auf dem Schiff zu beanspruchen, Nester, in denen wir es uns gemütlich machen konnten, wenn die Übermacht der Wildnis uns beunruhigte. Unser Kapitän, ein eindrucksvoller Schwede, der Würde und Beherrschung ausstrahlte, stellte sich immer, wenn wir anderen an Land gingen, mit einer Angel an Deck, eine einsame Gestalt in seiner roten Jacke. Er angelte Kabeljau oder Seesaiblinge, die er mit den anderen teilte, wenn er einen anständigen Fang gemacht hatte. Eine Frau namens Heidi nahm eine kleine Schachtel mit Wasserfarben zur Hand und malte Miniaturaquarelle von Seeschwalben, Schlittenhunden und den kecken Blüten der Weidenröschen. Dann packte sie die Farben wieder ein und machte in einer stillen Ecke Yogaübungen. Nathan hatte sich Stift, Gitarre und Papier genommen und arbeitete an einem neuen Song.

»Willst du ihn dir mal ansehen?« Er reichte mir das Blatt mit dem Entwurf, es hieß »The Turning«, in Tinte geschrieben, seine eigene Nordwestpassagen-Komposition über unser Schiff, über die Schönheit des Landes und über den Versuch, Geborgenheit an einem Ort zu finden, an dem wir alle mit unserem essentiellen Alleinsein konfrontiert wurden:

Arctic skies are blue and grey and green
The sun goes down leaving streaks of yellow in between
And I am bound away, north of Hudson Bay

Into a realm where winter winds hold sway
You are here to view the midnight sun
To taste the fruit of tundra where the caribou still run
And the Inuit children play, west of Baffin Bay
And bloom against a tapestry of green and blue and grey

Tonight I put myself to bed with much between us left unsaid
Somehow it's not the way that it should be
Tonight, alone, I fall asleep with no one here
No one to keep me warm, adrift upon an Arctic sea…

Die Künstlerin Sheena Fraser McGoogan arbeitete an Studien und Skizzen der Häuser in Sisimiut, deren optimistische Farben zu ihrer Grundhaltung passten, und sie hielt Workshops in der Bibliothek des Schiffs, in denen sie andere ermutigte, ihre eigenen Themen zu zeichnen. Ein paar Passagiere, die noch nie zuvor gemalt hatten, waren fasziniert von der Alchemie des Visuellen, das sich in emotionale Sprache verwandelte. Wenn Sheenas Workshops beendet waren, blieb ich immer noch sitzen: Ich liebte die Bibliothek, diesen behaglichen Ort mit bequemen Sesseln und vielen Büchern über den Norden. Ich hatte meine Häkelnadel dabei und einen Strang Wolle, den mir meine Freundin Marilee geschenkt hatte, gesponnen und handgefärbt von Shawn O'Hagan in Neufundland. Wenn wir nicht mit den Zodiacs oder an Land unterwegs waren, häkelte ich in der Bibliothek ein warmes Stirnband. Ich stellte fest, dass sich alle Passagiere in ihre eigene Welt zurückzogen und sich mit irgendetwas beschäftigten, doch nach einer Weile wurde ich neugierig: »Was machen Sie denn? Wie geht es Ihnen? Haben Sie Fische gefangen?«

Ich sehnte mich danach, das vertraut aussehende Land hinter mir zu lassen und endlich etwas Neues zu betreten. Ich hatte einen einzigen großen Wunsch – die Sehnsucht, zu sehen, wie die Kälte Einsamkeit entstehen ließ.

Dieser Wunsch war eines Morgens entstanden, als ich aufwachte und Stücke von Eisbergen an meinem Bullauge vorbeitreiben sah. Da war sie also, die mysteriöse Welt, nach der wir uns alle gesehnt und die wir dennoch gefürchtet hatten. Wie Nathan in seinem neuen Song wollten wir uns auf das gefrorene Meer hinauswagen, auch wenn wir wussten, dass wir jegliche Bequemlichkeit hinter uns lassen würden.

Als wir in die Diskobucht hineinfuhren, trieb das Eis still auf dem Wasser, ruhige Grüngrau-Schattierungen gingen in Weißtöne und dann wieder in Blautöne über. Es gab keine Anzeichen von Menschen, nur den Widerschein von Eis und Himmel und Nordmeer. Das Licht war diffus, sodass Eis und Himmel und Wasser hell und doch verhalten leuchteten. Diese Eislandschaft trieb tief in ihre eigenen Gedanken versunken dahin. Die Brocken waren klein. Gekalbt von den größeren Eisbergen, die wir bald weiter innerhalb der Diskobucht sehen würden, wenn wir die Stadt namens Ilulissat erreichten, das grönländische Wort für Eisberge. Der Ort ruht an der Mündung des Fjords, dem Geburtskanal für die Eisberge, die der Sermeq-Kujalleq-Gletscher gebiert, die größte Mutter des Eises in der nördlichen Hemisphäre. Er ist so wichtig für unseren Planeten, dass der Ilulissat-Eisfjord 2004 zum UNESCO-Weltnaturerbe erklärt wurde.

Als ich mich auf mein Bett kniete und das treibende Eis draußen betrachtete, fühlte ich langsam die elektrifizierende

Kraft des Nordens. Das war der Moment in unserer Expedition, in dem ich zum ersten Mal spürte, dass etwas die Grenzen zwischen Erde und Psyche, der inneren und der äußeren Welt verschob: Das Eis schwamm nicht außerhalb des Schiffes, sondern in mir. Nichts, was draußen vor diesem Bullauge erschien, war nach menschlichen Begriffen vollendet, fertig gebaut oder vollständig ausgeformt. Die Eislandschaft befand sich in einem Prozess des Formens und Formlos-Werdens. Das war nicht die gewöhnliche Welt, sondern ein Spiegel des Geistes, der Ursprung der Formen, wie wir sie kennen. Zum ersten Mal betrachtete ich etwas nicht von außen, sondern von innerhalb, von einem Ort, der bis jetzt verborgen gewesen war. Ich war in einem Versteck der Geheimnisse.

Über jeden Ort gibt es Fakten im Überfluss. Über diesen gab es seinen Breitengrad, die Tonnage an Eisbergen, die er in einem Jahr produzierte, die Temperaturunterschiede in den letzten Sommern und die geologische Zusammensetzung des Fjords, der hinter dem schwimmenden Eis schimmerte. Das alles erzählten uns die Wissenschaftler und Geologen auf unserer Reise. Aber die emotionale Realität berührte ein anderes Reich. Eine Seele, die auf dem Wasser trieb, brauchte andere, mit denen sie auf die geheimnisvollen neuen Sprachen von Land, Eis, Wasser reagieren konnte – ich hatte bislang die Erde noch nicht als einen Text begriffen, der jedem Wort, das vom Menschen gesprochen oder geschrieben wurde, zugrunde lag. Statt vor den anderen zurückzuweichen, näherte ich mich den Freunden, die ich langsam gewann. Wir bewegten uns auf ein von Inuit bewohntes Gebiet zu, deren Vorfahren aus jenem Land kamen, das wir heute Kanada nennen, erzählte man uns. Die Nordwestpassage, wie die Europäer sie sich vorstellen, war von Inuit über Tausende von Jahren als Eisweg von Alaska aus nach Osten genutzt worden. Die Menschen gehören größeren Territorien an, als wir gemeinhin glauben. Rasmussen mag Grönland für die Dänen beansprucht haben, aber die weiten Areale im Norden blieben die Wohnstatt eines zirkumpolaren Nomadenvolks, für das die südlichen, kolonialen Vorstellungen von »Nationalität« von Grund auf irrelevant waren. Ich wollte mehr von dem hören, was Aaju Peter dazu zu sagen hatte, die als Grönländerin das Leben der kanadischen Inuit angenommen hatte. Ich wollte sie nach der Möglichkeit von »Zugehörigkeit« jenseits der Grenzen befragen.

»Ich fühle mich immer abgekoppelt von jeglicher Vorstellung eines Heimatlands«, erzählte ich ihr. »Einmal habe ich vergessen, meinen kanadischen Pass zu verlängern. Zu allem Überfluss hatte ich auch meine Citizenship Card verloren. Das ist der Ausweis, den man bekommt, wenn man als frisch gebackener Kanadier der Königin die Treue schwört.«

»Du musstest der Queen die Treue schwören, obwohl du aus England kamst?«, lachte Aaju. »Das ist doch alles verrückt.«

»Ja, und weil ich den Ausweis verloren hatte, war es für mich viel schwieriger, einen neuen Pass zu bekommen als für gebürtige Kanadier. Als ich dann wiederum Verwandte im Norden Englands besucht habe, haben die alle gesagt, ich gehöre nicht mehr zu ihnen.«

»Ich weiß, was das für ein Gefühl ist«, sagte Aaju.

»Sie haben gesagt, ich wäre Kanadierin geworden. Deshalb fühle ich mich auf dem Schiff irgendwie zu Hause, zwischen meinen beiden Heimatländern.«

»Es ist völlig in Ordnung, zu zwei Kulturen zu gehören«, sagte Aaju. »Deine Stimme ist glaubwürdig, weil sie menschlich ist.«

Um das Sermermiut-Tal zu sehen, wo der gewaltige Sermeq-Kujalleq-Gletscher endete und Eisberge abbrachen, liefen wir durch Ilulissat. Dort hatte man das Haus des dänischen Forschers Knud Rasmussen in ein Museum umgewandelt. Der Ort war außerdem mittlerweile ein Zentrum der dänischen Krabbenfischerei. Ich ging den Hügel hinauf, an einem Restaurant namens *Moderne Gronlandsk Kokken* – Moderne grönländische Küche – vorbei und wünschte, es wäre Dienstag oder Mittwoch, denn an diesen Tagen wurde Folgendes angeboten:

Rentier mit Wacholderbeeren
Geschmorter Moschusochse
Seehundsteak mit Speck und Zwiebeln
Walsteak in Rotwein
Geräuchertes Rentier
Geräucherter Wal
Hausgetrockneter Wal
»Mattaq« (Walhaut) und Fett

Schmachtend verharrte ich vor dem Schild, während die anderen weiter hinaufstiegen. *Mattaq* hatte ich schon längst einmal probieren wollen. Ich kannte Leute, die es nicht ausstehen konnten, aber diejenigen, die es mochten, sagten, es sei süß und sättigend, besser als Schokolade, und mir würde es wahrscheinlich sehr gut schmecken. Die Speisen auf dieser Liste

waren wild und aufregend, und als ich mich schließlich los-
riss und hinter den anderen den Hügel hinaufstieg, stellte ich
oben erfreut fest, dass der *kalaalimineerniarfik* – der Fisch-
und Fleischmarkt – geöffnet hatte. Rasch ging ich hinein und
stieß auf eine Unmenge an Wildfleisch und -fisch – darunter
auch gesäuberte und sorgfältig arrangierte Karkassen von See-
hunden und anderen Meerestieren. Es gab wilde Lummen, wie
ich sie vom Outport in Neufundland kannte, und ich sah zu,
wie der Metzger die Flügel einer Seemöwe nach hinten zog
und sich daranmachte, das Fleisch herauszuschneiden und zuzubereiten. In einer Wanne mit der Aufschrift *ammassat* erkannte ich Fische, die von Neufundländern *Caplin*, Kapelan,
genannt werden.

Ich hatte in Neufundland einmal bei einem alten Fischer
gewohnt, gegenüber von einem versteckt liegenden Strand, an
dem es einen dreieckigen Felsenpool gab, den ich als Badewanne nutzte. Ich badete inmitten von Seesternen und Algen.
Mary, die Frau des Fischers, erzählte, als sie jung war, sei der
Strand voll mit Holzgestellen gewesen, an denen die Frauen
Stockfisch getrocknet hatten. Wenn sie nicht mit dem Fisch
zu tun hatten, Beeren pflückten oder Kartoffelgärten umgru-
ben, kümmerten sie sich um die Tiere. »Jede Frau in der Bucht
hatte ihre eigene Kuh«, erzählte sie. Ich badete dort Generationen nach dieser Blütezeit, lag in dem sinnlichen, seidigen
Wasser in dem Felsen, während sich unter mir milchig-weiß
schäumend die Wellen auf den Steinen brachen. Das Wasser hatte sanfte Wellen in den Felsen geschnitten. In dieser
Wanne dachte ich mir Lieder aus. Jetzt im Rückblick waren
die Fischer und ihre Frauen vielleicht nicht sonderlich ent-
zückt darüber gewesen, dass ich dort im Wasser hing wie ein

riesiger weißbäuchiger Tintenfisch. Von dem Pool aus hatte ich zwar weder Fenster noch Häuser sehen können, aber wenn ich so zurückdenke, war nichts in dem Dorf unbemerkt geblieben. Wahrscheinlich war ich das Stadtgespräch gewesen, während ich mir einbildete, völlig im Verborgenen zu sein. Aber eines Morgens, kurz nachdem die Fischer in ihren kleinen Booten hinausgefahren waren – es sollte die letzte Saison sein, bevor industrielle Schleppnetzfischer dafür sorgten, dass die Kabeljaubestände hoffnungslos zurückgingen –, warf ich einen Blick über den Rand meiner Wanne und sah in der Morgendämmerung Kapelane herbeischwimmen. Auf den Steinen unter mir wimmelte es von lebhaften, sich windenden kleinen Lichtblitzen: Zehntausende springende, laichende, ekstatische Silberstücke. Ich schlang das Handtuch um mich und kletterte hinunter zum Sand und ins Meer, wo die Fische mich anstupsten, mich streiften und über meinen Körper schwammen. Kein Neufundländer, der etwas auf sich hielt, würde den Kapelanen beim Laichen zusehen, ohne rasch einen Eimer zu holen, und genau das tat ich. Ich füllte den Eimer mit bloßen Händen, ging nach Hause, wand die Fische in Mehl, briet sie in Öl und verschlang sie. Aber noch besser als dieses gierig verschlungene Mahl war das Erlebnis, wie diese Kapelane in der silbernen Morgendämmerung über meine bloße Haut geschwommen waren, ohne dass ein anderer Mensch in der Nähe war.

Normalerweise ist es ein gemeinschaftliches Ereignis, wenn die Kapelane laichen. Man kann Tag und Stunde nicht vorhersagen. Es gibt lediglich eine schöne, althergebrachte Methode, bei der die alten Männer den Nebel und die Wale beobachten, Frauen darauf achten, wie feuchtwarm die Luft ist, und Kinder und ihre Hunde in einer bleichen Sonne spielen und die Felsen abtasten. Juni … Juli … wann laichen die Kapelane? Diese Frage lieben alle, aber sie beinhaltet noch mehr. Solange die Kapelane laichen, ist noch nicht alles verändert worden.

In einem anderen Dorf, in dem ich jahrelang gewohnt habe, Brigus, gibt es einen Tunnel, der im 19. Jahrhundert mit Schießpulver herausgesprengt wurde, damit Menschen und Güter leichter an das Ende von Bartlett's Wharf kommen konnten, wo das Wasser schon tief war. In der Nähe dieses Tunnels liegt ein kleiner Strand, an dem ich einmal vor dem Blaubeerfest die Kapelane kommen sah – es war ein Fest für alle Kinder und ihre Hunde: Überall am Strand waren Eimer voller Kapelane, und die Kinder trugen einander auf den Schultern, um tiefer hineingehen zu können und die Fische aufzusammeln, die sich jenseits der Untiefen aufhielten. Das geschah zwanzig Jahre, nachdem ich an dem Felsenpool gewohnt hatte. Die Jugendlichen wurden mittlerweile fettleibig – zu viele Quadburger im Drive-in von Bay Roberts, zu viel Fernsehen, stundenlang am Computer sitzen, nachdem sie den ganzen Tag in der Schule gesessen hatten. Doch ein paar dieser Kinder waren dürr wie in den Sechzigerjahren, wie man es in altem Filmmaterial des National Film Board sieht, das Jugendliche auf Fogo Island zeigt. Kinder wie Spatzen, sie sprangen und flogen, Knie und Ellbogen spitz wie Taschenmesser, sie klappten auf und durchschnitten das Wasser und fingen diese Kapelane, ihre Rufe prallten von den Wänden des Steintunnels ab, hallten durch ihn hindurch und schickten ihr Echo über Pflaumen- und Kirschbäume. Sie war da, sie war noch lebendig – die alte Art und Weise, sich von der Natur zu ernähren –, sie war noch nicht tot.

Doch das war nur ein einziger Tag. Das Laichen der Kapelane, wie die Kartoffelgärten und das Angeln, ist nur ein
Strohfeuer – zu schwach für die Pfannen vieler Neufundländer, in denen heute panierte Fischfilets braten, zu »Stäbchen«
oder »Frikadellen« geformt, die in irgendeiner Offshore-Fab-
rik verarbeitet wurden.

Ich hatte in Neufundland schon Wildfleisch und -fisch gegessen, aber in den Supermärkten hatte es das nicht im Angebot gegeben – nur die üblichen industriell produzierten Ham-
burger und Würstchen wie im Rest von Nordamerika. Doch
vor dem Kabeljau-Moratorium hatte ich bei manchen Leuten Lummen und Lunde im Gefrierschrank gesehen. Für die
Fischer waren sie Beifang, und da sie Protein lieferten und weder nach zollrechtlichen Bestimmungen noch nach dem Gesetz
verkauft werden durften, ergänzten sie den Nahrungsbestand
einer dörflichen Familie. Es war schon komisch gewesen,
Lunde mit orangefarbenen Schnäbeln und andere Vögel, die
für mich exotisch waren, starr zwischen Kabeljaufilets liegen zu
sehen, aber sie waren eine uralte und immer noch bestehende
Nahrungsquelle, seit langem Teil einer Subsistenzwirtschaft.

Einmal war ich in Seal Cove meinem Nachbarn begegnet, als er von seinen Fischgründen nach Hause kam. Er hatte
einen Hummer unter der Jacke versteckt, damit die Nachbarn
es nicht sahen. Hummer verkaufte sich vielleicht in St. John's
zu exorbitanten Preisen, aber in den alten Gemeinden von
Neufundland galt er als Armenspeise. Und kein Mensch kaufte
Wildfleisch oder Fisch in einem Laden. Elch jagte man selbst,
und wenn man Wurst vom wilden Karibu wollte, wusste man,
zu welchem Nachbar man gehen musste. Wer in St. John's
Seehund kaufen wollte, ging unten am Hafen zu einem Last-

wagen, auf dessen Bordwänden in handgemalten Buchstaben »Carcass« und »Flipper« stand, und sollte besser wissen, wie man das Fleisch mit Backnatron und Essig behandelte, sonst hatte man ungenießbaren Seehund und einen scheußlichen Gestank in der Küche. Wildfleisch zu verarbeiten und zu essen, das war ein kulturelles Wissen, das in Neufundland abseits von den Märkten weitergegeben wurde. Dieser florierende Fischmarkt in Ilulissat war in etwa die Antithese dessen, was ich von Ostkanada kannte. Besonders faszinierte es mich zu sehen, wie eine Möwe ausgenommen und zerlegt wurde.

Aaju hingegen war nicht sonderlich beeindruckt.

»Mir ist es lieber, wie es die kanadischen Inuit machen«, sagte sie, als wir die Stadt hinter uns ließen und den Weg Richtung Eistal nahmen.

Hier standen wieder Hütten mit blauen und orangefarbenen Seilen und Geschirr für die sechstausend Schlittenhunde der Stadt, die die Zahl der menschlichen Bewohner um fünfzig Prozent übertrafen. Auf den Wiesen wiegte sich flaumiges arktisches Wollgras im Wind, der die Kühle des nahe gelegenen Gletschers mit sich trug. Motoko, das glamouröseste Mitglied der japanischen Reisegruppe meiner Mitbewohnerin, blieb stehen, um eine winzige Blüte vom Arktischen Hornkraut zu pflücken und sich ins Haar zu stecken. Die Blume mühte sich ab, sich mit Motokos Eleganz zu messen. Die Japanerin trug karminroten Lippenstift und einen blauen Sonnenschirm.

»Hier« – Aaju zeigte zurück auf den Fischmarkt –, »da grillen oder kochen sie das ganze Wildfleisch. Sie haben sich die Art der Dänen angeeignet, es zu verarbeiten, und sie halten die

Tradition der kanadischen Inuit, Wildfleisch, Seehund oder Fisch roh zu essen, für primitiv.« Sie lachte. »Ich bringe grönländische Kinder gerne mit List und Tücke dazu, rohe Seehundleber, Hirn oder Herz zu probieren. Erst wollen sie nicht, aber ich bezeichne sie dann vor ihren Freunden als Feiglinge. Vor lauter Verlegenheit probieren sie es dann, und manchen schmeckt es gut. Dann gehen sie nach Hause und erzählen es ihren Eltern, die sich ganz furchtbar ekeln. Das macht einen Heidenspaß.«

Wir blieben etwa eine halbe Stunde auf dem Weg, dann erreichten wir die felsige Anhöhe, von der wir endlich das chaotische Durcheinander der gigantischen Eisblöcke sehen konnten, die der Sermeq Kujalleq kalbte. Von hoch oben auf den Felsen hatte ich den Eindruck, als würde das Eis warten – ein kolossaler Verkehrsstau aus stillstehenden, durcheinandergeworfenen und aneinanderstoßenden Brocken, die darauf warteten, dass die Sonne ihre Ränder gerade genug schmelzen ließ, sodass sie aus dem immensen Chaos hinaus in die Freiheit schwimmen konnten. Ort, wo die Eisberge kalben – das war eine treffende Bezeichnung. Jeder dieser abgebrochenen Monolithen würde langsam durch den Eisfluss wandern – nur sieben Kilometer im Jahr –, für einen Beobachter kaum wahrnehmbar, wie die Zeiger einer Uhr, die Bewegung der Sterne oder etwas, das geboren wird.

Durch den ständigen Positionswechsel und das Wetteifern um Platz staute sich in dem Eis eine Energie auf, die nach außen strahlte. Alles schien stillzustehen, und doch kalbte der Muttereisfluss jeden Tag zwischen achtzehn und zwanzig Millionen Tonnen Eis. Ich stellte fest, dass es mich frustrierte, auf das Eis hinunterzublicken – ich wollte die Bewegung *sehen*.

Die Massivität des feststeckenden, stillstehenden Eises erinnerte mich an die Situationen in meinem Leben, in denen ich mich im Stillstand befand oder blockiert fühlte. Ich fand es frustrierend, mir vorzustellen, an so einem Platz festzustecken und sich nicht bewegen zu können, zu warten, bis bestimmte Bedingungen, auf die ich keinen Einfluss hatte – Wärmegrade, das Spiel der Wellen –, mir gestatteten, mich zu bewegen, nicht aus eigenem Willen heraus, sondern lediglich, weil es der Natur so beliebte. Bernadette Dean hatte zuvor einmal am Deck des Schiffs leise über die Macht der Natur gesprochen. Sie staunte sehr, dass weiße Arktisreisende der Vergangenheit und Gegenwart sich für intelligenter als die Elemente zu halten schienen.

Ich wollte nicht zu dem steinigen Strand hinunterklettern, um das feststeckende Eis aus größerer Nähe zu betrachten, aber einige Passagiere hatten das getan. Nun hörten wir, dass eine von ihnen, Motoko – die elegante Japanerin mit dem Sonnenschirm – auf den Steinen umgeknickt war und Hilfe brauchte, um zurück auf das Schiff zu kommen. Marc St-Onge, unser Geologe, trug sie auf den Schultern, als wäre sie eine Märchenprinzessin: Fühlte er sich persönlich verantwortlich, weil seine geliebten Steine die Verletzung verursacht hatten? Oder sehnten sich alle männlichen Mitarbeiter nach einer Gelegenheit, altmodische Ritterlichkeit zur Schau zu stellen? Die bärtigen Männer wechselten sich dabei ab, Motoko über den Weg zurückzutragen. Wir alle hatten Formulare ausgefüllt, für den Fall, dass wir aus abgelegenen Regionen abtransportiert werden mussten, und ich fragte mich, ob Motoko wohl mit dem Hubschrauber geholt wurde. Es hieß, dass sie die Reise vielleicht abbrechen musste, und alle waren traurig. Aber am

Abend auf dem Schiff trug Nathan Rogers sie nach oben zu einem Grillfest an Deck, ihr Fuß war vorbildlichst einbandagiert. Ich erinnerte mich daran, wie er mir erzählt hatte, dass sein Vater anderen an Bord des Flugzeugs das Leben gerettet hatte, während er selbst dabei umkam. Und als er Motoko auf den Schultern trug, spürte ich, dass Nathan irgendwie von seinem Vater begleitet wurde, auf eine Weise, wie es nicht einmal die Musik leisten konnte.

* * *

Mit dem Zodiac fuhren wir zu den Eisbergen, die sich an der Mündung des Fjords sammelten: Höhlen, Säulen, monumental und blau beleuchtet, mit einer Dunkelheit in den tiefen Spalten – so rätselhaft und imposant, dass ich stundenlang sprachlos blieb. Wäre nicht Sheena McGoogan gewesen, die das, was sie sah, in ihre Skizzenbücher übersetzte und uns ermutigte, es ihr gleichzutun, wäre ich womöglich niemals fähig gewesen, über dieses Erlebnis zu sprechen. Erst nachdem ich zwei Jahre lang die Bilder, die ich gemalt hatte, betrachtet hatte, sowohl in dem Skizzenheft, das sie mir geschenkt hatte, als auch auf Aquarellpapier, konnte ich sprechen. Im Norden stellte ich fest, dass Wörter eine sekundäre Sprache sind: Zuerst sehen wir Bilder, dann spüren wir Wärme, kalten Stein, Fleisch. Bevor wir Wörter haben, schmecken wir Luft.

Die ersten Wörter, denen ich im Norden begegnete, wurden nicht durch Symbole gebildet, sondern durch Fels, Himmel und Wasser – und später von den Tieren, die eigene mächtige Sprachen besaßen. In der spektakulären Galerie des Eises, das vom Sermeq-Kujalleq-Gletscher abbrach und in die Disko-

bucht hineintrieb, begann ich, Rede und Sprache wahrzunehmen, die sich als etwas anderes als die menschliche entpuppte:
Um sie zu übersetzen, musste ich meinen eigenen Geist und
meinen eigenen Körper auf eine neue Weise verstehen. Dazu
musste mir das Land, das wir bereisen würden, gut zureden
und mir Nachhilfe geben, und weil ich auf Ratio konditioniert
war, auf lineares Schubladendenken, das auf Erklärungen und
Deduktion basierte, brauchte das Zeit.

Ich war bei weitem nicht der erste Mensch, der hier die
Orientierung verlor. Historiker sagen, die Diskobucht sei der
letzte Ort, an dem John Franklin von europäischen Augen
gesehen worden war. Zeugen behaupteten, sie hätten gesehen, wie sein Schiff an einem Ahnen der Eisberge festmachte,
die wir nun betrachteten. Nachdem Franklin aus der Diskobucht losgefahren war, hatte ihn niemand aus diesem Teil der
Erde jemals wiedergesehen. Als ich die Eisberge sah, spürte
ich, wie leicht man verschwinden konnte, nachdem man in
ihrer Gegenwart gewesen war. Die Vorstellung, sein Schiff
am Eis festzumachen, hatte etwas Trauriges, Unsinniges:
Hatte Franklin dem Eis wegen seiner Masse und Präsenz vertraut, auch wenn es aus gefrorenem Wasser bestand und so
unwirklich wie ein Traum war? Ich versuchte, mir sein am
Eis festgemachtes Schiff vorzustellen – und staunte: Das Verschwinden sowohl des Eises als auch des Schiffs schien vor-
herbestimmt zu sein. Hatte Franklin das vielleicht von Beginn an gespürt?

Als wir wieder auf dem Schiff waren, machten wir uns
Richtung Karrat Fjord auf, wo Narwale, Seehunde und ganze
Kolonien von Krabbentauchern zu Hause sind. Wir sollten auf
einer unbewohnten Insel an Land gehen und würden einen

neuen psychologischen Bereich betreten, eine Mischung aus dem Stadtleben, das wir alle kannten, und einem anderen, neuen, das nun vor uns lag. Die Passagiere versuchten, Erinnerungen an die in den Städten verborgene Wildnis heraufzubeschwören, die wir zurückgelassen hatten. Wir wussten doch ganz sicher etwas über die Wildnis, über Tiere? Die Vogelbeobachter redeten mit Richard Knapton, dem Bord-Ornithologen, über Vögel, die es sowohl in Grönland als auch in ihren Heimatorten im Süden gab.

»In der 2180 Yonge Street in Toronto, Ecke Yonge und Eglinton, wohnt ein Wanderfalke«, sagte ein Passagier. »Er hockt hoch oben auf dem Canadian-Tire-Gebäude, von dort aus jagt er, dort bringt er seine Beute hin und reißt sie sichtbar für alle in den Büros in Stücke. Überall ist Blut.«

»In Grönland schätzen die Raben die Länge einer Schlittenhundkette ab und setzen sich knapp außerhalb ihrer Reichweite hin«, antwortete Richard.

Ich hatte diese Raben gesehen, die mit angeketteten Huskys koexistierten. Ich hatte die ruhelosen Geister dieser Hunde gespürt, die die Siedlungen über die Gärten und die Friedhöfe hinweg mit lautstarkem Geheul überzogen. Diese Hunde rissen Beute so gut in Stücke, wie es jeder Wanderfalke konnte. Aber auf dem Land, auf dem wir jetzt gleich herumlaufen würden, gab es keine Hunde und keine lebenden Menschen. Es würde allerdings menschliche Knochen geben. Das Land wusste, wie es seinen Anteil an Blut und Knochen verschlingen konnte, gieriger als Wanderfalken oder Hunde.

»Denken Sie daran, dass es draußen auf dem Land menschliche Überreste gibt«, ermahnte uns Aaron, der junge Neuseeländer, der uns auf unsere erste Wanderung weit entfernt von allen Siedlungen führen würde. »Zeigen Sie Respekt und beachten Sie die Grenzen. Passen Sie auf, wo die Leute mit den Gewehren stehen. Verlassen Sie auf keinen Fall den bewachten Bereich.«

Er schickte Kundschafter an Land, die Sichtlinien und ungefährliche Bereiche zum Wandern festlegen sollten. Aaju und die anderen hielten ihre Gewehre bereit, für den Fall, dass wir Eisbären begegnen sollten.

Marc St-Onge redete über die Felsen, über die wir gleich gehen würden, als wären sie handelnde Personen und keine unbeweglichen Brocken, die ich in der Ferne sah. Je näher wir der Felseninsel kamen, desto aufgeregter wurde er.

»An diesen Felsen dort« – er gestikulierte, als wären das Dinge, die durch das Raum-Zeit-Gefüge rasten – »lässt sich alles über die Kollisionen und Nahtstellen von Kontinenten ablesen.«

Marc sah Bewegung, wo ich keine sah; das amüsierte mich, und gleichzeitig spürte ich, dass er versuchte, eine Botschaft zu vermitteln, die ich nicht empfangen konnte. Für Marc waren Felsen etwas viel Kraftvolleres als für mich. Ich zweifelte nicht an Marcs Sichtweise – aber mir fehlte seine Wahrnehmung, und ich konnte nichts von dem hören oder entschlüsseln, was die Felsen vielleicht sagen wollten. Ich wollte nicht einmal versuchen, ihre Sprache zu hören. Mich interessierten viel mehr das Eis, das Wasser, die Luft und die Myriaden winziger Flechten. Auf anderen Fahrten war auch ein Botaniker dabei gewesen, aber wir hatten keinen an Bord. Ich verbrachte viel Zeit mit dem Gesicht nah am Boden und lauschte nicht Marcs Felsen, sondern der Beredsamkeit der kleinen Pflänzchen. Ihre Stimmen fand ich fein und tapfer.

Wir erklommen eine Anhöhe, wo schwarze und orangefarbene Flechten in vollkommenen Kreisen auf den Felsen leuchteten. Es gab wirklich Menschenknochen. Sie waren nicht begraben wie im Süden, wo der Boden weich ist, sondern rituell unter Steinhaufen gelegt worden, die wir nicht stören durften. Wenn man nicht aufpasste, konnte es leicht passieren, dass man auf einen trat, sodass es ein Unglück gab und Steine, Wadenbeine und Schädel das Ufer hinunterrollten und die Geister störten. Ich kletterte über einen Teppich aus dichtem grünen Moos und winzigen Blättern hoch hinauf und streckte mich auf einer von der Sonne gewärmten Decke aus Gras aus. Von dort aus sah ich zu, wie hypnotisierende Eisberge in der Ferne dahintrieben und in immer kleiner werdende Stücke zerbrachen, die im Wasser schwammen und nach und nach schmolzen. Ich war beschwingt, weil ich einen Aussichtspunkt hatte, den kein anderer Passagier gefunden hatte, auch wenn das bedeutete, dass ich in nächster Nähe der Gebeine eines vor langer Zeit verstorbenen Jägers lag, der unter einem Steinhaufen ruhte.

Ich lag neben diesen Knochen oben auf dem Bergrücken und lauschte der Klanglandschaft. Unser Kapitän stand wieder an Deck unseres Schiffes und angelte. Eine ferne Gestalt, die ihre Angelrute hob und senkte, während es um sie herum krachte und donnerte, wenn die Eisberge zerbrachen und abstürzten. Der Fjord diente als Konzertsaal und verstärkte die Klänge dieser Eismonolithen, während sie aneinanderstießen und arbeiteten. Es hörte sich an wie eine riesige Baustelle. Es gab einen Knall, dann einen dumpfen Schlag und eine weitere Lawine; all das wurde untermalt vom Plätschern des Wassers, vom Tosen des Windes um die Mondlandschaftshügel und von anderen, weiter entfernten Eiskollisionen, die durch den Fjord hallten. Ich kletterte höher hinauf und stieß auf eine Felsnische. Ich blieb lange auf der Kante dort sitzen, ganz allein, und lauschte.

| Kapitel 6 |

Der Kapitän

Am nächsten Tag wachten wir in Upernavik auf, auf halber Höhe der Westküste Grönlands. Dort gibt es kein eisfreies Wasser und auch keine nennenswerte Frühjahrsschmelze, auch wenn der Name »Ort des Frühlings« bedeutet. Hier schützt der Friedhof seine Toten überirdisch, wie bei den Gräbern, die wir gerade im Karrat Fjord gesehen hatten – die Toten waren unter Steinhaufen begraben, und Moos polsterte jetzt die Steine ab. Das Dorf mit seinen 1100 Einwohnern beherbergt Fischer, Eisbären- und Seehundjäger. Die Männer kamen heraus, um uns zuzusehen, wie wir die Straße entlang durch das Dorf gingen. Die Häuser waren fröhlich und bunt, so wie die, die wir weiter im Süden gesehen hatten – gelb und blau und grün und rot, mit scharfen, weiß kontrastierenden Rändern. Mittags heulten die Hunde hier gemeinsam – ganz egal, wo sie sich in der Siedlung befanden, sie blieben als Rudel miteinander verbunden. Ihr Geschirr hing neben den Überresten vergangener Jagden an Haken und Nägeln in den Schuppen am Straßenrand.

Danny Catt, der Bordfotograf, nickte zu einem langen Knochen im Eingang eines Schuppens hin, an dem wir beide zufällig zusammen vorbeigingen. »Weißt du, was das ist?«

»Nein.«

»Das ist der Penisknochen eines Walrosses, Kathleen.«

Küstenboote hatten in der Bucht festgemacht, wo ein Mann namens Peter gerade mit einem Seehund hereingekommen war. Das Tier lag ausgebreitet auf den flachen Steinen, sein Blut überzog viele Quadratmeter Fels, die im Nebel rot glänzten. Peter bot sein zwanzig Zentimeter langes blutiges Messer Laura dar, einer der jüngeren Frauen an Bord. Er war schüchtern und hielt es ihr schweigend hin, voller Respekt, es war eine mutige Einladung.

Er hatte das Bauchfett des Seehunds bereits durchgeschnitten und die Haut und die gut zwei Zentimeter dicke Speckschicht darunter zertrennt wie zwei Hälften eines offenen Mantels. In der blutigen V-förmigen Öffnung erkannte ich Harmonie: ein präzises, wohlgeordnetes Gefüge von Innereien, dunkle Rippenknochen, die spitz zuliefen wie die Balken eines Schiffs, und mittendrin die dichte Herzmaschine. Die kleinen und großen Organe kräuselten sich schön umeinander, bleich und gewunden und irgendwie freudvoll in ihrem verwobenen Wirrwarr. Laura fasste hinein und tat, was Peter schüchtern angedeutet hatte. Ihre Arme waren bis zu den Ellbogen hinauf voller Blut.

Aaju bat Peter: »Würdest du mir ein paar Stücke herausholen?« Sie reichte ihm eine Plastiktüte. »Und ein bisschen Blut?« Peter goss Blut in die Tüte und stellte sich damit über die geröteten Steine. Sie waren glitschig, und ich rutschte aus und fiel hin, als ich mich bemühte, besser sehen zu können.

»Hirn?«, fragte Aaju. »Herz? Könnte ich bitte ein Stückchen Leber haben?«

Während Laura den Seehund ausnahm und Rippen, Flossen und andere Teile getrennt voneinander aufhäufte, hockte sich Aaju mit Bernadette Dean daneben. Die beiden wählten sich einzelne Stückchen aus und aßen sie gleich dort auf den Steinen, mit blutverschmierten Fingern. Aaju wickelte ausgesuchte Stücke ein und brachte sie zusammen mit dem Blut an Bord des Schiffs, um sie später zuzubereiten und gemeinsam mit allen zu essen. Sie pflückte süße schwarze Krähenbeeren und vermischte sie später auf dem Schiff mit dem weißen Seehundhirn, bis die ganze Masse aussah wie verrührter Blaubeerjoghurt. Ich aß etwas davon, und wie bei der Leber, die sie bei der Öllampenzeremonie verteilt hatte, war ich wieder überrascht, dass es so mild und süß schmeckte.

Danach blieb ich noch bis drei Uhr morgens in dem silbrigblauen Leuchten der arktischen Nacht draußen an Deck. Es fühlte sich an, als hielte der Norden das Licht zurück und sparte es für die Teile der Welt auf, die in der Dunkelheit lagen. Ich verstand nicht, wie jemand ein so kraftvolles Mysterium verschlafen konnte.

Am nächsten Tag lag in meiner Kabine eine Karte mit einer Einladung zum Abendessen mit dem Kapitän. Ich hatte schon einmal mit einem Kapitän gespeist und wusste, dass dies eine besondere Ehre war. Damals war es Mathieu gewesen. Er stammte aus der Heimatstadt meines Mannes, und sein Schiff war regelmäßig zwischen Montreal und St. John's hin- und hergefahren. Als es gerade in St. John's im Hafen lag, lud Mathieu Jean und mich an Bord ein. Ich lernte vier Dinge. Das Erste war, dass Mathieus Schiff voll beladen – mit Öfen, Kühlschränken, Dosenbohnen, Jeans und Winterjacken, Backsteinen und Brettern, Sonnenschirmen und 25 Zentimeter langen Nägeln – nach Neufundland kam und leer wieder abfuhr. Das Zweite war, dass man den Frachter nie, niemals als Boot bezeichnen durfte, sondern immer nur als Schiff. Das Dritte war, dass der Maschinenraum eines Schiffs ein Wunderwerk aus rasselnden, bemalten, geometrischen, gefährlichen, schönen Oberflächen, Ecken und Stegen, tückischen Brücken und Treppen und riskanten Handläufen war, deren kolossale Undurchdringlichkeit und Bedeutung mich schwindelig machten. Und das Vierte war, dass alle anderen an Bord vielleicht Speck und Pfefferkuchen zum Mittagessen bekamen, dem Kapitän und seinen Gästen aber zu Beginn Rostbraten serviert wurde und am Ende etwas namens Profiterole: eine Süßspeise aus luftigem Teig, mit frischer Sahne gefüllt und überzogen mit Schokolade.

Im Geiste dankte ich Denise dafür, dass sie mir geraten hatte, ein kleines Schwarzes einzupacken. Meine Beziehung zu diesem Kleid war gut. Es war ärmellos, tief ausgeschnitten und fiel mir um die Knie wie eine schwarze Petunie. Doch ich war mir nicht ganz sicher, ob diese Art von Kleid zu dieser Reise passte. Ich war mit Beobachten beschäftigt und wollte nicht selbst beobachtet werden, geschweige denn auf irgendeine Weise glamourös wirken. Aber in meiner Alpakaweste, langen Unterhosen und der Jeans, die ich in einer Jean-Drogerie gefunden hatte, konnte ich schließlich nicht am Tisch des Kapitäns erscheinen. Ich wusch meine blauen Flipflops, beide vorne mit einer Plastikchrysantheme verziert, und hoffte, mein superkurzer Haarschnitt würde jeglichem Eindruck, ich wäre womöglich auf eine Liebesgeschichte aus, entgegenwirken. Ich überlegte, ob ich den gehäkelten Bart, den ich mir in den Koffer gesteckt hatte, tragen sollte; er bedeckte schön mein Kinn, und ich fand ihn außerdem recht vornehm, aber zum Captain's Dinner sollte ich ihn wohl eher nicht tragen.

Beim Mittagessen kündigte unser Konteradmiral für den Abend nach dem Essen eine Disco im Bug-Salon an – zur Würdigung unseres Aufenthalts in der Diskobucht und um uns auf der Fahrt in die kanadische Arktis ausreichend zu beschäftigen. Die Überquerung der Davisstraße würde die Nacht und den Großteil des folgenden Tages dauern.

»Ich kann es kaum erwarten«, sagte Nathan zu mir, als er mit einem Teller Bisonklöße und Wassermelone an mir vorbeiging. »Ich habe extra ein Kostüm mitgebracht. Ich trage Schlaghosen und ein silbernes Laméoberteil. Du kommst doch auch, oder?«

»Ich … ähm …«

»Komm schon, du musst in die Disco.«

»Ich ersuche Sie ausdrücklich«, verkündete der Konteradmiral, »jegliche Aktivitäten unsererseits zu ignorieren, die in die Kategorie ›vollkommen dämlich‹ fallen. Vergessen Sie nicht den demnächst stattfindenden Arktischen Kopfsprung. Jeder, der in den Lancastersund hechtet, bekommt einen *Arcticusfeverus*-Aufnäher und den Eisernen Handschuh des Mutes. Und spitzen Sie schon mal die Bleistifte für den Limerick-Wettbewerb, der gleich nach dem Abendessen stattfindet – wer den allerdümmsten Limerick schreibt, könnte den zweiten Preis gewinnen, eine Flasche Bowmore Single Malt, den er dann mit den jämmerlichen Verlierern trinken kann.«

Ich beugte mich zu Gillian hinüber, einer britischen Reisenden, mit der ich zum ersten Mal zusammen aß, und vertraute ihr an, dass ich nicht gerade eine Partymaus war.

»Single Malt mag ich sehr gerne«, erzählte ich ihr, »aber

keine Discos. Vielleicht werde ich mich in die Ruhe meiner Kabine zurückziehen müssen.«

»Ich glaube, ich werde in die Disco gehen müssen. Meine Kabine ist im Moment nicht zugänglich.« Sie schwenkte ihre Gabel Seesaibling mit Pfifferlingen durch die Luft. Beim ersten Gang, Schildkrötensuppe, hatte Gillian aufgeregt zugehört, als ich ihr erzählte, dass ich an diesem Abend am Tisch des Kapitäns essen durfte. Sie widersprach, als ich ihr anvertraute, dass ich mich jetzt, mit fünfzig, als unsichtbar für die Männer wahrnahm.

»Auf keinen Fall«, sagte sie, hob die Brauen und fixierte mich mit vielsagendem Blick. »Jetzt sind Sie ganz bestimmt noch nicht unsichtbar.«

Wie die anderen Bordexperten setzte ich mich bei jeder Mahlzeit zu anderen Passagieren. Es gehörte zu meiner Aufgabe, zuzuhören und an ihren Geschichten teilzuhaben – was mir kaum schwerfiel, denn ich hörte gerne zu. Aber es stellte sich heraus, dass ich am Ende selbst den Fremden meine Geheimnisse anvertraute. Etwas an der Fahrt in Richtung Arktischer Ozean machte das Geschichtenerzählen leicht – wir waren lustiger und verletzlicher; wir waren nur flüchtige Bekannte, aber das Schiff verlieh uns Vertrautheit, und das war aufregend.

»Warum ist Ihre Kabine denn nicht betretbar?«, fragte ich Gillian.

»Da steckt ein Mann kopfüber im Klo.«

»*Es steckte ein Mann kopfüber im Klo!*«, sang ich. »Das wäre perfekt für den Limerickwettbewerb.«

»Hat er gesagt, der *zweite* Preis wäre eine Flasche Whisky? Was wohl der erste Preis ist?«

»Angeblich eine hautenge scharlachrote Unterhose.« Ich hatte zuvor in einem Korridor gehört, wie sich die Limerick-Organisatoren unterhielten.

»Eine Unterhose«, brüllte Gillian. Die Geologen am Nachbartisch unterbrachen ihr Gespräch über Diskordanzen, Lücken in der Schichtfolge und kristalline Grundgebirge, um sich zu uns umzudrehen. »Erzählen Sie mir nichts von Unterwäsche. Besonders nicht von Unterwäsche auf Seereisen.«

»Warum nicht?«

»Ich war einundzwanzig. Es war meine erste Überseereise, und ich freute mich, dass ich so klug gewesen war, Wegwerfslips mitzunehmen.«

Einer der Geologen konnte sich kaum mehr auf das paläozoische Grundgestein der Arktis konzentrieren. Er neigte sich unserem Gespräch zu, während seine Begleiter ganz aufgeregt etwas diskutierten, das ältere Steine vor 542 Millionen Jahren mit jüngeren Steinen angestellt hatten.

»Wegwerfslips?« Ich steckte mir einen Pfifferling in den Mund und versuchte, unseren Mithörer zu ignorieren. Ignorieren war eine Taktik, die meine Mutter gerne anwandte.

»Sie waren aus Papier. Der letzte Schrei.«

Ich stellte mir Wegwerfslips in den Schaufenstern von Harrods und Selfridges vor. Diesen Trend hatte meine Mutter nie erwähnt. Aber Gillian war jünger als meine Mutter. Es konnte sein, dass die Wegwerfslips aufgekommen waren, als meine Mutter ihre Kinder großgezogen hatte, ohne etwas davon mitzubekommen, so wie ich die String-Tangas in den Neunzigern übersehen hatte.

»War das nicht unbequem?«

»Ich weiß es nicht mehr. Ich weiß nur noch, wie sehr ich

mich freute, dass ich jeden Tag frische Unterwäsche hatte und die alte einfach wegwerfen konnte.«

»Dadurch hatten Sie auch mehr Platz für Souvenirs.«

»Das war einer der Vorteile. Aber als der Schiffsjunge meine Wegwerfslips im Abfalleimer gesehen hat, hat er es auf sich genommen, sie wieder in Stand zu setzen.«

»Wieder in Stand zu setzen?«

»Er hat sie aus dem Mülleimer geholt und sie ordentlich zusammengelegt am Fußende meines Bettes gestapelt.«

Als das Abendessen näherrückte, wurde ich nervös. Ich hatte ein wenig Angst vor dem schwedischen Kapitän, gleichzeitig faszinierte er mich. Er hatte prächtige weiße Haare und Messingknöpfe auf seiner Uniform. Alle sagten, er sei der beste Kapitän, mit dem sie je das Glück gehabt hatten, fahren zu dürfen; ein Experte darin, Eis, Untiefen und all die Tücken um Spitzbergen, im Europäischen Nordmeer und der Antarktis sowie dem Territorium, das wir befahren sollten, zu umschiffen. Zur Essenszeit schritt er gemächlich in den Saal und setzte sich feierlich zum Schiffsarzt und dem ersten Maschinisten an seinen Tisch. Er trank Cognac. Ich fand seine Ausstrahlung gleichzeitig imposant und liebenswert, und ich hatte den Eindruck, dass er sich vielleicht manchmal einsam fühlte.

Als ich nun am vordersten Tisch im Speisesaal saß, stellte ich mit Erleichterung fest, dass auch andere Passagiere an den Tisch des Kapitäns geladen waren – eine Mutter und ihre Tochter namens Nancy und Anne, der Konteradmiral, Heidi, deren zarte Aquarelle ich schon bewundert hatte, und zwei andere Frauen auf der Steuerbordseite, deren Namen ich nicht kannte. Aber ich saß direkt neben dem Kapitän, und seine Uniform streifte meinen bloßen Arm.

Seine Knöpfe funkelten, und als er mich auf einen Cognac einlud, der ebenso funkelte, spürte ich, wie sich etwas beschleunigte, das ich in meinem Leben an Land bemerkt hatte, kurz bevor ich an Bord gegangen war. Wenn man ein paar Ehen hinter sich hat und Kinder, die erwachsen oder beinahe erwachsen sind, dann hat man eine Maschinerie durchlaufen, die junge Menschen einsaugt und offiziell zertifizierte Erwachsene ausspuckt. Es konnte nichts Erwachseneres geben als diesen Tisch mit dem Kapitän, dem Konteradmiral und anderen eleganten Gästen, dachte ich bei mir. Und doch … konnte es sein, dass wir alle nur schauspielerten? Ich bemerkte eine unterdrückte Ausgelassenheit, aber niemand wollte zuerst das Wort ergreifen. Die prunkvolle Uniform schüchterte uns alle ein wenig ein, und der Kapitän war ein zurückhaltender Mann.

»Wikinger«, verkündete er schließlich. »Das Wort ›Wikinger‹ bezieht sich auf ›Bucht‹. Das V des germanischen Wortes hat die Form einer Bucht, und die ›V-Kings‹ waren die ›Könige der Bucht‹. Sie lebten und versteckten sich dort aus strategischen Gründen.«

Das war mir neu. Ich fand es lustig, dass der Kapitän das »V« als Bild sah – als Hieroglyphe – statt als Buchstabe. Ob er wohl einen Spaß machen wollte? Hier, oberhalb des Polarkreises, war ich Welten entfernt von meinem *Oxford Dictionary of English Etymology*, herausgegeben von einem gewissen C. T. Onions, und ich hätte es jetzt zu gerne bei mir gehabt. Für jemanden, der erfahren darin ist, die Schichten der Sprache freizulegen, war »Onions« – Zwiebeln – ein ebenso unwahrscheinlicher Name wie »Könige der Bucht«, aber der Mann hieß wirklich so. Wie unerhört die Knöpfe des Kapitäns funkelten! Ich dachte wieder an die Jumblies:

Ist der Himmel auch schwarz und die Reise lang
Sind wir der Meinung es geht doch wohl an
Solang wir noch trudeln so fein.

Die Kommentare über die Wikinger und die Buchten waren seine einzige Äußerung während des gesamten Essens. Vielleicht hatte er sie doch ernst gemeint.

Seine stille Einsamkeit war eindrucksvoll. Während ich nahe bei ihm saß, begriff ich, dass er weit mehr an Schwere besaß als ich. Ich sah, dass ein Kapitän ein Botschafter des Landes im Territorium des Wassers ist. Er verleiht seinem Schiff eine irdische Präsenz, die vom Wasser erkannt und – wenn es ein guter Kapitän ist – respektiert wird. Wenn er vor einer Entscheidung steht, verbringt er mehr Zeit mit Warten, Beobachten und Abwägen, als es normale Menschen tun. Ich hatte ihn auf der Reise beobachtet, wenn er vom Deck aus Ausschau hielt oder sich am Rande des geselligen Beisammenseins an Bord des Schiffes herumdrückte. Ganz allein von der Brücke aus zu angeln, das genoss er sichtlich, und ich merkte, er liebte das Land, das Eis und die Wildtiere, die ohne Worte lebten. Warum liebte er etwas, das so flüssig war wie die See? Weil sie eine Verbindung mit ihm einging, die nicht von ihm verlangte, auf menschliche Belanglosigkeiten einzugehen, sondern ihn mit der Würde verband, die ihr innewohnte.

Nach dem Essen floh ich nach unten und legte mich in meine Koje, ich hatte vor, die Disco zu schwänzen. Doch dann hörte ich Musik von oben. Ich tanze sehr gerne. Ich liebe es, meine Flipflops unter einen Tisch zu schieben und die halbe Nacht lang barfuß zu tanzen. Ich mag sogar langsame Tänze, solange mein Partner nicht irgend so etwas versucht, wie koordiniert die Arme in die Luft zu strecken, und der Kapitän, da war ich sicher, würde niemanden mit einer hollywoodreifen Pyrotechnik überraschen.

Ich ging zurück nach oben und drängte mich zwischen die Leute um die Tanzfläche. Auf der anderen Seite, wieder eher am Rand, stand der Kapitän. Selbst in der Dunkelheit leuchteten seine Augen strahlend blau.

Wenn ich jemanden zum Tanzen auffordere, verliere ich jede Furcht. Tanzen bringt mich nicht so durcheinander wie Smalltalk auf Partys oder Gespräche mit anderen Müttern auf Elternabenden. In Montreal veranstaltet der Künstler Sherwin Sullivan Tjia Engtanzabende mit lauter Fremden, und manchmal gehe ich alleine dorthin. Sherwin, mit seinen hohen Schuhen und dem schulterfreien Abendkleid, hat dann Tanzkarten vorbereitet, Tänzer in goldenen Gewändern sind dort, um während der ersten paar Sets mit den Mauerblümchen zu tanzen, und um Mitternacht sind wir alle keine Fremden mehr.

Durch die roten und orangefarbenen Lichter schritt ich auf den Kapitän zu, der ehrwürdig, schweigend und – ganz offensichtlich absichtlich – im Schatten stand, wo ihn die glitzernden bunten Lichteffekte nicht erreichten.

»Möchten Sie…« – wo nahm ich nur diese Unverfrorenheit her? –, »…möchten Sie tanzen?«

Aber der Kapitän sagte: »Ich tanze nicht.«

»Nie?«

»Nein.«

»Das ist schade.«

»Es mag schade sein, aber es ist die Wahrheit.«

Ich fühlte mich nicht gekränkt oder beschämt. Ich wusste, er meinte ernst, was er sagte, und vielleicht war es auch vernünftig, dass er nicht tanzte: Tag und Nacht ein Schiff durch die Wellen zu steuern, war ein alles umfassender Walzer mit dem ganzen Planeten, beschwingender als jedes Lied, zu dem man auf einem Holzboden tanzte, und er dauerte so lange, dass er sein ganzes Leben keinen Platz mehr auf seiner Tanzkarte frei hatte.

Der Maschinist des Schiffes war ein schüchterner Schotte, der immer im weißen Arbeitsanzug und mit einem Schraubenschlüssel in der Hand in den Korridoren auftauchte. Er war nie weit vom Kapitän entfernt, und er hatte gesehen, wie der meine Aufforderung zum Tanz abgelehnt hatte. Mit einer galanten Geste rettete er mich davor, alleine dasitzen oder tanzen zu müssen, indem er nach vorne trat und mich um einen Tanz bat. Ich habe noch nie einen Mann gesehen, der einer Frau so sanft um die Taille greift und mit einer solchen Sicherheit und so schön im Takt zur Musik tanzt, als hätte er den Großteil seines Lebens nichts anderes getan und würde kaum jemals Arbeitsanzüge anziehen und Schraubenschlüssel halten. Seine Hand auf meiner Taille strahlte Hitze durch mein Kleid aus.

Mir fiel ein, dass meine Mutter und mein Vater sich beim Tanzen kennengelernt hatten. Sie hatten mir diese Geschichte gerade erst erzählt, als beide über siebzig waren.

»Dein Dad war ein guter Tänzer«, erzählte meine Mutter.

»Schön«, sagte ich. »Keiner meiner Ehemänner kann überhaupt tanzen.«

»Paartanz, meine ich. Foxtrott und Walzer und so.«

»Mit meinen Männern war das, als würde ich mit einem zweihundert Kilo schweren Sack Kartoffeln tanzen.«

»Dein Dad konnte auf jeden Fall wunderbar tanzen, genau wie seine Freunde. Ich glaube, sie hatten es irgendwie in sich, ganz natürlich. Vielleicht lag es an der Zeit.«

Mein Vater hatte das Zimmer betreten und den letzten Teil mitangehört.

»Wir hatten das ganz natürlich in uns?« Er schnaubte.

»Na, ich weiß jedenfalls nicht, woher ihr das konntet«. Meine Mutter war eingeschnappt.

Es gibt ein Schwarzweißfoto, auf dem meine Mutter Pfennigabsätze und ein umwerfendes Kleid mit ausgestelltem Rock trägt. Man ahnt, dass sie rote Haare hat und ihr Lippenstift karminrot ist. Dad sieht sehr schick aus. Er trägt einen Anzug mit schmalem Revers, seine Haare stehen nach oben, und seine Brille lässt ihn ganz seriös wirken. Es ist eine, wie sie die jungen Leute in Montreal heute alle tragen. Hinter ihnen erkennt man einen Weihnachtsbaum, und die beiden sprühen vor Energie, bereit, miteinander Kreise zu drehen, sobald jemand den neuesten Song von Frankie Laine auflegt.

»Wir konnten tanzen, weil Joe Cramm und ich jeden Freitagabend in die Tanzstunde gegangen sind«, erklärte mein Vater. »Das haben alle Jungs gemacht, nachdem wir herausgefunden hatten, dass es dort eine hübsche Tanzlehrerin gab, der wir die Hände auf die Hüften legen durften, damit sie die Schritte vormachen konnte. Wir haben keine einzige Stunde ausfallen lassen.« Kichernd ging er in die Küche, um Toast, Käse und Zwiebeln in den Sandwichmaker zu legen.

»Du wusstest nicht, dass er in einem Tanzkurs war?«

»Nein«, sagte meine Mutter. »Das habe ich nie gewusst.«

Vielleicht hatte auch unser schüchterner schottischer Maschinist Tanzstunden gehabt. Mir wurde etwas bewusst, das gar nicht so leicht zu verdauen war: Die Männer, die mich eventuell zum Tanzen auffordern könnten, waren nicht mehr die jüngsten – und das war schon länger so, ohne dass ich es gemerkt hatte. Verheiratet zu sein und Kinder zu haben, lässt die Wahrnehmung des sinnlichen Ichs verkümmern – zumindest mir war es so gegangen. Vielleicht gehen andere Leute nicht zum Friseur und staunen, wenn sich Haare, die am Morgen noch braun waren, grau färben, während sie auf den Boden fallen.

Ich hatte kein Problem damit, wenn mir auffiel, dass andere Leute alt wurden, aber der Rückzug meiner eigenen Jugend wurde mir auf unserer Reise schmerzhaft bewusst. Ich war froh, dass ich weit weg von zu Hause war, damit ich darüber nachdenken konnte. Vielleicht rückte mein Selbstbild dadurch näher an das, was realistisch war, und ähnelte nicht mehr so sehr dem, an dem ich festgehalten hatte, seit ich Ende zwanzig war. Das war heute sicher alles andere als zutreffend – auch wenn die Britin Gillian behauptete, ich sei noch nicht unsichtbar geworden. Vielleicht machte es mir ja nichts aus, alt zu werden, wenn ich mich diesem Territorium mit einem anständigen Plan nähern konnte. Aber was, wenn ein solcher Plan so aussah wie die See- und Landkarten, die unser Kapitän auf dieser Reise zur Nordwestpassage konsultierte: ein Teil Wunsch, der andere Teil Erfindung – subjektiv und unvollständig?

Als die Tänzer weniger wurden und sich zerstreuten, um zu

Bett zu gehen, ging ich an Deck, beugte mich über die Reling und betrachtete das silberblaue Kielwasser, während wir von Grönland aus Richtung Nordwesten fuhren, auf die sagenumwobene Passage zu.

Kapitel 7

Wassermassen

Grönland hatte mich fasziniert, aber nun war ich doch gespannt, was uns jenseits davon erwartete: Endlich würde sich das Schiff in Richtung jener Traumlandschaft aufmachen, die in der europäischen Geschichte als Nordwestpassage bezeichnet wurde. Grönlands alte Eisfjorde mochten zwar der Geburtskanal des nördlichen Eises sein, doch im südlichen Teil, den wir gesehen hatten, war der dänische Einfluss noch deutlich spürbar, und die Dörfer ähnelten den Ortschaften, die ich kannte. Das alles nun hinter mir zu lassen und über die Baffin Bay zu fahren, nicht über Land, fand ich aufregend. Ich stellte mich auf das hintere Deck und betrachtete die ganze Nacht das Kielwasser, grauweißen Schaum auf grauweißem Meer. Der Himmel darüber nahm die Farbe des arktischen Zwielichts an, das nie seine Leuchtkraft verliert. Ich war aufgeregt und wurde einfach nicht müde, ganz egal, wie spät es nach irgendwelchen Uhren war. Wie ein Kind, das nicht einsehen mochte, dass es Schlafenszeit war, und stattdessen im Schlafanzug am Treppengeländer stand – sind doch die Geheimnisse einer durchwachten Nacht so viel spannender als ein Traum. Unser Schiff näherte sich einer Seite der Neuen Welt, zu der mein Vater seine Familie hatte bringen wollen, als ich noch ein Kind war. Doch unsere Route führte nicht auf die Straßen Neufundlands, sondern in ein völlig anderes Reich.

Für manche Pilger trägt die Wanderlust den Keim der Desillusionierung in sich, für meinen Vater war dies aber nicht so, glaube ich. Meine Mutter bemerkt häufig nebenbei, dass das Leben nicht unbedingt so wird, wie wir es uns erträumen, wenn wir jung sind. Doch mein Vater sagt so etwas nie. Vielleicht liegt das daran, dass sein Leben in Kanada sich gar nicht so sehr davon unterscheidet, wie er es sich als junger Mann vorgestellt hat.

Meine Mutter träumte ihr Leben lang davon, zur Metropolitan Opera in New York City zu gehen. Jeden Samstagnachmittag sang sie bei uns zu Hause zu Liveübertragungen aus der Met im Radio. Durch Lüftungsrohre in der Küche, dem Wäscheraum und meinem violetten Zimmer drangen ihre markigen Versionen der Arien aus *La Traviata* und *La Bohème*, während sie Wäsche aufhängte und Teig ausrollte. Mein Vater ging unterdessen mit einem Mi'kmaq-Freund jagen, ganz ähnlich, wie Samuel Hearne es auf seinen Coppermine-Expeditionen hundert Jahre vor Franklin dokumentiert hat. Ich habe allerdings nie gesehen, wie mein Vater Wildfleisch in Streifen geschnitten, getrocknet, zu Pulver gehämmert oder sich davon bis zum Frühjahr ernährt hätte. Die Fleischpasteten meiner Mutter schmeckten ihm sehr gut.

»Mama«, fragte ich, nachdem wir schließlich gemeinsam die Met besucht und ich begriffen hatte, dass sie meine ganze Jugend hindurch mit einer Altstimme Opern geschmettert hatte, die mit jeder, die wir auf der Bühne gehört hatten, mithalten konnte, »wolltest du eigentlich mal eine richtige Opernsängerin werden? Ich meine, irgendwann, als du jung warst, dachtest du da, du könntest...«

»Ja.«

Sie betrachtete die Pralinenschachtel, die sie in der Hand hielt, noch konzentrierter. Darauf war eine Karte abgebildet, die die Koordinaten von Turkish Delight, Orange Truffle, Nut Secret und Honey Love zeigte. Dieser Wegweiser der Süßigkeiten war ihr deutlich lieber als die topographischen Karten meines Vaters von Neufundland, auf denen man nachvollziehen kann, wo die Lachse aufsteigen und die Elche sich zur Brunft treffen. Wenn eine Pralinenschachtel keine Karte von ihrem Inhalt enthielt, verschmähte meine Mutter sie; doch je unsicherer der Grenzverlauf jedes Stückchens neufundländischen Sumpfs war, umso mehr freute sich mein Vater. Wir lebten ganz anders als unsere Nachbarn, die Kraft Squeez-A-Snak und Minimarshmallows aßen und in den billig gebauten »Little Boxes« aus Malvina Reynolds' Lied wohnten, das mein Vater sang (neben anderen amerikanischen Protestsongs und dem gesamten Œuvre von Hank Williams), wenn meine Mutter nicht Verdi oder Puccini durch die Räume schallen ließ.

Es gab einige Dinge in der Neuen Welt, die unsere Familie gemeinsam ausprobierte, ohne die Hilfe von jemandem, der wirklich westlich des Atlantiks geboren war. Als ich einmal aus der Schule nach Hause kam, saß meine Mutter im Sessel meines Vaters und biss in eine grüne Paprikaschote, als wäre es ein Apfel. Sie kaute sie mit steinerner Miene, samt Kerngehäuse, Samen und allem, und war gewillt, ihr eine echte Chance zu geben. Das war ihre formelle erste Hinführung zu einem Gemüse der Neuen Welt.

Kurz nach unserer Immigration beschloss mein Vater, uns von Neufundland aus nach British Columbia und wieder zurück zu fahren, damit wir ganz Kanada sahen und wussten, was uns erwartete. Ich erinnere mich an unendlich viel Fels, blaue Koniferen und eine Straße durch New Brunswick, bei der wir das Gefühl haben sollten, aufwärts zu fahren, während es eigentlich abwärts ging. (Bei mir stellte sich dieser Eindruck überhaupt nicht ein; niemand konnte sich erklären, warum das bei mir nicht funktionierte, und ich fand New Brunswick zutiefst beunruhigend.) Wir kamen an vielen Feldern vorbei, wo sich gigantische Samenpäckchen gegen den Highway drückten. In einer erstickenden Masse schräg geneigter Stängel mit dicken Beulen und furchteinflößenden Haaren in strammer Haltung, und bereit zum Angriff wollten sie uns Besucher verschwinden lassen.

»Das da«, sagte mein Vater, »ist Mais.«

Er hielt an. Wir stiegen aus dem Auto aus, und er zeigte uns, wie man den Mais pflückte. »Das nennt man Kolben«, sagte er. »So schält man sie … dann isst man die Kerne.« Wir aßen den rohen Mais. Uns als ich die stärkehaltige, süße, krümelige Milch schmeckte, staunte ich wieder über dieses Land, in dem grüne, bittere Paprikaschoten und der klebrig unreife Mais als normale Nahrung betrachtet wurden. Unglücklich haderte ich mit der Erdnussbutter, von der sich jedes Kind in Corner Brook zu ernähren schien – sie verklebte mir den Mund, und es schüttelte mich wie bei Rosenkohl. Ich kam nie auf die Idee, dass meine Mutter die falsche Marke gekauft haben könnte. Ich kam auch nie auf die Idee, dass meine Eltern sich ihre eigene Geschichte ausdachten, wie man Kanadier wurde – aus Sachen, die sie sich angelesen oder die mein Vater vielleicht im

Lehrerzimmer der Junior Highschool aufgeschnappt hatte, wo er Holzbearbeitung unterrichtete. Ein Element fehlte, das Element, das dann ins Spiel kommt, wenn man sich der lokalen Sitten und Gebräuche bewusst ist. Wenn man weiß, wie man die Nahrungsmittel zubereitet beziehungsweise die Nahrungsmittel überhaupt findet oder wie man hinaus in die freie Natur geht. Und wenn man weiß, wie man in *diesem* Jahrhundert und nicht vor zweihundert Jahren Kanadier wird. Heute finde ich, dass meine Eltern tapfer waren. Sie lernten erst, Kanadier zu werden, nachdem sie längst erwachsen waren, und das war schwieriger als für ihre Kinder. Wenn mich die Neufundländer Fischer fragten: »Wo gehörst du hin?«, schaffte ich es nie, ihnen geradeheraus zu antworten.

Ich erinnere mich, wie allein wir waren, wie absonderlich unsere kleine Familie in der von meinem Vater geliebten neufundländischen Wildnis war, die immer noch da ist und die es wirklich gibt, die aber für uns etwas anderes darstellte als für diejenigen, die dort lebten. Wie wäre es sonst zu erklären, dass wir als einzige Familie zum Ernten auf die Blaubeerfelder gingen, warum wir von Sonnenaufgang bis Sonnenuntergang dortblieben, von oben bis unten zerstochen von Mücken, bis jeder von uns einen Zwanzig-Liter-Eimer voll hatte, ohne dass auch nur eine andere Familie zu sehen gewesen wäre? Warum sonst verbrachten wir bitterkalte Tage mit Schlittschuhfahren auf dem George's Lake, staksten über die Unebenheiten und knickten ständig um, bis wir so ähnlich – aber nicht ganz – eisliefen wie unsere Klassenkameraden auf der Eisbahn von Humber Gardens.

Mein Vater führte uns stundenlang auf Langlaufskiern durch die Wälder. Im Keller hatten wir sie mit Minwax behandelt, passend für den jeweiligen Schnee, den er als verharscht, nass, pulvrig oder klebrig, oder wie Schnee sonst noch sein konnte, bezeichnete. Oder wir liefen auf Schneeschuhen aus dem Holz, das er eigenhändig geschnitten, erhitzt, zischend in Wassereimer getaucht und gebogen hatte, die Schnüre waren aus den Sehnen eines von ihm selbst erlegten Elchs. Wenn einer meiner Brüder verloren ging, riefen wir alle laut nach ihm, drehten um und gruben uns durch Schneeverwehungen und durch die mit Schnee beladenen Tannen. Unsere Jacken waren zu dünn – der Wind blies hindurch –, und an unseren Strickhandschuhen hingen lauter Eisstückchen. Aber wir waren Kanadier.

In der Nähe unserer Blockhütte gab es eine sandige Bucht mit einem Felsbrocken, wo ich mich gerne hinsetzte und auf meiner Plastikflöte spielte. Ich ging ganz allein mit meiner Flöte ans Ufer und wagte mich an »Plaisir d'amour«, aber weil traurige Lieder in Moll eine Plastikflöte deutlich überforderten, unterhielt ich die Seetaucher schließlich mit dem Cancan aus *Orpheus in der Unterwelt*. Damals war es mir nicht bewusst, aber ich war von der Zeit Jane Franklins fasziniert, von Liedern, die sie gehört hätte, wann immer sie sich vom Telegrafenamt wegreißen konnte, wo sie Nachricht von ihrem vermissten Ehemann erwartete: Hector Berlioz arrangierte »Plaisir d'amour« 1859 für das Orchester. Es war das Jahr, in dem Jane die skandalösen Einzelheiten über den Tod ihres Mannes erfuhr – Kannibalismus! –, im Jahr zuvor war *Orpheus in der Unterwelt* uraufgeführt worden. Während ich flötete, knabberten die anderen Erdnüsse und spielten im Licht einer Coleman-Petroleumlampe Galgenmännchen. Sie saßen dabei an dem von meinem Vater gebauten Tisch neben dem Kamin, den er aus Steinen errichtet hatte, die zuvor meinem Felsensessel Gesellschaft geleistet hatten.

Die Seetaucher waren mir unheimlich. Ich mochte weder die Vögel noch die Hügel, den See, die Hütte oder die Wildnis, in die mein Vater uns gebracht hatte. Die Mücken waren mechanische Riesen. Jede einzelne bohrte mir eine Nadel in den Arm, während ich zusah, wie ihr Bauch sich immens aufblähte, rot und prall, gefüllt mit meinem Blut. Ich wartete gerne, bis sich das Ding fettgefressen hatte, dann haute ich darauf, sodass eine platte rote Mohnblume mit einem toten schwarzen Körper in der Mitte auf meiner Haut klebte. Es war ein fremdartiges Land, es waren fremdartige Blutsauger, die Seetaucher waren eine Erinnerung daran, dass dieser Ort, zu dem mein Vater gekommen war, von unbekanntem Leben bevölkert wurde. Unser Plumpsklo war eine Tortur: Wenn ich hineinging, hielt ich den Atem an, so widerwärtig war der fruchtige Gestank und der stechende Geruch von Ammoniak, der einen umhauen konnte. Wenn ich dann endlich wieder hinauslief, hinein in den Duft der Tannen und Fichten, fühlte ich mich schwindelig und schwach, und ich begriff die Version der Neuen Welt, die unsere Familie in den Siebzigerjahren hatte, überhaupt nicht.

Warum lebten keine anderen Familien so wie wir? Und wie kam es, dass unser See und die Flüsse voller Forellen, in denen mein Vater und meine Brüder Kajak fuhren, auf mich keinen Reiz ausübten? Wir lebten in einem Land, dessen Nationalblume, die Rote Schlauchpflanze, eine fleischfressende war, die vorbeifliegende Insekten in ihrem Wasserspeicher fing, um sie zu verschlingen. Meine Großmutter hatte recht gehabt: Die Wildnis hier erstickte einen. Sie saugte deinen Körper ein und ließ dich verschwinden. So wie die Blüten des Kanadischen Hartriegels mit ihren vier auffälligen weißen Blütenblättern und den karminroten Beeren, so laut wie ein Schrei. Sie waren eine Art Zeichen aus einem Land, dessen Botschaft ich nicht verstand. Für meinen Vater sprach das Land, und er fühlte sich wohl darin. Aber vielleicht ist das so mit Männern aus der Alten Welt, die nicht verstehen, was die saure Erde oder die medizinische Wirkung von Wind und Labrador Tea mit den Gemütsverfassungen ihrer Töchter anstellen können.

An die Küste Neufundlands klammert sich gequälter Wacholder, er haftet an den grünen Felskuppen wie schwarz angelaufene silberne Klauen. In der Alten Welt hatten mich Gewässer sanft berührt. Der Tyne war mein Fluss gewesen, auch wenn Kräne seinen Rand gesäumt hatten und er voller chemischer Schadstoffe gewesen war, die in Nordostengland epidemisch Schilddrüsenerkrankungen hervorriefen. Er hatte mir funkelnde Schiffslichter ins Kinderzimmer gebracht. Geschichten von meinem Vater, der am Ufer des Tyne eine Ziege in einem Schubkarren entlanggeschoben, mit meiner Mutter Guinnesspicknicks auf dem niedergetretenen Gras gemacht oder für einen Hund namens Cassius eine Tür in den Zaun hinter unserem Haus geschnitten hatte. Das waren meine Geschichten gewesen und nicht die der fleischfressenden Pflanzen des neu-gefundenen Landes, seine schrecklichen Sümpfe, die Mädchen verschluckten, und seine Seetauchermusik. An der Nordsee waren die Strände vielleicht nicht ganz so schön mit zu vielen gänsehäutigen Kindern in Badeschuhen, die nicht wussten, was ein Hot Dog war, und deren Fischfangabenteuer nicht mehr abwarfen als eine Kaulquappe in einem Marmeladenglas, und vielleicht musste man dort zwanzig Pence für einen gestreiften Liegestuhl und ein briefmarkengroßes Stück Strand bezahlen, aber es war meine Nordsee gewesen. Ich wusste nicht, wie ich mit dem Atlantischen Ozean um die Küste von Neufundland in Verbindung treten sollte. Meinem Vater mochte daran gefallen haben, dass er größer und wilder war als die Nordsee und dass er unbehelligt nach Venus- und Miesmuscheln graben konnte, aber was bedeutete das für mich? Wir waren schließlich immer die einzigen Leute an jedem Strand, zu dem er uns brachte, und es gab niemanden außer unserer eigenen verlorenen englischen Einheit, dem man sich anvertrauen, mit dem man lachen oder den man liebhaben konnte.

Als wir nun bei Nacht über die Baffin Bay fuhren, dachte ich über dieses Land der Träume nach. War mein Vater, waren alle Auswanderer aus der Alten Welt mit einem bestimmten Traum in die Neue Welt gekommen? Waren sie Trugbildern gefolgt, geleitet von Flüssen, Seen und Ozeanen? Hatte der Tyne, in dem sich die Industrielichter spiegelten, mich so verwirrt, dass ich an ein Märchenland glaubte, spiegelten sich die Sterne und die Aurora borealis auf den Ozeanen, um Seemänner zwinkernd dazu zu verleiten, sich zu ertränken? War der am wenigsten schiffbare Wasserkörper der menschliche Körper, mit seinem flüssigen Blut, Tränen und Träumen, die in seinem Inneren herumschwappten, und hatte die Baffin Bay Franklin und all die kolonialen Entdeckungsreisenden vor ihm zu dem Glauben verleitet, eine Nordwestpassage würde in den Orient führen, zu Gewürzen und juwelengeschmückten Wonnen, an die kein Mensch glauben sollte, der bei Verstand war, und der es auch nicht geglaubt hätte, wäre da nicht die unerträgliche Trostlosigkeit und Begrenztheit Englands?

Auf dem Deck unseres Schiffes frage ich mich, ob die diffuse Herrlichkeit, die ich in meiner Jugend kurz erblickt hatte, nicht nur ein weiteres Beispiel dafür war, wie das Traumland uns für immer betört hatte. Ich befand mich nicht zum ersten Mal auf einem transkontinentalen Schiff. In meinen Zwanzigern hatte ich die Offiziere eines neufundländischen Flussspatfrachters, der nach England unterwegs war, gefragt, ob ich gegen Bezahlung bei ihnen mitfahren durfte. Ich wusste, dass sie gelegentlich Passagiere mitnahmen, aber ich erfuhr erst, als es zu spät war, dass das nur für Männer galt. Sie weigerten sich, mich mitzunehmen. In der Garderobe entdeckte ich einen Overall, wartete, bis die Sonne unterging, und schlich mich an Bord, wo ich ein paar Stunden unter Planen, Seilen und Fässern liegen blieb, in der Hoffnung, auf offener See aufzuwachen. Hätte ich nicht zuerst gefragt, wäre ich vielleicht als blinder Passagier durchgegangen, aber jemand im Büro hatte mich früher am Tag dort gesehen. Sie durchsuchten das Schiff ziemlich gründlich und schickten mich wieder weg. Per Anhalter fuhr ich zum Gander Airport und nahm den Mitternachtsflug nach Newcastle, kümmerte mich ein paar Wochen um meinen blinden Großvater, aß Yorkshire-Pudding und Erbsenbrei in Pubs am Meer und stieg schließlich in den Paris-Neapel-Express.

Während mir bei meiner Nachtwache all diese Gedanken durch den Kopf gingen, spürte ich eine gewisse Heimlichkeit an unserer Fahrt über die Baffin Bay. Ohne großes Trara wechselten wir die Kontinente; wir fuhren von der Alten Welt an die Küsten der Neuen. Das permanente Zwielicht des Nordens verschleierte die Veränderung der geographischen Psychologie hin zu einer völlig anderen Atmosphäre eines neuen Landes. Als der Morgen die bereits leuchtende Nacht mit der

Klarheit des Tages erfüllte, fuhren wir in die gewundenen Meeresstraßen ein, denen die Europäer den Namen Nordwestpassage gegeben hatten, ein Name, der so sehnsüchtig und fatal klang, wie er bezaubernd war.

Beim Frühstück erzählte mir Marc St-Onge, wie Teile der eindrucksvollen neuen Mineralienkarte des Nordens, herausgebracht vom Geological Survey of Canada, entstanden waren.

»Zwei Jägern ist ein blaues Funkeln aufgefallen«, sagte er.

»Jägern?«

»Ja, wir beraten uns mit Jägern, mit Einheimischen, die ganze Zeit über. Die Jäger haben die Saphire gesehen und unseren Geologen davon erzählt, und die Geologen haben den Fund bestätigt. So erfahren wir von vielen der Mineralien, die auf der neuen Karte auftauchen.«

»Aber gefährdet die Entdeckung von Saphiren und all den anderen Edelsteinen und Mineralien nicht das Jagdrevier der Menschen?« Ich dachte an Minen, Straßen, Raffinerien, Abgangteiche und all die mit der Industrie verbundenen Bauprojekte, von denen die Saphire, die unter dem Nordlicht funkeln, sehr weit entfernt zu sein scheinen. »Ist ein Atlas der Mineralienvorkommen im Norden nicht ein Wegbereiter dafür, den Menschen aus dem Norden Land wegzunehmen?«

»Die Geologie befasst sich nicht damit, irgendjemandem Land wegzunehmen oder Macht über die Menschen auszuüben, die auf dem Land leben, das gerade untersucht wird«, sagte er. »Geologen befassen sich mit dem reinen Wissen. Wir finden heraus, was existiert. Die Kartierung ist nichts anderes als eine Methode, dieses Wissen an die Bundesregierung und an andere Leute, die das interessieren könnte, weiterzugeben.«

»Aber meinst du wirklich, dass es so etwas wie reines Wissen gibt, das keinen Standpunkt, keine Agenda, keine Dynamik der Macht hat, die das Land und die Art und Weise verändert, wie die Einheimischen darauf leben und es nutzen?«

»Der neue Geologieatlas könnte auch eine Chance für die Einheimischen darstellen, eine neue Art, ein Leben im Norden zu führen, ein Leben, das weiterhin mit dem Land verbunden ist«, antwortete er.

Mir wurde klar, dass ich auf keiner Seite dieser Diskussion eine Nische finden würde, in der ich mich wohlfühlte. Ich gab Marc, der erkältet war, eine meiner scheußlichen, aber wirksamen Vogel-Echinacea-Tabletten und ging wieder an Deck, wo ich an die Jäger dachte, die als Erste diesen blauen Stein funkeln sahen. Wo waren sie jetzt? Konnten sie auf dem mit Edelsteinen gespickten Land immer noch jagen gehen? Waren sie für ihre Arbeit als Berater der Bergbauindustrie bezahlt worden, oder hatten sie die anderen an ihrem Wissen und ihren Entdeckungen einfach teilhaben lassen, in einer informellen, menschlichen Interaktion, so wie man Neuigkeiten über das Wetter und das Eis austauscht? Gretel Ehrlich hatte in *This Cold Heaven* davon erzählt, wie sie Uutaaq kennengelernt hatte, einen Jäger, dessen Vater Robert Peary im Februar 1909 auf seiner Polarexpedition begleitet hatte.

»Die meisten Inuit, die mit Peary zum Pol gegangen sind, wurden nicht richtig bezahlt, als sie zurückkamen«, erzählte Uutaaq Ehrlich. »Peary hat sich nur bei ihnen bedankt. Meinem Vater hat er ein paar Zimmermannswerkzeuge geschenkt. Man kann nicht wissen, was die Leute damals darüber gedacht haben, aber ohne die Einheimischen hier hätte Peary niemals Erfolg gehabt.«

Es kommt nicht jeden Tag vor, dass ein Ort die Kraft, die er hatte, als er lediglich einen Traum oder einen Wunsch darstellte, bewahrt. Vor mir standen jetzt Berge, die sich etwas Namenloses aus knittrigem Licht und dem Leuchten von Saphiren ausgedacht hatten. Namenlosigkeit hatte dem Licht Substanz eingehaucht, so wie es dem Menschen Atem eingehaucht hatte, als wären menschliche Körper und der Körper dieses Landes Negativversionen voneinander: der Mensch, eine Substanz, die Atem enthält, der Norden, ein Atem, der von Substanz durchtränkt ist.

Die Farben brannten kalt und intensiv – das türkisfarbene arktische Wasser, der Schnee, das Eis und die violetten Berge –, und ich spürte die komplette *Präsenz* eines Terrains, in dem es keine Markierungen gibt, die im Süden »alles wie gewohnt« bedeuten. Das Licht hielt sich nicht innerhalb der südlichen Grenzen, sondern drang in das Wasser und das Land ein und brachte beides zum Leuchten. Licht pulsierte in Fels, Eis und Wasser, erhellte seltsame Spalten. Dieses Licht drang in meinen Geist ein und beleuchtete Gedanken, die sich im Schatten verbargen, und es drang auch in meinen Körper ein. Es war die gleiche Energie, die das Land erfüllte. Mein ganzes Ich wurde in einer hybriden Welt zwischen Gedanken und materiellen Prozessen entzündet.

Elisabeth kam zu mir. Sie und Nathan Rogers gehörten zu den wenigen Menschen, die mir manchmal auf dem mittleren Deck begegneten. Bevor ich mich an diesem Morgen beim Frühstück mit Marc unterhalten hatte, hatte ich sie im Speisesaal sitzen sehen, sittsam etwas in der Hand haltend, das aussah wie aufgerollte Spitze, und ich hatte sie darauf angesprochen.

»Das hier«, murmelte sie und beugte sich zu mir, damit es sonst niemand hören konnte, »ist meine dreißig Jahre alte Wollunterwäsche.«

»Darf ich sie sehen?«

Es gibt Menschen in meinem Leben, neben deren Haltung und Feinheit ich mich derb fühle. Elisabeth war durchdrungen von Anmut, und doch besaß sie einen Sinn für Humor, den ich gerne etwas strapazieren wollte. Sie hatte etwas Schelmisches an sich, als wäre sie den Grenzen einer sie einengenden Aristokratie entronnen wie jemand aus einem Jane-Austen-Roman oder Jane Austen selbst – nur mit einem vornehmen französischen Akzent.

»Ich soll Ihnen meine dreißig Jahre alte Wollunterwäsche zeigen, hier, im Speisesaal des Schiffs?« Sie drückte sie sich fest auf die Knie und warf einen Blick auf die weißen Tischdecken und funkelnden Wassergläser um sie herum.

»Ach, bitte!« Ich erinnerte mich an meine Mutter, die einmal in einen Laden gegangen war und der Inhaberin – die sie nur kannte, weil sie ihr einmal geholfen hatte, unsere Familienfotos zu entwickeln – vor allen anderen Kunden zurief: »Sie sehen ja großartig aus. Wie kommt das nur? Ach! Sie haben sich neue Zähne machen lassen!« Ich wollte nicht die Rolle meiner Mutter in der Abteilung für haarsträubende Äußerungen übernehmen, aber wir können nichts dagegen machen, dass wir manchmal sind wie unsere Mütter. Zumindest versuchte ich, leise zu sprechen. »Ich würde sie wahnsinnig gerne sehen.«

Elisabeth versicherte sich, dass niemand zusah, während sie das Hemdchen auf ihrem Schoß ausrollte, als wäre es aus Pergament. Es bestand aus hauchdünner Wolle und hatte lange

Ärmel mit nüchternen, gekräuselten Bündchen, einen Halsausschnitt mit Muschelsaum und ein Wildrosenmuster. Es sah aus, als hätte es von Lady Franklin getragen werden können.

»So etwas habe ich noch nie gesehen.«

»Nein?«

»Das Gewebe ist durchbrochen, ganz fein und trotzdem ganz aus Wolle. Spitze aus Wolle! Und die Farbe ...«

»Diese Farbe hat es, weil es uralt ist«, sagte sie. »Ursprünglich war es einmal weiß, wirklich wahr. Jetzt ist es ... es ist wirklich *jenseits*.« Flink rollte sie es wieder zusammen. Ich hatte den Eindruck, dass sie mir zwar glaubte, dass ich das Hemd wirklich schön fand, dass aber niemand, der bei Verstand war, diese Ansicht teilen könne. Andere Essensgäste würden es unschicklich finden, dass sie es auf den Knien ausgelegt hatte, während sie ihre weichen Eier köpften und Pflaumenmus löffelten. Ich hatte den Eindruck, dass Elisabeth das Hemdchen im Stillen zwar liebte, dass sie sich in der Öffentlichkeit aber verpflichtet sah zu behaupten, sie würde sich dafür schämen. Das gefiel mir sehr an ihr, und ich hätte das Hemd gern noch einmal angesehen, aber ich spürte, dass sie es keine Sekunde länger zur Schau stellen mochte. Nicht auszudenken, wenn es jemandem unter die Augen kam, der nicht begriff, dass es einst schön gewesen war oder wie treu es sie während dreißig kanadischen Wintern warm gehalten hatte!

»Es hat lange Ärmel«, staunte ich.

»Ja.«

»Die Wolle ist so fein wie ein Spinnennetz.«

»Fein, und dennoch sehr warm.«

»Wäre es denn vielleicht denkbar«, sagte ich, »dass ich mir das Hemdchen ausleihe, um es zu zeichnen?«

»Du willst eine Zeichnung von meiner uralten Unterwäsche anfertigen?«

»Ja.«

Sie sträubte sich ein wenig, aber am Ende überzeugte ich sie, mich die Romantik dieser alten Wollspitze festhalten zu lassen. Ich nahm das Hemdchen mit und legte es in meiner Kabine neben mein Skizzenheft. Ich hatte vor, mich abends in der Bibliothek damit zu beschäftigen und seine Zartheit mit meinen Stiften einzufangen.

Aber jetzt standen wir an Deck und fuhren in den Meeresarm von Pond Inlet hinein. Ich war froh über Elisabeths Zurückhaltung, denn ich hätte nicht gewollt, dass eine von uns beiden spricht, während das Schiff in diese überwältigend neue Welt vordrang: türkisfarbenes Wasser, violett-goldene Berge, weißer Nebel. Es war, als befände man sich in einem Traum, und genau das war es tatsächlich wohl auch. War nicht der Zugang zur Nordwestpassage die Essenz dessen, was mein Vater und andere Engländer vor ihm sich gewünscht hatten, als sie von dem beengten Großbritannien aus auf Saphire und Seidenstraßen in dem Land, das sie Orient nannten, geblickt hatten? Und ich hatte mich irgendwie, in der Sehnsucht, meinem eigenen Glühfaden aus etwas Flüchtigem, Schimmerndem zu folgen, auf das Zentrum dieses Wunsches hin orientiert. Hier standen Elisabeth und ich nun, allein auf dem Deck eines Schiffes, und tauchten darin ein.

Es gibt einen Raum zwischen Sehnsucht und Erfüllung, Vorstellung und Sein, Wunsch und Vollbringung, und ich erkannte ihn. Es ist die Lücke, in der ein Kind fragt: »Sind wir schon da?« Es war das, wonach ich suchte, als ich in meinen Zwanzigern, nach meinem missglückten Versuch als blinder

Passagier, allein mit einem Expresszug von Paris aus nach Neapel fuhr. In Neapel sah ich Fischern zu, die ihren lebenden Fang in Kisten warfen, und ich ging durch Gassen, in denen Frauen aus Fenstern herunterbrüllten, während sie Körbe mit Wäsche und Tomaten herabließen. Ich hatte in einem Hotel mit Flügelfenstern zu einem Innenhof gewohnt, aus denen die leidenschaftlichen Stimmen eines Streits, aber auch Stühle, Lampen und Tische mitsamt Tischdecken herausgeflogen kamen, alles landete auf dem Pflaster darunter. »Sind wir schon da?«, hatte ich einen neapolitanischen Liebhaber und einen ägyptischen Verehrer gefragt, der mir eine weiße Schachtel mit einer Schleife offerierte, die ich aber niemals öffnete – Neapel war eine gefährliche Stadt, aus der ich rechtzeitig floh, aber in dieser Gefahr suchte ich einen Ort, in den ich vollkommen eintauchen konnte, und nach der Zugehörigkeit, die zwar für andere existierte, aber nicht für mich.

Jeder sehnt sich nach einer Geheimtür, einer Öffnung zu einer Welt jenseits der Einsamkeit – das ist Teil der menschlichen Einbildungskraft. Aber man kann unter den heruntergelassenen Körben in Neapel nur stehen – man kann nicht hineinklettern, man kann nicht die Frau sein, die den Korb herunterlässt, oder der Jugendliche, der sie auffängt und zum Markt trägt. Und diese arktischen Berge, golden, blau und violett, waren schmerzlich weit entfernt: Unser Schiff schwamm vorbei, und sie lagen gerade außer Reichweite. Jeder Atemzug war ein kalter Schock, und das Land war magnetisch, wie eine Begegnung mit jemandem, der dein wahres Ich sieht. Und doch waren wir vor der Küste.

»Das sieht so … unerreichbar aus«, sagte ich und hielt mich an der weißen Reling fest.

»Unerreichbar.« Elisabeth würdigte das Wort mit verhaltenem Gelächter.

Vielleicht war sie eine Frau, die nicht den Wunsch hatte, etwas zu erreichen. Wenn sie und ich einen Mordshunger hatten und wir uns an einen Tisch setzten, auf den jemand einen köstlichen Braten stellte, dann stürzte ich mich darauf, während Elisabeth eine Ewigkeit mit gefalteten Händen dasitzen konnte, ohne einen Bissen zu essen, bis es ihr von der Person angeboten wurde, die für das Erscheinen des Essens verantwortlich war. Sie sah nicht einmal hungrig aus.

»Aber es ist …«, stammelte ich. »Das Land, es *tut* etwas.«

Elisabeth empfand den Augenblick, und ihr Schweigen war eine Antwort.

Ich wusste, dass das Land nicht nur einfach träge dalag. Es wirkte auf uns ein, und darauf war ich nicht vorbereitet. Das Land war ein Gefährte, es lebte. Es hatte etwas zu sagen, aber wir waren zu weit entfernt. Es flüsterte und hatte einen Körper. Ich hatte nicht gewusst, dass das Land einen Körper haben konnte oder ein Körper war, auch wenn die Leute immer von einem »Stück Land« oder auch von einer »Wassermasse« sprechen. Ich hatte das nur für eine Redensart gehalten, aber jetzt fiel mir ein, dass die Wörter »Körper« und »Masse« das gleiche bedeuteten.

Ich sagte: »Das Land ist ein Körper, und langsam glaube ich, dass es auch so etwas wie eine Sprache besitzt.«

»Es ist sehr eloquent«, sagte Elisabeth.

Wir standen da und hielten uns an der Reling fest, und ich war froh, dass die Reling weiß war, eine stille Farbe, die alle Farben enthielt und nicht mit den Versprechungen oder ebendieser Eloquenz, die in dem Körper des Landes existierte, in

Konkurrenz trat: Eloquenz, die auf den Bergen stand oder sich auf den Hängen zurücklehnte. Ich war froh, dass unser Schiff blau und weiß war, wie die Farben des Wassers, und dass wir, Elisabeth und ich, im Geiste ruhig waren, dass wir weder schwatzten noch versuchten zu übersetzen, was von dem Boden vor uns gesagt oder in sich getragen wurde. Ich dachte an die Versprechungen, die einem überall im Süden entgegenprallten: auf Schildern, in Mündern, im Fernsehen, im Radio und online. *Sucht nicht weiter,* versprachen die Schilder: *Hier liegt das Ziel Ihres unbändigen Hungers in all seinen Formen – treten Sie einfach näher, meine Damen und Herren.* Wir alle wussten, dass die Versprechungen verlogen waren, aber hörten wir je auf, Sehnsucht zu empfinden?

Ich dachte daran, was unser Pilot gesagt hatte, als wir über die Ungava-Halbinsel und die Baffininsel geflogen waren: »Da, schauen Sie, unter uns … ganz viel *Nichts.*«

Aber das war nicht Nichts. Es war etwas. Das Land war präsent, Elisabeth und ich waren darauf präsent, und es gab eine stille Wechselwirkung. Irgendetwas in dieser Begegnung, eine elementare Kraft, begann zu wirken.

| Kapitel 8 |

Annies Puppe

Es gab Dinge, die ich nicht wusste, als ich den Ort betrachtete, den wir die Nordwestpassage nennen, dessen wahren Namen aber nur er selbst kennt. Bevor ich von Bord ging, lag das Land wie ein träumender Körper da, dessen Traum ausströmte, mich streifte und meinen Körper durchtränkte. Seine Sprachgewalt und seine Botschaft blieben ein stilles Rätsel, während unser Schiff sich näherte. Ich konnte es gar nicht glauben, dass wir wirklich auf dieser blauen, weißen und goldenen Vision herumlaufen sollten. Es kam mir unmöglich vor, doch das war es nicht. Ich hatte den Schlüssel bekommen, um einzutreten, mich hinzulegen und zuzuhören, seine Ausdünstungen einzuatmen und es sprechen zu hören. Niemand tut das, ohne selbst verändert zu werden.

Was ich bei der magischen Einfahrt Richtung Pond Inlet fühlte, wurde jedoch bei unserer Ankunft von etwas ganz anderem, ebenso Realen verfinstert. In der Tat hatten Europäer das Gewässer, in das wir nun hineinfuhren, »Eclipse Sound« genannt, »Sund der Finsternis«, nach einem britischen Walfangboot, das Jahrzehnte vor Franklins Verschwinden Grönlandwale gejagt hatte. »Eclipse«, Verfinsterung, war ein gutes Wort dafür, was hier mit meinem Sehvermögen passierte.

Die Dinge waren nicht, was sie schienen, und es gab mehr als nur eine Wirklichkeit: Schichten überlagerten andere Schichten.

Ortsnamen verraten etwas: Wir waren in einem Land angekommen, in dem beinahe jede Landmarke und jede Siedlung zwei Namen hat. Den einen Namen hatten sie von kolonialen Entdeckern; der andere – der älter war und von den ursprünglichen Bewohnern stammte – hatte nichts mit der europäischen, sondern mit der Inuit-Geschichte zu tun. Der britische Name »Pond Inlet« bezog sich nicht auf das englische Wort »Pond« für Teich oder See oder sonst irgendeinen geographischen Aspekt des Ortes, sondern auf einen Engländer namens John Pond. Er war königlicher Astronom gewesen, als der britische Entdeckungsreisende John Ross dieser Gegend für die Engländer im Jahr 1818 diesen Namen gab. Der Inuit-Name für »Pond Inlet« ist »Mittimatalik«.

Bei Pond Inlet landen nicht viele Schiffe an: Wie bei den meisten Siedlungen im hohen Norden Kanadas gibt es gar keine Häfen, die dafür geeignet wären. Doch wir sahen bald, dass unser Schiff nicht das einzige war. Ganz in der Nähe lag ein anderes Schiff vor Anker: ein großes Fahrzeug, dessen Bewohner so wie wir den Meeresarm besuchten – aber aus ganz anderen Gründen.

Wir zogen Gummistiefel für eine nasse Landung an – das bedeutete, wir würden das Schiff mit den Zodiacs verlassen und durch das Wasser zum Strand waten. Nun Kanada zu betreten, nachdem wir zuerst Grönland angesteuert hatten, war aufregend für mich. Ich war wie mein Vater. Ich war die Immigrantin, die vor ihm nach Kanada gekommen war. Hier waren die Berge, Eis und die einsame Kälte, die meinen Vater gelockt hatten, seit er jung war. Ich war im Alter von acht ohne eigenes Zutun und unfreiwillig nach Neufundland gekommen. Aber in Mittimatalik betrat ich Kanada zum ersten Mal aus eigenem Antrieb heraus.

Ich spürte eine seltsame Kombination aus Neu-Sein und Dazu-Gehören: Der Norden, das war die Vorstellung von Kanada, wie es das kollektive Unbewusste der Welt wahrnahm. Ich war ein Neuankömmling, aber ich hatte einen Pass und durfte bleiben. Die Annäherung an Pond Inlet wurde zu einer Zeremonie, wie die Riten, durch die ein Mädchen von seinen Eltern auf einen spirituellen Weg gebracht wird und dann später, wenn es selbst vernünftig denken kann, bestätigt, dass es dort hingehört. Andere Kinder in Neufundland hatten gespürt, dass ich eine Fremde war; ich hatte weder meine Großeltern gekannt noch gewusst, was Verwurzeltsein bedeutet. Aber am Strand von Mittimatalik spürte ich, wie die Anziehungskraft des Landes mich erreichte und mit mir sprach, in keinen anderen Begriffen als meinen und seinen eigenen.

Berg, Fels und Strand waren stofflich; es gab nichts Vages an der Haltung, die ich in ihrer Stofflichkeit wahrnahm. Für mich war es klar, dass ich ein Ritual durchschritt, das von der Erde selbst geschaffen wurde, hier, im hohen Norden eines Landes, das manche Kanada nannten, einem Land, in dem ich nicht geboren worden war, das aber anbot, mich aufzunehmen. Diese Zustimmung hatte ich nicht erwartet, und sie bewegte mich sehr: Ich spürte, wie die Stärke des Landes die Energie meines eigenen Ichs umschloss, sobald ich die Füße darauf setzte. Ich hatte nie eine intuitive Verbindung zum Boden bemerkt, aber jetzt war sie da. Das hatte ich mir so nicht vorgestellt, und ich war verwundert.

Doch als wir uns der Küste näherten, wurde mir klar, dass es für uns schwierig werden würde, mit den Menschen in Kontakt zu treten, die in einer engen Wechselwirkung mit dem Land standen. An der ganzen Küste sahen wir Männer und Frauen, die in Militärausrüstung – Waffen, Rangabzeichen, Tarnanzüge – über die Felsen kletterten und den Strand besetzten. Das Schiff, das nicht weit von unserem vor Anker lag, war ein arktisches Kriegsschiff, dort postiert vom Canadian Department of National Defence. Das kanadische Militär war hier, um bei kaltem Wetter taktische Übungen durchzuführen. Die Übung war ein Bestandteil des neuesten Vorstoßes der kanadischen Regierung, ihre Souveränität nördlich des Polarkreises zu behaupten. Es handelte sich also nicht nur um eine Kadettenübung, wie ich sie häufig in den Outports von Neufundland gesehen hatte oder auf den Schulhöfen und in den Turnhallen meiner Kinder in einer Provinz, in der die Armee als eine der wenigen sicheren Berufswahlen für Schüler galt, die vom Land kamen. Die Truppen, die hier die Strände von Mittimatalik bevölkerten, waren keine Kadetten, sondern Soldaten, begleitet von Peter MacKay, dem damaligen kanadischen Verteidigungsminister, der mit einer Aura großer Entschlossenheit auf dem Strand präsent war.

Die Truppen hatten einen großen Teil der Siedlung eingenommen, auch die Arena, in der wir ein Fußballfreundschaftsspiel mit den Dorfbewohnern abhalten wollten. Das Gebäude diente jetzt aber den Soldaten vorübergehend als Schlafsaal, und unser Fußballspiel gehörte nicht zu ihrer Art von Übung. Ich war zum Cheerleader bestimmt worden und bereit, eine grelle grüne Perücke und einen rosa Bikini über meiner Wollunterwäsche zu tragen. Unsere Spieler hatten sich zuvor noch an Bord des Schiffs italienische Versionen ihrer Nachnamen ausgedacht und sie auf ihre Shirts gepinselt: Macgillverio, Martinello und so weiter. Nathan Rogers war beiseitegenommen worden. Er sei zu weit gegangen und dürfe sich keinesfalls in einem T-Shirt zeigen, auf dem er sich als Fellatio ausgab. Es hatte die ganze Nacht hindurch eine Gebetswache gegeben, um sicherzustellen, dass unser Team ehrenwert verlieren würde. Wir hatten uns sehr darauf gefreut.

Als wir den Küstenstreifen hinaufkletterten, kam über den Flurfunk die offizielle Mitteilung, dass weder der nationale Verteidigungsminister unser Team als Starverteidiger MacKaglio unterstützen noch das Fußballspiel überhaupt stattfinden würde, da die militärische Besatzung damit beschäftigt war, ausgedehnte Marineübungen mit den USA und Dänemark durchzuführen, sodass ein Großteil von Mittimatalik für Zivilisten nun nicht betretbar war. MacKay hatte keine Zeit, unser Schiff zu besuchen, mit dem Kapitän zu speisen oder mit unserem Geologen eine virtuelle Tour durch die beeindruckende neue geologische Karte der Arktis zu machen. Stattdessen durften wir den nicht-militarisierten Teil der Siedlung in loser Ordnung erkunden.

Manche unserer Passagiere entschieden sich dafür, am Strand zu bleiben und Fotos von den jungen Soldaten zu machen – die Sonne schien ihnen ins Gesicht, und sie wirkten stolz und aufgeregt, Teil des militärischen Regierungsplans für den Norden zu sein.

»Waren Sie schon mal im hohen Norden?«, fragte ein Passagier. »Das ist bestimmt eine spannende Aufgabe.«

»Ich bewundere, was Sie da tun«, sagte ein anderer. »Wir

schätzen Ihre harte Arbeit, den Einsatz aller Truppen. Darf ich Ihnen die Hand schütteln?«

Ich entfernte mich schnellstmöglich von den Uniformen und den Waffen. Es hatte mich überrascht, die Küste derart besetzt zu sehen. Ich wollte weg. Ich wollte das ganz normale Alltagsleben von Mittimatalik sehen, ohne übergestülpte militärische Besatzung. Aber mir wurde klar, dass das schwieriger werden könnte als gedacht. Der kanadische Norden hat eine lange Geschichte der kommerziellen, polizeilichen und militärischen Präsenz, und häufig gab es auch Eingriffe in das Leben der Inuit. Von den 1920ern bis zu den 1950ern und darüber hinaus waren viele Inuit genötigt und sogar gezwungen worden, aus ihren traditionellen Siedlungen wegzuziehen, um eine Vielzahl von Interessen zu befriedigen, die ihnen von außen aufgezwungen worden waren – die größte Schmach war es wohl, in abgelegenen Regionen als »menschlicher Fahnenmast« der kanadischen Souveränität über die Arktis zu dienen.

Die Regierungen des Südens schienen allesamt die Meinung zu vertreten, dass es ganz egal war, wo die Inuit lebten. Für sie war Norden gleich Norden: nichtssagend, gefroren und undifferenziert – eine Annahme, geboren aus der Ignoranz und Gleichgültigkeit, die für unzählige umgesiedelte Inuit sowohl in Kanada als auch in zirkumpolaren Regionen anderer Länder eine Tragödie darstellte. Was weißen Beamten wie ein gleichförmiges Stück Land vorkam, hatte für die Inuit immer neue, andere Konturen und beheimatete unterschiedliche Tiere oder Fische – und manchmal auch gar keine Tiere oder Fische. Warum verstand niemand außer den Inuit selbst, dass die Heimat für einen Menschen heilig, lebenserhaltend und unersetzlich ist?

Als ich mich von den Soldaten an der Küste zurückzog, löste sich die Linie zwischen dem, was wir Geschichte, und dem, was wir Gegenwart nennen, für mich auf: Die Linie zwischen damals und jetzt stellte sich mir als imaginäre Grenze dar, wie nationale Grenzen und die Zeitmessung. Alles an diesem Tor zur Nordwestpassage, seine militärischen Besetzer eingeschlossen, erzählte von einem gegenwärtigen Moment, der fest nicht nur mit dem diesem Land selbst innewohnenden Leben verknüpft war, sondern mit einer eklatant offensichtlichen geopolitischen Vergangenheit und Zukunft.

Die Gebäude hier unterschieden sich sehr von den Häusern und Geschäften in Grönland. Hier standen keine roten, gelben oder grünen Häuschen inmitten von Gänseblümchen oder lila Prärie-Anemonen. Es gab kein Café mit einem Schild, das geräucherten Seehund oder Karibu mit Wacholderbeeren anpries. Die Häuser von Pond Inlet waren entweder unbemalt oder in gedeckten Grau- und Grüntönen gehalten. So weit über der Baumgrenze zu bauen, kostete exorbitant viel, genau wie in Grönland. Aber diese Gebäude hatten nichts von der ästhetischen Fröhlichkeit der grönländischen Häuser, die wir gezeichnet oder gemalt oder fotografiert hatten. Diese hier ähnelten den von der Regierung ausgegebenen Bauteilen, die ich gesehen hatte, als ich in Shetshatshiu in Labrador Dokumentarfilme gedreht und auch dort unterrichtet hatte. In vielen Teilen von Kanadas Norden sieht man sie. Bei der Erhebung zur Wohnsituation, die die Regierung von Nunavut 2010 durchgeführt hatte, war festgestellt worden, dass neunundvierzig Prozent dieser Häuser unzulänglich waren – sie waren häufig überbelegt und stark reparaturbedürftig.

Der Unterschied zwischen den sozialen Bedingungen hier und in Grönland war sofort spürbar, und die Passagiere sprachen darüber, besonders diejenigen, die keine Kanadier waren und wenig darüber wussten, wie das Leben der kanadischen Ureinwohner durch die Regierungspolitik, die vom urbanen Süden ausging, umgestaltet wurde.

Als ich die graue Straße entlangging, sah ich ein Stück weiter vorne eine Inuk mit einer handgemachten Puppe. Es war eine Mutterpuppe in einem bestickten, mit Pelz eingefassten Amauti samt einer Kinderpuppe in der Kapuze, und sie war zu verkaufen.

In Grönland waren wir über die Hügel gelaufen, an mit Vorhängen verhängten Wohnstätten und Nebengebäuden vorbei, und hier taten wir dasselbe. Ich erinnerte mich an die Sommer in Neufundland, in denen ich in einer Stadt gelebt hatte, die andere als Touristen besuchten. In der Water Street in St. John's und auf einer Fähre von Woody Point nach Norris Point hatten Amerikaner eine Neufundländerin mit ihrem rothaarigen Kind fotografieren wollen. »Seht nur, sie sieht genauso aus wie Anne auf Green Gables! Macht es Ihnen etwas aus, wenn wir ein Foto von Ihnen machen, um unseren Freunden zu Hause in Pennsylvania zu zeigen, dass wir die kleine kanadische Annie getroffen haben?«

»Nur zu.«

Der Fährmann von Woody Point hatte neufundländische Tänze gespielt. Die Besucher wollten Geigen und Akkordeons. Er machte Umwege für die Gäste. Die Fahrt, die normalerweise fünfzehn Minuten dauerte und Einheimische zur Arbeit, zum Arzt oder zum Einkaufen brachte, beinhaltete nun zusätzlich Delfinschulen, die Sicht auf glänzende Makrelen und die Geschichte einer verlassenen Siedlung. Die Fahrt konnte dadurch bis zu anderthalb Stunden länger dauern, was die Einheimischen natürlich Zeit kostete.

Als ich in der Nähe von Brigus wohnte, war ich wohlweislich nur dann ins Dorf gefahren, wenn die Blaubeerfestivalzelte nicht aufgebaut, die Pferdekutschenfahrten beendet waren und Meg Ryan und Daniel Radcliffe nicht mehr inkognito um das Haus mit dem Schild *Esther's Homemade Bread* herumhingen. Eines Herbsttages hörte ich bei einem Besuch der Bücherei von Brigus jemanden sagen:

»Bin ich froh, dass die weg sind.«

»Du sagst es. Fünfzehn Zentimeter vor dem Fenster latschen sie vorbei, stecken die Nase durch den Vorhang, und auf dem Rückweg machen sie das gleiche noch mal.«

»Das Ganze erstickt mich.«

»›Erstickend‹ ist das richtige Wort, Madeleine. Du hast den Nagel auf den Kopf getroffen. Mir ist es egal, wenn ich mein Leben lang keine Fremden mehr sehe. Immerhin habe ich zwei Söhne, die es sich nicht leisten können, in ihrer Heimatstadt zu leben, weil die Touristen keine Mobilheime auf unseren Feldern sehen wollen. Denen würde ich gerne ein paar Mobilheime um den Hals wickeln, mal sehen, wie ihnen das gefällt.«

Mich als Außenseiterin hatte das damals interessiert und amüsiert, aber als ich hier in Pond Inlet sah, wie alle an der Frau und ihrer handgemachten Puppe vorbeigingen, fragte ich mich, wie sie das empfand.

Als ich bei ihr angelangt war, war ich überrascht, dass immer noch niemand ihre Puppe gekauft hatte. Vielleicht hatte jemand zugesagt, ihr auf dem Rückweg zum Schiff das Geld dafür zu geben.

»Hat jemand versprochen, die Puppe zu kaufen?«

Sie schüttelte den Kopf.

»Was soll sie kosten?«

»Hundert Dollar.«

Hundert Dollar, das war ein guter Preis für die Puppe. Jemand hinter mir würde sie bestimmt kaufen, jemand von den Amerikanern vielleicht, der wissen würde, dass man eine solche Puppe nirgendwo sonst auf der Welt bekam. Ich ging weiter bergauf und ließ die Puppenmacherin stehen. Sie hatte ein kleines Mädchen bei sich. Ich wollte gerne ein Stück alleine gehen und mich darauf besinnen, was ich bei der ersten Station auf der Nordwestpassage empfunden hatte. Ich fand es beunruhigend, dass ausgerechnet bei unserer Ankunft die militärische Entourage des Verteidigungsministers hier war. Es wirkte auf den ersten Blick wie ein sehr merkwürdiger Zufall, doch ich wusste auch, dass der Premierminister mittlerweile persönlich jedes Jahr eine Reise in die Arktis unternahm. Mit seiner Anwesenheit wollte er möglichst viel Medienaufmerksamkeit auf seine Absicht lenken, wie frühere kanadische Regierungen den Gebietsanspruch durch Siedlungen im Norden zu markieren. Diese Reisen waren Signale für andere Länder: Signale, dass Kanada aggressiv Anspruch auf seine Küsten im hohen Norden erhob, samt all den Saphiren, dem Öl und anderen geologischen Reichtümern, die sie enthielten, besonders jetzt, da die uralten Barrieren aus Eis wegschmolzen.

Ich ging in das örtliche Geschäft. Draußen hatte jemand an die Holzverkleidung eine Botschaft geschrieben, ähnlich wie meine Teenager-Tochter sie in ihr Schulbushäuschen in Neufundland gekritzelt hatte:

Ich hab sie satt,
diese Stadt
ich will
weg
hier

Im Vorraum hockte eine junge Mutter vor dem Kaugummi-Automaten. Sie trug ihr Baby in ihrem Amauti, und ihr älterer Sohn hielt seine Feuerwehrmannpuppe fest und konnte sich nicht zwischen Dubble Bubble und Rascals Fruit Chews entscheiden. Sie hatte eine Sonnenbrille auf, und erst als ich sie fotografierte, wie die Touristen in Neufundland mich fotografiert hatten, bemerkte ich ihre blauen Flecken.

Im Inneren des Ladens standen Regale mit Corned Beef und Baked Beans, Raviolidosen, Polyacrylgarn, Plastiktaschenlampen und Weißbrot, alles zu exorbitanten Preisen. In einem Kühlschrank lagen in Plastik erdrosselte grüne Paprikaschoten und Eissalat. Es gab KitKat- und Marsriegel, Chips und Limonaden. Der Laden ähnelte den in den Städten des Südens, in denen die Fabriken geschlossen hatten und wo schon lange niemand mehr Kinder im Kindergarten angemeldet hatte. Die Preise von Stangensellerie und Wiener Würstchen waren kriminell, das Verfallsdatum war längst überschritten. An einem schwarzen Brett hing die Nachricht, dass im nächsten Monat ein Zahnarzt Löcher füllen, Gebisse einsetzen und Mundraumerkrankungen behandeln würde. Ich kannte eine Krankenschwester, die hergekommen war, um Tuberkulose zu behandeln, eine Krankheit, an der meine Mutter in England beinahe gestorben war, als sie jung war, die meine Welt aber heute der Vergangenheit zuordnete.

Doch mein Wertesystem gehörte nicht hierher. Alle meine Annahmen über das Leben im Norden basierten auf einem Wissen, das einer anderen Art des Seins entstammte. Es fiel mir natürlich leicht, eine abgedroschene Version der kulturellen Koordinaten des Südens zu erkennen: eine Dose Kondensmilch für sieben Dollar, ein zugiger Bungalow, den sich hier kaum jemand leisten konnte. Aber das war nicht das ganze Bild.

Ich dachte an den Fisch und das Wildfleisch im ländlichen Neufundland, und dass das für alles stand, was an einem Ort für Durchreisende unsichtbar bleiben könnte. In meiner Provinz gab es Outports, wo sich Besucher nach einem Blick in die Gemischtwarenläden durchaus fragen konnten, wo man hier wohl etwas Anständiges zu essen bekam. Wenn sie in ein Restaurant in der Bucht gingen, konnten sie denken, Neufundländer lebten von Corn Dogs und frittierten Mozzarellasticks, und in manchen Fällen hätten sie vielleicht sogar recht. Die Nahrungsversorgung in den ländlichen Gebieten der westlichen Welt ist schon länger kritisch: Hier in Mittimatalik werden genau wie in Rocky Harbour, Neufundland, Green Bay, Wisconsin, und in Orten auf der ganzen Welt Nahrungsverbrechen begangen, von multinationalen Produzenten und Händlern, von Regierungen, Ladenbesitzern und Erziehern – manches davon unbewusst, aber vieles ist die direkte Folge der Gier von Firmen und einem kollektiven kulturellen Schlafwandeln. Trotzdem bleibt im kleinstädtischen Neufundland und noch mehr im kanadischen Norden eine Verbindung zu echter Nahrung vom heimischen Land und Wasser bestehen, die jenseits der Nahrungsmittelversorgung durch die großen Konzerne liegt. Ich dachte daran, wie Aaju Peter in Grönland die Kommerzialisierung von Lebensmitteln aus der Natur abgelehnt hatte. Diese Sichtweise implizierte ein nachvollziehbares Unbehagen darüber, dass das Ernten und Teilen von wilden, nährstoffreichen Nahrungsmitteln durch wirtschaftliche Kräfte gefährdet wird, die auf dem ganzen Planeten wirken.

In Neufundland hatte ich eine alte Frau gekannt, die von ihrem Haus aus ein Outport-Postamt führte. Sie aß Hering, Preiselbeeren und Seevögel, deren einheimische Namen nur in den Lexika Neufundlands zu finden sind. Aber das war in den Achtzigerjahren, und die nächste Generation würde Lebensmittel aus der Natur noch nicht einmal ansehen. Ob sich auch in Mittimatalik ein solcher Wandel vollzog?

In Innu-Gemeinden in Labrador hatte ich beobachtet, dass vieles davon abhing, ob die Menschen in Regierungsunterkünften wohnten oder draußen auf dem Land. Ich besuchte die Häuser, und auch Zelte dort draußen. Das waren zwei Welten. Ich hörte Großvätern zu, die das alte Leben lebten, dann ihren erwachsenen Söhnen und Töchtern, die sich in einer hybriden Welt befanden – zwischen der alten, ursprünglichen Weisheit mit ihrer Plackerei und einer neuen Nachahmung der Vorstädte des Südens, mit Elektroheizungen und industriell hergestelltem Brot, Desorientierung und Leere. Die Kinder gingen mit Disney-Pocahontas-Rucksäcken zur Schule.

Oben auf dem Hügel versammelten sich nun ein paar Passagiere um Aaju und stellten ihr Fragen über den Unterschied zwischen Pond Inlet und den Dörfern, die wir auf Grönland gesehen hatten. Aaju war sichtlich erleichtert, wieder zurück im Norden Kanadas zu sein. Das verstanden einige Passagiere nicht, denn sie hatten den Eindruck gewonnen, die Grönländer wären wohlhabender als die Inuit hier.

»Warum haben Sie sich entschieden, im kanadischen Norden zu leben, wo Sie doch ein Heimatland hatten, das ökonomisch und sozial so viel stabiler wirkt?«, fragten sie Aaju.

»Ich könnte Nunavut niemals verlassen«, sagte Aaju. »Ich habe jahrelang als Grönländerin gelebt und danach als kanadische Inuk, und ich würde nie mehr zurückgehen wollen.«

»Warum?«

»Ich kann Nunavut niemals verlassen, nach allem, was sie mich hier gelehrt haben.«

»Was denn?«

»Die Menschen hier stellen eine Beziehung zu Menschen her, nicht zu Titeln, Diplomen oder Bedeutung.«

»Aber was ist mit der wirtschaftlichen Seite?«, fragte Yvonne, eine Amerikanerin. Wir alle hatten den grönländischen Metzger gesehen mit den glänzenden Wannen voller frischem Seehund, Rentier, Heilbutt und Kapelan. »Hier in Pond Inlet wird offenbar nirgends Wildfleisch oder Fisch verkauft.«

»Das liegt daran, dass die Fischer und Jäger in Grönland ihren Fang verkaufen, im Gegensatz zu hier«, sagte Aaju. »Sie sind Teil einer Bargeldökonomie. Sie dürfen es verkaufen.«

Alle nickten, als wäre das eine großartige Idee. Wir verstanden Lizenzen, die den Leuten erlaubten, Waren auszutauschen. Wir mochten Qualitätskontrolle und freie Marktpreise, die auf Angebot und Nachfrage basierten. Wäre so etwas hier in Pond Inlet nicht besser als dieser dürftige Supermarkt, der weit davon entfernt war, »super« zu sein, und den anderen im hohen Norden Kanadas so sehr glich – gefrorenes paniertes Hähnchen, zehnmal so teuer wie in Etobicoke? Für hundert Dollar bekam man ein ganzes Menü, genau wie im Kino, nur mit Gefrierbrand, und man musste es selbst auftauen. Die

Kalaalimineerniarfik-Fischmärkte in Ilulissat und anderen grönländischen Dörfern stellten doch sicherlich einen Fortschritt dar?

»Ja«, sagte Aaju, »grönländische Städte haben Märkte mit frischen Waren, wo Fischer und Jäger einen fairen Preis für ihren Fang bekommen. Aber die Inuit in Kanada verkaufen ihren Fang nicht. Sie teilen ihn unter sich auf.«

Auf dem Rückweg zum Strand von Pond Inlet ließ ich mich zurückfallen. Die Inuk-Frau mit ihrer kleinen Tochter und der handgemachten Puppe stand immer noch an der Straße.

»Niemand hat Ihre Puppe gekauft?«

Sie schüttelte wieder den Kopf.

»Kann ich sie kaufen?«

Sie reichte sie mir. Sie war schwerer, als ich gedacht hatte. Unter dem grasgrünen Amauti lugte ein Baumwollkleidchen hervor. Es war mit Rosen gemustert und hatte einen handgenähten Saum. Ein Strang Glasperlen im Türkis, Gold und Silber des Wassers, das wir gerade befahren hatten, zierte den aufwändigen Schwanz, ein weiterer hing an der gerafften Taille. Die Jacke war bestickt, die Handschuhe und Stiefel aus mit Seehund-, Bär- und Fuchspelz gesäumtem Filz und Leder genäht. Die Babypuppe schmiegte sich in die Kapuze, ihre Haare waren aus schwarzer Wolle, die mit einer dünnen Rohlederschnur zusammengebunden waren. Ich gab der Frau die hundert Dollar. Sie signierte die Sohlen der Puppenschuhe – links in der Inuktitut-Silbenschrift, rechts mit *Annie Qillaq Pewqtoqlook*. Ich fühlte mich sehr elend, als ich die Puppe kaufte.

Als wir am Strand auf die Zodiacs warteten, die uns zurück zum Schiff bringen sollten, hatte Nathan Rogers eine Schar Inuit-Mädchen im Teenageralter um sich versammelt; sie starrten verzückt sein Zungenpiercing an, während sie an ihrem abgeplatzten blauen Nagellack nagten, und lauschten voller Spannung den unheimlichen Tönen, die er von sich gab. Wir hatten Inuit-Kehlkopfgesang in der Gemeinde gehört, aber jetzt gab Nathan mongolischen Kehlkopfgesang zum Besten, aberwitzige Laute kamen von seinem Solarplexus. Sein Zungenpiercing glitzerte in der untergehenden Sonne, während der Gesang über den Strand dröhnte, und die Mädchen sahen aus, als glaubten sie, der Klang könnte sich in irgendein mythisches Tier verwandeln und ihr Leben für immer verändern. Nathan genoss ihr ängstliches Staunen sehr, er warf den Kopf zurück und ließ den irren Klang an Kraft gewinnen und noch einmal um sich greifen. Er war ein Zauberer, die Mädchen hatten auf einen Zauberer gewartet, und sie waren ganz besonders verblüfft, als er ihnen sagte, dass das, was er da vorführte, ganz eng verwandt mit dem Kehlkopfgesang war, den sie selbst, ihre Mütter, Tanten und Großmütter kannten.

»Bring es uns bei!«

Er fing mit ein paar Grundlagen an, aber wir mussten los. Den Mädchen gefiel es gar nicht, dass er wegfuhr, aber er sagte, sie könnten das auch ohne ihn. »Ihr müsst einfach nur üben.«

»Wie lange?«

»Tausende von Stunden.«

»Tausende?«

»Aber ihr könnt das. Ihr müsst einfach nur die Grundlagen lernen, danach hängt alles nur an euch und wie viel ihr übt.

Wenn ihr so übt, wie ich übe, dann könnt ihr es genauso gut wie ich, das verspreche ich euch.«

»Aber wie lernt man die Grundlagen?«

»Die könnt ihr dort lernen, wo ich sie auch gelernt habe.«

»Wo denn?«

»Auf YouTube.«

| Kapitel 9 |

Emily Carrs Milchrechnung

An diesem Abend verließen wir Pond Inlet und machten uns auf den Weg nach Dundas Harbour. Im Speisesaal des Schiffes fiel mir eine drahtige kleine Frau namens Georgie auf, mit der ich mich noch nicht unterhalten hatte. Wie kam es, dass ich sie noch nicht bemerkt hatte? Sie hatte widerspenstige Haare und steckte voller Energie – so könnte Amelia Earhart ausgesehen haben, wenn sie noch zwanzig Jahre länger gelebt hätte. Sie saß allein an einem Zweiertisch und biss in ein lockeres Brötchen.

»Darf ich?« Ich legte die Hand auf den leeren Stuhl.

»Aber gerne!«

»Was gibt es denn heute?«

»Risotto, Karotten-Ingwer-Suppe.«

»Fein. Und sehen Sie hier. Normalerweise esse ich ja keinen Nachtisch« – das wurde langsam zur Lüge –, »aber heute Abend gibt es eine Art Schokobombe mit Sorbet.« Ich schrieb das in mein kleines Notizheft.

»Sie sind Schriftstellerin?«

»Ja.«

»Ich habe Sie auch beim Zeichnen gesehen. Sie machen bei Sheenas Malworkshops mit, oder?«

»Ich versuche es.«

»Als ich einundzwanzig war«, erzählte Georgia, »hat mein Vater Emily Carr Milch geliefert.«

»Emily *Carr*?«

Ich hatte *The Book of Small* gelesen, Emily Carrs eigenwillige Erzählung von ihrer Kindheit in British Columbia gegen Ende des 19. Jahrhunderts: hölzerne Badewannen im Wohnzimmer, lärmende Spatzen in der Scheune, kindliche Wunder, die einen unvermittelt trafen wie Bauchschmerzen oder das Denken kitzelten, bis man halb verrückt geworden war. Ich hatte Reproduktionen von Carrs Gemälden von den großartigen Totempfählen rund um Haida Gwaii gesehen, und auch von den Bildern, die sie nach ihrem Kontakt mit Lawren Harris von der Group of Seven gemalt hatte. Er hatte ihr geraten, nicht mehr die indianische Kultur zu interpretieren, sondern stattdessen ihre eigene Sichtweise auszudrücken. Ich erinnerte mich daran, wie ich sogar bei der Betrachtung einer winzigen Reproduktion eines ihrer Bäume das Gewicht dieses Baumes als Entität empfunden hatte, als lebendes Wesen mit Macht und Willen.

»Emily Carr, ja. Er war ihr Milchmann.«

»Nein, so was!«

Einer der Unterschiede zwischen meinem Leben als Kind in England und als Immigrantin in Kanada war es, dass es in Kanada keine Milchmänner gab. Laut Freunden hatte ich die letzten Tage des Milchmanns in Neufundland nur knapp verpasst. Ich weiß noch, wie enttäuscht ich war, als ich die homogenisierte Milch aus Supermärkten entdeckte, denn das bedeutete, dass man keine klirrenden Glasflaschen mehr an die Türschwelle geliefert bekam und nicht mehr die Folie abziehen konnte, um eine dicke Schicht purer Sahne freizulegen, die man von einer Untertasse ablecken durfte wie eine Katze, wenn die Mutter es erlaubte.

»Ja. Mein Vater war Emily Carrs Milchmann. Und sie konnte ihre Milchrechnung nicht zahlen.«

Ich balancierte etwas von dem köstlichen Risotto auf der Spitze meiner Gabel. Seit ich Risotto zum ersten Mal probiert habe, verehre ich dieses Gericht. Ich habe im Fernsehen gesehen, wie es zubereitet wurde, und es auf YouTube gesucht, und ich habe in guten Restaurants oder bei Freunden vollkommenes Risotto gegessen, aber nur fünf oder sechs Mal. Für mich ist es eine ganz besondere Delikatesse, und ich war nie mutig genug, es selbst zu kochen. Meine Tochter Juliette hat mir einmal Risotto gemacht, als sie zwölf war. Sie folgte einem alten Rezept und machte eine Zitronenversion daraus, die ganz dicht war und doch leicht wie eine Wolke – ätherisches und verlockendes Futter für die Seele, irgendwie unnahbar, selbst während man es aß.

»Emily Carr konnte ihre Milchrechnung nicht zahlen?«

»Mein Vater kam nach Hause und sagte zu meiner Mutter: ›Emily Carr möchte wissen, ob sie mit einem Bild bezahlen kann, oder wäre es dir lieber zu warten, bis sie das Geld hat?‹«

Es fiel mir nicht schwer, mir vorzustellen, wie mein eigener Ehemann nach Hause kam und mich so etwas fragte. Er steigt auf Hausdächer und putzt die Kamine, und manchmal muss das Blech repariert werden oder einzelne Ziegel sind locker, und er sagt den Leuten, was gemacht werden muss. Er sagt ihnen nicht unbedingt alles. Vor Jahren, als er seine Bürste durch den Kamin einer berühmten Sängerin aus Quebec zog, um ihn von Ruß zu befreien, brach die Bürste in der Krümmung ab, wo sie bis heute steckt. Sobald er auf einem Dach war, fiel den Leuten ein, dass sie auch ein Klavier über die Feuertreppe hinunterlassen oder Ventile an Propangastanks ersetzen mussten, und wo er doch schon einmal dabei war, da gebe es noch ein paar Balken, die halb von Ameisen zerfressen waren. Er kam mit Lohn nach Hause, der nicht aus Geld bestand: Marmelade, frisch geschnittenen Haaren, Schenkeln vom Familienschwein. Dafür, dass er bei einem Mann einen Gefrierschrank aus dem Keller getragen hatte, brachte er einmal zwei Gemälde von Paul Parsons nach Hause, einem Künstler, der in eleganten Anzügen und Krawatten von der Heilsarmee auf einem Fahrrad herumfuhr, das ihm die örtliche Tim-Hortons-Filiale aus ihrem Fundus von Gewinnspielpreisen geschenkt hatte, als eine Art gemeindlicher Anerkennung seines Status als Straßenkünstler.

Ich hatte einen Essay von Daniel Francis über Emily Carr gelesen und wusste, dass sie ihr ganzes Leben lang mal mehr und mal weniger gemalt hatte. Sie hatte das Malen über Jahre aufgegeben und sich über Wasser gehalten, indem sie eine Pension eröffnete. Ich stellte mir vor, wie Emily Carr für ihre Gäste Toast und Marmelade, Baked Beans und Kuchen machte, während auf ihrem Dachboden ein Stapel ihrer Meisterwerke lag – der später von Eric Brown, dem Direktor der National Gallery of Canada, entdeckt werden sollte, glücklicherweise so rechtzeitig, dass sie die Malerei noch einmal aufnehmen konnte, und zwar aus einer persönlicheren Perspektive heraus. Aber es gab Jahre, in denen sie nicht malte, sondern sich um die Pensionsgäste kümmerte, Betten und Tee machte und unzählige Trommeln Wäsche in einer alten Wasch- und Wringmaschine wusch.

»Und was hat Ihre Mutter geantwortet?«, fragte ich die Tochter von Emily Carrs Milchmann.

»Sie hat gesagt: ›Warte, bis sie das Geld hat.‹«

Georgie bedachte mich mit dem kläglichen Blick, der ausdrückte, wie schrecklich Familiengeschichten sein können. Er bedeutete, dass Georgie heute viel für dieses Bild von Emily Carr geben würde, das für die tägliche Milch hätte eingetauscht werden können. Und er bedeutete, was für Narren wir doch waren und dass wir unseren Vätern und manchmal auch unseren Müttern vergeben mussten, weil sie das Leben aus einem Schema aus Zweckmäßigkeit und Funktionalität betrachteten, in dem sie gefangen waren. Aber es machte auch Spaß, über diese versäumte Gelegenheit nachzudenken und sich das Bild vorzustellen, das Georgie hätte gehören können.

»Damals hat die Milch fünfzehn Cent pro Pint gekostet«, sagte Georgie.

Das Sorbet kam. Ich war mit großen Mengen an Hackfleisch von Elchen aufgewachsen, die mein Vater jagte, und Wirsing, den er in seinem Garten zog, und mit Yorkshire-Puddings, die mit Soße gefüllt waren und mit denen sich meine Mutter in der Küche plagte. Wer brauchte bei einem solchen Essen noch eine Nachspeise? Aber der Pâtissier unseres Schiffes sprach meine Sprache. Irgendwoher wusste er, dass in meiner Kindheit an den Dornbüschen um den Kleingarten meines Vaters Brombeeren gewachsen waren und dass ich bis zum Alter von acht Jahren immer einen brombeerverschmierten Mund gehabt hatte. Er hatte Brombeersorbet gemacht, und während Georgie und ich es von hübschen Löffeln aßen, dachte ich an die Milch für fünfzehn Cent pro Pint, die sich Emily Carr nicht hatte leisten können.

Ich dachte an den Tag, an dem mir allmählich gedämmert war, dass mein erster Mann nicht die geringste Absicht hegte, auch nur einen Cent zu verdienen, sondern dass er sich als mein persönlicher Hausautor von unveröffentlichten Hörspielen in meinem winzigen Apartment niedergelassen hatte. Ich selbst verdiente mit Schreiben – von Theaterkritiken und Erzählungen in lokalen Literaturzeitschriften – gerade genug, um die Miete und die Lebensmittel für eine Person zu bezahlen. Er hatte beschlossen, ab jetzt zu einer Kirche zu gehen, in der die Menschen in Zungen redeten und wo es eine Tafel gab. An Sonntagen kam er mit Hackfleischpäckchen nach Hause. Wir hatten eine Feuertreppe, die drei Stockwerke hinaufführte, und ich dachte mir, weil sie dem Himmel so nahe war, könnte ich mich draußen hinsetzen und eine Schimpftirade nach oben schicken. Ich war im achten Monat schwanger und flehte den Himmel an, Geld herbeizuschaffen, damit ich nach unten gehen und eine verdammte Aubergine kaufen konnte. Dieser Ehemann hatte Auberginen gehasst. Der Anblick einer Aubergine stellte für ihn so etwas wie eine persönliche Beleidigung dar.

Ich ärgerte mich über meine eigene Dummheit. Warum hatte ich nicht gemerkt, dass er, bevor er mich – mit über dreißig – geheiratet hatte, in einem winzigen Raum oben im Haus seiner Mutter auf der anderen Seite der Bucht gelebt hatte? Schon dieser Raum war vollgestopft gewesen mit gestohlenen Penguin-Taschenbüchern, deren orangefarbene Buchrücken alphabetisch nach Autoren geordnet waren. Diese Penguin-Bücher hatten mich getäuscht, und auch der Fliederbusch, der sein Fenster streifte, die hundertjährigen Zweige schwer von duftenden Blüten. Ich wollte auf unserer Feuertreppe sitzen

bleiben, bis sich durch irgendeine göttliche Fügung Geld ein-
fand, das ich hinunter in Lar's Obstladen tragen konnte.

Ich schimpfte vor mich hin, bis ich hörte, wie jemand die
Treppe heraufkam. Diese Treppe werde ich nie vergessen: Über
drei Stockwerke zog sie sich hinauf, brutal für eine schwan-
gere Frau, die kein Gemüse gegessen hatte. Natürlich war ich
an unserer Armut selbst schuld, aber hätte nicht ein kleiner
Lichtblitz der jugendlichen Hoffnung, die ich einst gekannt
hatte, mich rechtzeitig davon abhalten können, in diese miss-
liche Lage zu geraten? Dennoch: Wer war das auf der Treppe?
Jemand kam ganz nach oben und klopfte an die Tür … Ich erhob mich und stellte fest, dass es einer der Männer von der
in Zungen redenden Hackfleischkirche war. Er stand da und
hielt einen Hundertdollarschein fest in der Hand.

»Der Herr«, keuchte er (er war zu alt für unsere Treppe),
»der Herr hat mir gesagt, ich soll herkommen und euch das
geben.«

»Ich habe gebetet«, fuhr er fort, »und Gott hat mir gesagt,
ich soll sofort herkommen und euch das Geld hier geben.«

Er wischte sich das Gesicht ab und lief wieder hinunter.
Ich nahm das Geld und kaufte Trauben, Käse, Brot und eine
sehr gute Salami. Ich erinnere mich noch an die zerdrückten
Pfefferkörner in den harten, transparenten Salamischeiben,
und ich glaube, es gab vielleicht auch noch eine Flasche Wein
dazu, um dieser Schwelgerei die Krone aufzusetzen.

Ich konnte mir Emily Carrs Speisekammer, ihr Haus, ihre
Katzen und ihren Fuchsschwanz mit seinen braunen Blättern,
der an einem winzigen Fenster Sonnenlicht aufsaugte, vorstellen. Ich sah ihre Flasche Milch mit dem Deckel vor mir, der
im Licht blinkte. Sie hätte auf die Milch verzichtet, da bin ich

mir fast sicher, hätte sie nicht einer ihrer geliebten Katzen ein Schüsselchen davon versprochen.

»Vater hatte Katzen in jeder Farbe«, hatte sie in *The Book of Small* geschrieben. »Jeden Morgen hat er ihnen von zu Hause frische Milch in einer Flasche gebracht; er sagte, reine Rattenkost sei nicht gesund für Katzen.«

So etwas vergisst man niemals, wenn der Vater es einem als Kind beigebracht hat, dachte ich, nicht einmal, wenn man neunzig werden sollte.

An diesem Abend lehnte ich mich an die Reling, betrachtete das weiße Kielwasser und dachte über Georgies Erzählung von Emily Carrs Milchrechnung nach. Es war eine traurige Geschichte, aber vielleicht gewann sie dadurch, dass man mit ihr lebte: Statt der Möglichkeit, ein einziges Bild von einer genialen Frau zu besitzen, hatte Georgie auf eine andere Art und Weise das gesamte Werk von Emily Carr gewonnen. In der Dachstube ihrer eigenen Vorstellungswelt konnte Georgie fantasieren, welches Bild von Emily Carr sie vielleicht beinahe besessen hätte. Dadurch wurde das praktische Denken einer Mutter, die sich nichts bieten ließ, doppelsinnig und vielleicht weniger tragisch. Vielleicht brachte praktisches Denken unerwartete Vorteile mit sich, dachte ich. Vielleicht war es hin und wieder in Ordnung, seine Koordinaten zu kennen, genau zu wissen, wo man stand.

Auf der Backbordseite des Schiffs hing eine Karte von Grönland und Kanada, auf der täglich unser Vorankommen festgehalten wurde. Die Linie schlängelte sich von Kangerlussuaq in Südgrönland die weiße Küste hinauf durch Sisimiut, Ilulissat, den Karrat-Fjord und Upernavik, über die Baffin Bay bis Pond Inlet. Normalerweise führte jemand, der bewanderter war als ich, den Stift: einer der Geologen oder einer der eifrigeren Schüler unseres Archäologen. Aber diesmal nahm ich meinen eigenen Bleistiftstummel, mit dem ich normalerweise Knochen und Blumen und wogende Hügel zeichnete, und zog damit unsere letzte Strecke nach: den schmalen Kanal zwischen der Baffin-Insel und der Bylot-Insel und weiter nach Norden über den Lancastersund.

| Kapitel 10 |

Geologie

Am Morgen näherten wir uns Dundas Harbour an der Südküste von Devon Island. Ich saß mit meinem Kaffee im Speisesaal und ignorierte die Welle der Aufregung, die durch die
Luft schwappte, als den Passagieren über Lautsprecher irgendetwas über Steine erklärt wurde.

Marc St-Onge begeisterte sich wieder über irgendeinen
sichtbaren Aufschluss dieses oder jenes Gesteins und rief die
Passagiere dazu auf, alles von einer plattentektonischen Sichtweise zu betrachten. Zu Beginn unserer Reise hatte er eine
kurze Einführung in die Geologie verteilt: Wir würden uns
mit granitischem Orthogneis beschäftigen sowie der Intrusion
von Granitplutonen, und wir sollten uns unbedingt ansehen,
wie es im Nordosten von Nordamerika vor dem Grabenbruch
im Paläozän vor sechzig Millionen Jahren ausgesehen hatte.

Ich sicher nicht… So langsam hatte ich mich mehr und
mehr von Marcs Einführung in die Grundlagen wegbewegt.

Vor dieser Reise hatte ich immer Vorführungen von Doku-
mentarfilmen gemieden, in denen der Wissenschaftsmodera-
tor David Suzuki und sein Team von Animatoren versuchten,
es so aussehen zu lassen, als würden Kontinente und Berge
schlingern und zusammenstoßen und unermessliche Dramen

und Zerrüttungen verursachen. Ich empfand ihm gegenüber zwar einigen Respekt, als er von Dingen erzählte, die sich wirklich bewegen, aber die Vorstellung, fünf Minuten lang einem geologischen Vortrag zu lauschen, erfüllte mich mit Langeweile, ganz egal, wie international anerkannt der Professor sein mochte.

Daher konnte mich eine Durchsage unseres Geologen nur selten von der Lurpak-Butter in unserem Speisesaal weglocken, selbst wenn die anderen an Deck strömten, um den Rae-Kraton zu sehen oder zwischen den Felsen nach Narwalen zu suchen, von denen manche behaupten, sie seien das Vorbild für unsere Vorstellung vom Einhorn. Ich lief nicht mit der Kamera herum. Ich interessierte mich für Dinge, denen ich begegnen konnte, ohne mich sonderlich anstrengen zu müssen, und weniger für Sehenswürdigkeiten – selbst wenn sie sich wirklich bewegten –, die Mühe machten oder mir Umwege abverlangten. Ich betrachtete das nur ungern als Faulheit, sondern eher als Erweiterung meiner Gepflogenheit, alles genau anzusehen. Ich nehme gerne Details an einer Person wahr, an etwas im Raum, auf dem Land oder am Himmel, ohne einer Durchsage zu lauschen oder mein Croissant für das Schwanzende irgendeines gloriosen springenden Wals liegenzulassen, den ich gar nicht sehen würde. Ich war überzeugt, wenn ein Narwal oder sonst ein wundersames Wesen mir etwas offenbaren wollte, dann würde er das tun, wenn wir beide dazu bereit waren.

Statt aufzustehen, widmete ich mich also lieber meinem perfekt pochierten Ei auf dünnem russischen Toast, als unser Geologe verkündete, dass wir sofort an Deck gehen sollten, um spektakuläre diskordant gelagerte Felsen auf Backbord anzusehen. Ich blieb sitzen, während sich der Raum leerte, bis auf einen Mann, der etwas aus einem geheimnisvollen Fläschchen auf sein Essen streute. Die diskordanten Felsen, die durch die Fenster sichtbar waren, schienen mir eine völlig normal aussehende Kette blauer Hügel in der Ferne zu sein, und jeder Abschnitt wirkte sehr konkordant zum nächsten, sodass sie eine kontinuierliche, fließende Linie bildeten. Was waren diskordante Gesteine überhaupt? Das mussten Steine sein, die sich anders benahmen als die Steine um sie herum, sie tanzten Jive, während die anderen Walzer tanzten, sie feierten, während der Rest auf das Examen lernte. Sie trugen unkonventionelle Hüllen und trieben ungewöhnliche Flechten, und nachts, wenn die anderen Steine schliefen, planten die diskordanten Felsen rebellische Aktivitäten. Das Ganze fand über Äonen hinweg statt und war nur für diejenigen sichtbar, die ein besonderes Sehvermögen hatten und aus winzigen Bruchstücken vierdimensionale Puzzles zusammensetzen konnten.

Diskordantes Gestein war Nektar für unseren Geologen und seine Schüler, und dass ich schwänzte, würde sich bestimmt bald rächen. Aber ich war eher an diskordanten Ereignissen interessiert, die sich jetzt im Moment vollzogen, vor mir, innerhalb dieser Atmosphäre und der Persönlichkeiten auf dem Schiff. Es faszinierte mich, als der Mann, der mit seinem mysteriösen Fläschchen sitzen geblieben war, sagte: »Ich interessiere mich für Senf.«

»Für Senf?«

»Die Leute sind lange nicht so sehr an Senf interessiert, wie sie es sein sollten.«

»Ach, nein?«

»Senf ist eine natürliche antimikrobielle Substanz. Die Welt schreit danach. Wissen Sie, was die Bauern im nächsten Jahrhundert tun werden? Sie werden Senf in die Erde stecken, bevor sie ihr Saatgut anpflanzen, und der Senf mit seinen beißenden Eigenschaften wird schädliche Mikroben vernichten. Wenn dann die natürlichen kaustischen Gase verflogen sind, können die Bauern bedenkenlos ihr Saatgut ausbringen, denn von den Mikroben, die jetzt ihr Ackerland befallen haben, geht dann keine Gefahr mehr aus.«

Vorher war mir noch nie – so wie jetzt – aufgefallen, dass Mr Mustards Sakko mit einem schön gestickten Abzeichen versehen war, *Mustard 21 Canada Inc.*, das die Wedel einer goldenen Pflanze zierte. Er hob sein Fläschchen und bot mir den Inhalt an: eine spezielle Zubereitung zum Würzen der Mahlzeiten an Bord. Ich interessierte mich dafür. Ich fand das sehr diskordant.

Schlafen Sie im Park?, wollte ich ihn fragen. *Oder in einem Loch in der Straße?*

War ich etwa in der Nordwestpassage mit Mean Mr Mustard von den Beatles unterwegs, der von der Abbey Road aus unterwegs nach Coppermine war?

Ich konnte mir bildlich vorstellen, wie Mr Mustard seine Mitarbeiter einberief und sie gemeinsam Pulver in den Ackerboden streuten. Die Melodie des Liedes und das Fläschchen mit dem goldenen Pulver berührten mich auf eine Weise, wie es geologische Fakten nicht vermochten. Es war mir entgangen, dass meine Familie und ich auf dieser Welt nur entstanden waren, weil unter dem Boden, auf dem wir geboren wurden, Kohleschichten lagen. Ich hatte die Wichtigkeit der neuen geologischen Karte der zirkumpolaren Arktis nicht begriffen, die unser Geologe und seine Kollegen rechtzeitig zum Internationalen Polarjahr fertiggestellt hatten. Hatte ich überhaupt verstanden, dass bereits Samuel Hearnes Ausflug zu unserem Ziel Kugluktuk – oder Coppermine – darauf abzielte, herauszufinden, ob Mineralien, insbesondere Kupfer, kommerziell abgebaut werden konnten? Der größere koloniale Vorstoß nach der Zeit von Hearne, Schiffe durch die Nordwestpassage zu schicken, zielte auf Indiens Saphire, Rubine und Gold, alles Bodenschätze. Der Mond und die Sterne, die ich so mochte, bestanden ganz aus Fels, und wenn ich alles nahm, was ich jemals gesehen, benutzt, an das ich gedacht oder mit anderen ausgetauscht hatte, dann würde ich sehen, dass alles aus dem Boden kam: Boden war das scheinbar reglose, dichte Etwas, aus dem alles Leben und alles Licht entstand. Aber das hatte ich noch nicht im Ansatz begriffen. Ich war trunken von den Produkten und Wirkungen des Bodens, ohne ihre Ursache zu kennen. Ich wurde verführt von Wort, Kultur, Idee – ohne mir vorzustellen, dass dies lediglich Nebeneffekte sein konnten, die dem Boden ihres Ursprungs entsprangen.

Während die geologische Ansprache über die Erde langsam zu anderen Passagieren durchdrang, hatte Nathan Rogers begonnen, mich an Schichten des Seins zu erinnern, die ich niemandem erzählt hatte. Nach Paris und Neapel, San Francisco und Albuquerque war ich allein gereist. Ich war auf den Montmartre gestiegen und hatte mit Tomatenverkäufern in Seitengassen der Spaccanapoli gefeilscht. Ich hatte mich einsam gefühlt, doch das war für mich der Preis für die Freiheit, einfach herumzuziehen, ohne sich von den Plänen anderer beeinflussen lassen zu müssen.

In Frankreich schmuggelte mir eine Kellnerin eine Kakerlake in meine *chocolat chaud*. Ihr Freund, ein italienischer Jazz-pianist namens Mario, hatte angefangen, unter den Geranien herumzulungern, die vom Balkon meines billigen Hotels herabhingen. In Neapel war ich herunterfallenden Stühlen und Klavieren und einem Ägypter mit Goldzahn entronnen, indem ich genügend Brot, Wurst und Spinat stahl, um im Keller meines Hotels durchzuhalten, bis ich mich mit dem Mitternachtszug davonmachen konnte. In New Mexico war ich in einem Hostel an der Route 66 länger geblieben, als ich willkommen war, und quartierte mich dann in einem Lehmziegelhaus mit Straßenkindern ein, die ihr Blutplasma für Essensmarken verkauften und nichts als Porridge aßen, bis eine ihrer Mütter ihnen aus New Jersey ein Päckchen mit Erdnussbutter, Thunfisch und Oreo-Keksen schickte. Als ich am Tag nach dem Valentinstag 1982 auf einer Bank in der Nähe der Golden Gate Bridge den *San Francisco Chronicle* aufschlug, erfuhr ich, dass die Ölbohrinsel Ocean Ranger vor der Küste des Landes, das ich verlassen hatte, gesunken war und vierundachtzig Neufundländer dabei umgekommen waren. Ich ging mit einem tränendurchtränkten Avocado-Sandwich durch Haight-Ashbury.

Irgendwie hat mich nichts davon gelehrt, dass ein Mensch die Welt niemals alleine kennenlernen kann. Bei späteren Reisen mit anderen, selbst in meinen Ehen und als Mutter, hatte ich stets nach Einsamkeit gestrebt. Ich hatte gerne etwas Luft um meinen Körper, die niemand bewohnen durfte, um Platz für meine Gedanken oder für Bereiche der Leere zu schaffen, in denen Ideen geboren werden konnten.

Die Nordwestpassage hätte ein perfekter Ort sein können, um das fortzusetzen: Horizonte, die sich in der Ferne erstrecken, Wasserkörper, die froren, zusammenstießen, sich bewegten, dann schmolzen und doch wieder froren. Ich stand oft allein auf dem mittleren Deck – die anderen hielten sich irgendwo anders auf, um herumzusitzen, sich zu unterhalten und im Meer nach Narwalen zu suchen, ich hatte keine Ahnung, wo sie sich amüsierten. Ich spielte meinen eigenen Namen – Winter – nach und glaubte nicht, dass ich einen Freund brauchte.

Abends zeichnete ich in der kleinen Bibliothek an Elisabeths dreißig Jahre alter Wollunterwäsche weiter und bemühte mich, die Sepiafarben und zarten Fäden in dem Skizzenheft wiederzugeben, das mich Sheena McGoogan ermutigt hatte zu führen. Ich liebte Elisabeth und Sheena auf meine eigene Weise, eine winterhafte Weise, es war eine respektvolle Freude – aus komfortablem Abstand – an anderen, die so wie ich eine stille Seele hatten und Geschichten liebten. Wenn ich keine Lust mehr hatte zu zeichnen, häkelte ich aus meinem handgefärbten Strang Garn ein warmes Stirnband, und ich las oder betrachtete die blaue arktische Nacht durch die Bullaugen, während das Schiff uns angenehm schaukelnd weitertrug. Ich war unabhängig, und man hätte mich durchaus als distanziert bezeichnen können, denn ich mochte nichts lieber, als in sicherer Distanz am Rand zu stehen.

Aber Nathan wollte das nicht gelten lassen. Als wir in den Lancastersund hineinfuhren, merkte ich, dass er jedes Mal, wenn ich den tiefsten Punkt der Einsamkeit erreichte, in einer Tür oder hinter einem Felsbrocken auftauchte, in seiner gelben Jacke mit seinem Blick, der … ich könnte es nur Komplizenschaft nennen, was er ausdrückte. Wir waren elf Jahre alt. Wir waren zwölf. Wir waren in dem Alter, in dem ich war, als ich die erste Andeutung von etwas Verlockendem, Immateriellem entdeckte, das jenseits der gewöhnlichen Welt funkelte, mit der die Erwachsenen so zufrieden zu sein schienen.

Da kommt er, dachte ich jedes Mal, wenn er mich überraschte, und mit jedem Mal spürte ich, wie das Alleinsein unwichtiger und die Freundschaft wichtiger wurde.

Nathan war eine wandernde, sprechende, Songs schreibende, Schwert tragende Seele, ein Held auf einer Suche, und er war freundlich zu mir. Nicht nur hatte er davon abgesehen, meine Ziehharmonika über Bord zu werfen, sondern er hatte sogar angeboten, mich zu begleiten, als ich eines Abends »Lady Franklin's Lament« im Bugsalon gesungen hatte.

»Soll ich dich auf der Gitarre begleiten?«

»Aber meine Ziehharmonika ist ein altes, ramponiertes Ding, das vor fünfzig Jahren in Deutschland hergestellt wurde.« Dieses Modell war für ein paar Pennys an jeden irischen Haushalt verkauft worden, der ein Schifferklavier auf dem Kaminsims stehen haben wollte.

»Und?«

»Sie hat, na ja … ihre eigene Stimme entwickelt.«

»Damit habe ich kein Problem.«

»Aber auf sie kann man kein anderes Instrument auf diesem Planeten stimmen.«

»Das macht mir nicht die geringsten Sorgen. Wenn du möchtest, dass ich dich begleite, kommst du schon klar damit. Vertrau mir.«

Irgendwie stimmte Nathan seine Gitarre perfekt auf meine verrückte Quetsche, auch wenn er dafür mehr als ein Experte sein musste; es brauchte einen Zauberer dafür.

Abends sang er im großen Salon Folk-Balladen aus aller

Welt, eigene Kompositionen, die sich an diesen Traditionen orientierten oder an etwas, das ganz allein seines war, sowie die Lieder seines Vaters Stan Rogers – Songs, die die Passagiere auswendig kannten, wie das kultige »Northwest Passage«. Wenn Nathan Stans Lieder sang, änderte sich sein ganzes Wesen – und mir wurde bewusst, dass er seinen Vater nach dessen Tod nur über das Singen seiner Lieder kennengelernt hatte. Er war eine Art Sprachrohr, durch das die Songs seines verstorbenen Vaters erklangen. War es belastend, das Wissen über seinen Vater mit einem Publikum zu teilen, das die Lieder kannte und den Mann zum Teil für sich beanspruchte? Indem er hier in der Nordwestpassage »Northwest Passage« sang, nahm Nathan den Platz einer Legende innerhalb einer Legende ein, und ich fragte mich, wie sich das anfühlte.

»Der Tod meines Vaters war kein Unfall«, erzählte er mir.

Er berichtete von den Ereignissen, die ihm im Lauf der Jahre selbst oft erzählt worden sein müssen: Der Air Canada Flug 797 füllte sich auf der Startbahn mit Rauch, und bevor die Passagiere das Flugzeug verlassen konnten, schossen überall Flammen in die Höhe. Nathan sagte, es sei wegen erbärmlich unzureichender Sicherheitsmaßnahmen passiert, und das Unglück hatte zu deutlichen Verbesserungen im weltweiten Flugverkehr gesorgt.

Ich erinnerte mich daran, wie er Motoko, die japanische Passagierin, die sich den Fuß gebrochen hatte, über die Treppe auf das Schiff getragen hatte. Er hielt sie auf den Armen, so wie sein Vater die Flugzeugpassagiere auf den Armen gehalten haben musste, die er gerettet hatte. Ich hegte nicht den geringsten Zweifel, dass Nathan mehr als die Lieder seines Vaters in sich trug. Er trug eine Last von Bildern und Geschichten mit sich, die allen Menschen gehörten, denen sein Vater so viel bedeutete – und er musste sich damit zufriedengeben, diese Erinnerungen großzügig mit Fremden zu teilen.

Eines Abends sang Nathan im Salon einen Song mit dem Titel »Dark Eyed Molly«, geschrieben von dem Glasgower Archie Fisher – ein Song, den sein Vater ebenfalls gesungen hatte. Als Nathan es zum ersten Mal sang, war mir nicht klar, wie sehr mir das Lied zu Herzen gehen würde. Unser Historiker Ken McGoogan stieß unwillkürlich einen Laut aus, als das Lied zu Ende war. Dieser Song enthielt so viel Leid und so viel Schönheit: von Nathan, von Archie Fisher, von Ken und von mir, und noch ein wenig von der Verlorenheit, die vielleicht zum Schiff gehörte. Ich musste den Raum verlassen, um in meine Komfortzone, die Bibliothek, zu gehen, wo ich handgesponnene Wolle aufwickeln und mit den Händen arbeiten und allein sein konnte. Langsam begriff ich, dass die Geologen nicht die Einzigen an Bord waren, die erkannten, wie Raum, Fels und Zeit unter Druck stehendes Material formten, das überraschend zu Tage treten und durch den Boden brechen konnte, den wir längst zu kennen glaubten.

Aber Nathan folgte mir mit seiner Gitarre.

»Hättest du gerne ein Privatkonzert?«

Er wartete gar nicht erst auf meine Antwort. Er setzte sich in einen kleinen Sessel und begann zu singen.

Als mein erster Ehemann im Krankenhaus im Sterben lag, bot mir mein Freund Ed Kavanagh an, zu mir nach Hause zu kommen und für mich zu spielen. Er brachte seine keltische Harfe mit. Sie war zwar klein, füllte aber trotzdem das Zimmer aus, in dem ich auf der Couch lag, erschöpft von der Anstrengung, über Wochen und Jahre einen Kranken im Haus zu

Da erschien unser Schiff in der Bucht. Es trieb so frisch und blau und weiß im Wasser, dass es aussah, als hätte es jemand gebügelt und gestärkt.

Kathedralen aus Eis.

Aaju Peter in Kilt und Gummistiefeln hielt ihr Gewehr bereit, für den Fall, dass wir einem Eisbären begegneten.

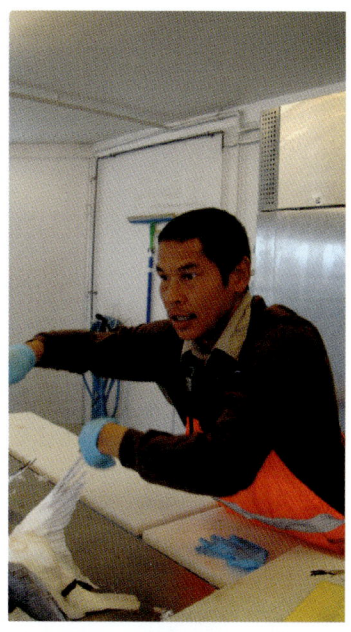

Auf dem grönländischen Fischmarkt sah ich fasziniert zu, wie
eine Möwe küchenfertig zerteilt
wurde.

Das Wappen von Upernavik.

Ein paar Fischer und Jäger aus Upernavik kamen heraus, um uns zuzusehen,
wie wir durch das Dorf gingen.

»Das ist der Penisknochen eines Walrosses, Kathleen«, erklärte der Naturkundler und Bordfotograf Danny Catt.

Ein Fenster in Upernavik.

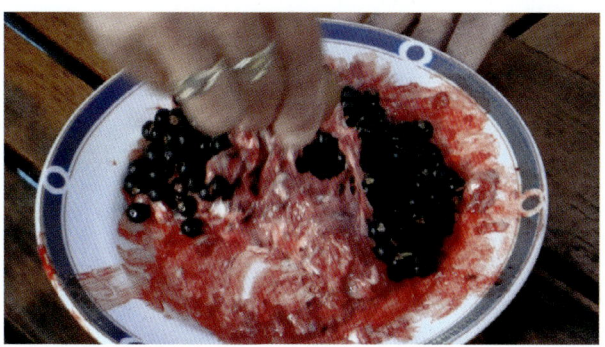

Aaju Peter und Bernadette Dean essen Seehund.

Eine Mischung aus Beeren und Seehundhirn.

Bei Pond Inlet drangen wir in eine überwältigende neue Welt vor:
türkisfarbenes Wasser, violett-goldene Berge, weißer Nebel.

Nathan gab mongolischen Kehlkopf-
gesang zum Besten, aberwitzige
Laute kamen von seinem Solarplexus.
Sein Zungenpiercing glitzerte in der
untergehenden Sonne, während der
Gesang über den Strand dröhnte.

Kathleen mit Annie Quillaq
Pewtoqlook, ihrer handgemachten
Puppe und dem kleinen Mädchen.
(Danny Catt)

Die Mädchen sahen aus, als glaubten sie, Nathans mongolischer Kehlkopfgesang könne sich in irgendein mythisches Tier verwandeln und ihr Leben
für immer verändern.

Tisch und Gefäße, verlassener RCMP-Posten, Dundas Harbour.

Zurückgebliebene Nähmaschine (innen), RCMP-Ruinen, Dundas Harbour.

Gebeine und Steine, Dundas Harbour.

Trostlos: die Gräber von Franklins Männern, Beechey Island.

Der Peel Sound im Nebel: Packeis zwang uns, diese Route, die Franklin selbst gefahren war, zu nehmen, obwohl wir das gar nicht vorgehabt hatten.

Die historische Stelle, an der die *St. Roch* überwintert hatte, Pasley Bay.

Ausgebleichter Knochen,
Pasley Bay.

Larsens Kaffeekanne?
Pasley Bay.

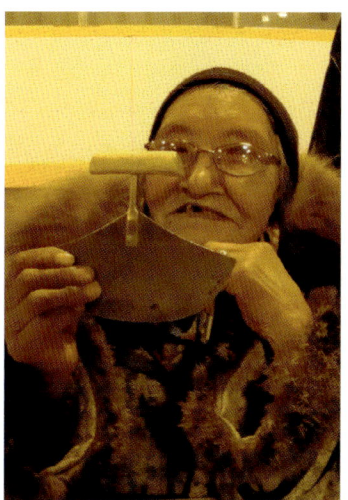

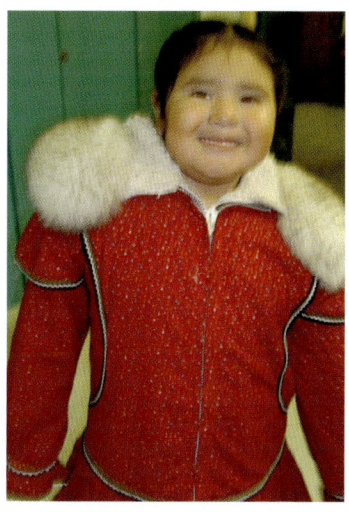

Sarah verkauft mir ihr Ulu,
Gjoa Haven.

Das kleine Mädchen in dem
Mantel, der Elisabeth so gefiel,
Gjoa Haven.

Jacob und sein geschnitzter Bär,
Gjoa Haven.

»Die sehen aus wie Franklins Männer«, sagte Bernadette Dean,
Jenny Lind Island.

Nathan Rogers und Bernadette Dean, Bathurst Inlet.

Wer hat den Inuksuk gebaut?

Ein echter Inuksuk ist subtiler, erklärte mir Bernadette: ein Stein, der weithin sichtbar platziert wurde, so dass ihn Jäger sehen können. Er weist ihnen den Weg zu den Jagd- oder Fischgründen.

Die magischen Steinringe oder Stromatolithen von Port Epworth.

Arctic star, Port Epworth.

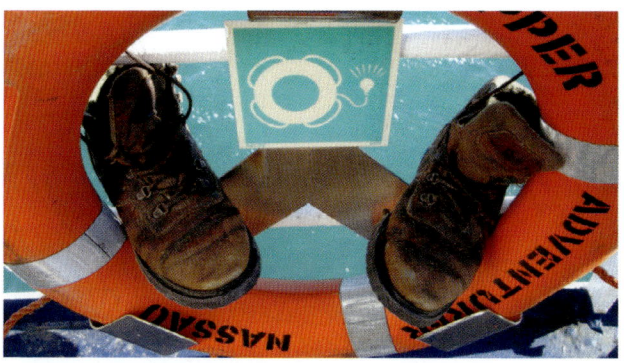

Ich verabschiede meine Wanderstiefel.

Unser auf Grund gelaufenes Schiff.

Die Küstenwache bringt uns bei Sonnenaufgang nach Kugluktuk.

Shooflys Gewänder. (Mit freundlicher Genehmigung der Division of Anthropology, American Museum of Natural History, AMNH Anthropology catalogue #60/5758)

haben. Ich hatte von therapeutischer Musik für kranke oder erschöpfte Menschen gehört, hatte es selbst aber noch nicht ausprobiert. Die Harfenklänge drangen durch das Haus wie Wellen eines goldenen Ozeans, und diese Wellen drangen in meinen Körper ein und verliehen mir ihre Energie auf eine unerwartete Weise. Er spielte einen ganzen Nachmittag, ohne zu reden oder sonst irgendetwas zu tun, und als er fertig war, nahm er leise seine Harfe und ließ mich mit den abebbenden kleinen Wellen purer Schönheit allein.

Nathans Privatkonzert bekam ich ohne einen sterbenden Ehemann, es gab keinen Grund, weshalb ich dieses Geschenk verdiente. Es war nichts als das Angebot einer Freundschaft, und das war mir noch nie passiert. Irgendwie lief alles, was ich über das Leben gelernt hatte, auf die Vorstellung hinaus, dass man etwas verdienen musste, um es zu bekommen. Ich hatte mich selbst noch nie als Baum gedacht, als anmutiges Wesen, das von Singvögeln, Sternenlicht und Regen besucht wurde und das die Menschen um seiner selbst willen liebten, nicht aufgrund dessen, was es tat und wie klug es war oder wie unentbehrlich. Ich war daran gewöhnt, mich auf die ein oder andere Weise unentbehrlich zu machen, aber Nathans Song verwandelte mich in ebendiesen Baum.

Er wusste, wie sehr mir »Dark Eyed Molly« gefiel. Es war das erste von vielen Malen auf dieser Reise, dass er es mir vorsang, und jedes Mal, wenn er es tat, konnte ich kaum glauben, dass ich es noch einmal hören durfte.

Kapitel 11

Dundas Harbour

Der offizielle Anlass für unseren Besuch in Dundas Harbour war die Besichtigung der Ruinen eines Außenpostens der Royal Canadian Mounted Police, der 1923 eingerichtet – und mit Unterbrechungen – bis 1951 betrieben worden war. Er war Bestandteil der Bemühungen der kanadischen Regierung, den Ansprüchen anderer Nationen auf den arktischen Archipel etwas entgegenzusetzen. Großbritannien hatte das Territorium 1880 an Kanada übergeben; aber Kanada wusste, wenn dort niemand wohnte, stand das selbsterklärte Besitztum auf wackligen Füßen und war womöglich rein symbolisch. Der RCMP-Posten in Dundas Harbour war Teil eines größeren, 1922 begonnenen Projekts, bei dem Einheiten in genau dem Teil der Hocharktis stationiert wurden, in den uns unsere Reise nun führte.

Wir hatten schon ein wenig von der Polizeigeschichte Kanadas mitbekommen; in der Tundra gab es noch genügend Artefakte, die wir ansehen konnten. Aber wir mussten dort zu Fuß hingehen, und unsere jeweiligen Erwartungen waren so verschieden, dass wir auf völlig unterschiedlichen Reisen hätten sein können. Marc St-Onge war aufgeregt, weil es in Dundas Harbour eine der bemerkenswertesten Diskordanzen der Welt gab: eine sichtbare Lücke in der Schichtfolge, die für Marc und sein Gefolge genauso spannend war, wie es eine Vision aus der TARDIS des Doktor Who, von Madeleine L'Engle oder Albert Einstein für jene sein könnte, die sich mit den Mysterien dieser Zeit beschäftigen. Während ich bei der Erwähnung von Kontinentalrandsequenzen müde wurde, fanden Marc und die Passagiere, deren Fantasie er in Gang gesetzt hatte, das aufregend. Ich dachte noch über das Wort »Diskordanzen« nach und war fasziniert von Begriffen wie »kristallines Grundgebirge«, aber was sie in meinem Kopf entstehen ließen, hatte nichts mit Geologie zu tun. Diskordanzen konnten genauso gut asymmetrische Gebilde sein, mit Haaren, die auch als empfindliche Antennen dienten, geschmückt mit Tautropfen, die durch undurchsichtige Materialien blicken konnten. Ein kristallines Grundgebirge konnte aus Amethyst bestehen, aber nicht aus normalem Amethyst, sondern einem besonderen Gestein mit versteckten blauen Flammen, durch die man sich dem Schloss von Kublaí Khan nähern konnte.

Doch dann sagte Marc etwas, das mich einfing. Er zitierte den schottischen Geologen James Hutton. Dazu stellte er sich auf einen flachen Felsbrocken und rief: »›Die Gegenwart ist der Schlüssel zur Vergangenheit‹, und zwar auf globaler Ebene.«

Das sah und spürte ich in Dundas Harbour: nicht unbedingt im Felsen, aber im Islandmohn, dessen alte, braune Stiele aus vergangenen Jahren sich um die neuen Stängel schlängelten. Ich sah es in den uralten Wurzeln von Sträuchern, die nahe am Boden wuchsen, silbrig vom Alter und doch, tief in ihrer Mitte, von einem gegenwärtigen Leben zeugend. Es war in den Moschusochsenknochen und -schädeln, die dort lagen, wo die Tiere auf den Gräsern gestorben waren, und es steckte in den einsamen Ruinen des RCPM-Quartiers weiter bergab, wo lebendiges Sterngras und Mohnblumen sprossen, zwischen den Rissen von Gebäuden, in deren abgesenkten Mauern noch Reste von Tragödien zu spüren waren. Ich wollte gar nicht hinunter zu diesen Gebäuden, aber alle anderen waren unterwegs dorthin, und die Waffenträger hatten uns ermahnt, unbedingt zusammenzubleiben.

Hinter mir kamen die Vogelkundler. Ich mochte nicht in ihre Diskussionen darüber verwickelt werden, was ihre wuchtigen Kameras, die sie um den Hals hängen hatten, alles konnten.

Jemand sagte: »Wie viele Megabyte hat ein sRAW bei dir?«

»Gestern« – bildete ich es mir ein oder warf mir derjenige, der antwortete, einen spöttischen Blick zu? – »hatte ich ein Problem und konnte keine sRaw-Bilder mehr machen.«

Ich hatte einmal einen Liebhaber, der in einem Haus mit lauter Vogelfreunden wohnte, daher wusste ich, dass sie weder gefährliche Felswände noch Erfrierungen oder die Entfremdung von jeglicher menschlichen Nähe scheuten, um das zu erblicken, was sie »einen guten Vogel« nannten. Ich hatte diesen Liebhaber gemocht – bis zu dem Zeitpunkt, als ich eine mächtige Damenunterhose in seinem Bett fand und er mich davon zu überzeugen versuchte, dass sie mir gehörte. Ich diente ihm nur als Zeitvertreib, während sein eigener guter Vogel an der Universität war. So war ich also dem Leben im Vogelkäfig entronnen, aber ich wusste, dass diese Passagiere nicht wegen geologischer Diskordanzen oder zeitlicher Lücken in Dundas Harbour waren, sondern wegen der traurigen Überreste eines verlassenen RCMP-Kommandos. Sie wollten Eissturmvögel, kleine Kanadakraniche und den stets flüchtigen Sterntaucher sehen.

Für mich war jeder Vogel ein guter Vogel. Eine Taube mit ihrem ölglatten Hals und Augen, die die Farbe von Bierflaschen in der Sonne hatten, war ein hervorragender Vogel. Genau wie die Holländer Haubenhühner mit ihrem verrückten Kopfschmuck, die ich einmal gehalten hatte; meinen Kindern hatte ich ihre grünen Eier mit Schinken zubereitet. Ich liebte eine Geschichte aus der Kindheit meines Vaters. Er hatte mir erzählt, dass ihn seine Route als Zeitungsjunge immer durch englisches Vogelgezwitscher führte. Er hatte es als »Dämmerungschor« bezeichnet. Ich war im Wald einem Raufußkauz begegnet und hatte ihn in meinen Roman eingebaut. Zwei Goldspechte mit blutroten Tropfen auf dem Kopf hatten mich getröstet, indem sie nach dem Tod meines ersten Mannes unter meinem Schlafzimmerfenster turtelten. Der Vogel, dessen Liedern mein Herz gehört, ist die Einsiedlerdrossel, und das Wummern der Bekassinen lässt mich niemals los. Ich liebte Vögel, aber sie durften sich mir gerne nähern oder sich um ihre eigenen Angelegenheiten kümmern. Ich würde sie nicht in Raw-Daten, ob groß oder klein, verwandeln wollen, und ich wollte sie auch nicht auf einer Liste abhaken oder manche als begehrenswerter als andere bezeichnen.

Die Vogelbeobachter überholten mich auf dem Weg zu dem verlassenen RCMP-Posten, und ich blieb zurück, um mich hinzuknien und Gräser, Knochen und das seltsame Taubenkropf-Leimkraut, dessen Blütenknospen aussahen wie eine malvenfarbige Papierlaterne, zu betrachten. Aber Aaju Peter, die mit ihrem Gewehr folgte, rügte mich.

»Du musst weitergehen. Niemand darf hinter dem Waffenträger zurückbleiben. Das ist sehr wichtig.«

Also kletterte ich zu den Ruinen hinunter, wo eine verrostete Nähmaschine auf einem offenen Fenstersims stand, im Stillstand vor dem nächsten Nadelstich. Auf einem Tisch waren noch Gefäße mit Spuren von Speisen und Getränken, und ein kleiner Friedhof beherbergte die sterblichen Überreste der Constables Victor Maisonneuve, der 1926 Selbstmord begangen hatte, und William Stephens, der im darauffolgenden Jahr bei einem Jagdunfall ums Leben gekommen war, sowie die Gebeine eines geheimnisvollen Kindes. Die Isolation muss für diese Beamten unerträglich gewesen sein. Sie waren allein und von November bis Februar der permanenten Dunkelheit ausgesetzt. Devon Island, an deren Südküste Dundas Harbour liegt, ist die größte unbewohnte Insel der Welt. Aber ich spürte nicht nur die Geister von Maisonneuve und Stephens.

Dundas Harbour war mehr als nur ein Polizeiposten: Die wirtschaftlichen Verhältnisse in den 1930er-Jahren bedingten es, dass Kanada nach einer billigeren Methode suchen musste, um die Hocharktis zu besetzen. Man fürchtete auch, dass es nach internationalem Gesetz nicht genügen konnte, ein Land für sich zu beanspruchen, indem man einfach ein paar Polizisten dort installierte. Man brauchte eine rechtmäßige Besiedelung. In seinem Aufsatz »Out in the Cold: The Legacy of Canada's Inuit Relocation Experiment in the High Arctic« erklärt der Kulturhistoriker Alan Marcus, wie das Innenministerium im Jahr 1934 ein Experiment durchführte, das von der Hudson's Bay Company umgesetzt wurde: Zehn Inuit-Familien wurden von Cape Dorset, Pangnirtung und Pond Inlet nach Dundas Harbour umgesiedelt.

Die Regierung der Dreißigerjahre sagte damals öffentlich schon dieselben Dinge, die man bei den Wiederholungen solcher Umsiedlungsaktionen in den Fünfzigerjahren sagen würde, als Hunderte von Inuitfamilien weit von ihrer Heimat weggeschickt wurden, um im Interesse der Gebietshoheit die Hocharktis zu besiedeln. Sie versprach den Inuit bessere Jagd- und Fischfangmöglichkeiten weiter im Norden, obwohl keine Untersuchungen über die Tierwelt dort durchgeführt worden waren, die diese Behauptungen stützten und die sich letztlich auch als unwahr herausstellten: Viele Inuit litten Hunger. In Wirklichkeit schien das Versprechen besserer Jagdgründe nur ein anderes Motiv zu verschleiern. Alan Marcus zitiert ein Regierungsdokument von 1935, das die politischen Gründe für die Umsiedlung von Inuit-Familien nach Dundas Harbour eingesteht:

> *Zum Umzug der Eskimos in neue Regionen, wo es mehr Wild und regelmäßigere Arbeit gibt, kommt noch der Aspekt der Inanspruchnahme des Landes hinzu, da Flugrouten, der Abbau von Bodenschätzen und andere Gründe es heute möglich machen, dass andere Länder Anspruch auf einen Teil der Arktis Kanadas erheben, die sich derzeit bis zum Nordpol erstreckt. Um solchen zukünftigen Ansprüchen zuvorzukommen, wird das Dominion die arktischen Inseln bis beinahe 700 Meilen vor dem Nordpol besetzen.* (J. Montagnes 1935: Occupy Artic Isles to Insure Canadian Claims)

Wie war wohl das Leben für diese zehn Familien und die Familien, die ihnen in nahegelegene Bereiche in der Hocharktis nachfolgten? Die Regierung versprach ihnen allen, dass sie nach Hause zurückkehren konnten, falls das Experiment fehlschlug, aber viele von ihnen sahen ihre Heimat niemals wieder. Das Dundas-Harbour-Experiment von 1934 dauerte zwei Jahre, dann wurde es von der Regierung abgebrochen. Marcus schreibt, dass die dreiundfünfzig Männer, Frauen und Kinder nicht nach Hause zurückgeschickt, sondern in den Norden der Baffininsel umgesiedelt wurden, um einen geplanten neuen Handelsposten zu besiedeln. Dazu interviewte er John Amagoalik, der Mitte der Fünfzigerjahre im Alter von fünf Jahren das Umsiedlungsexperiment von Resolute miterlebt hatte. Amagoalik erzählte ihm, dass es in Resolute, das auf dem gleichen Breitengrad liegt wie Dundas Harbour, so kalt und stürmisch war, dass es nicht genügend Schnee gab, um Schneehäuser zu bauen, daher überwinterten die Familien in Zelten. Sie waren nicht an die monatelange Dunkelheit gewöhnt, und es gab kaum Wild: Die Familien waren gezwungen, den Müllcontainer der RSMP-Beamten nach Resten von Sandwiches zu durchwühlen. Dabei fanden sie zu ihrem Leidwesen einen Stapel Briefe – Briefe, die sie der Polizei anvertraut hatten, um sie ihren Angehörigen nach Hause zu schicken – mitten im Müll.

Bob Pilot war damals als RCMP-Beamter in der Hocharktis. Marcus zitiert ihn mit den folgenden Worten über die »RCMP-Flaggenabordnungen« im hohen Norden, wie er sie bezeichnet: »Wir waren aus einem einzigen Grund dort oben – es ging um die Hoheitsrechte, und die Inuit wurden aus demselben Grund dorthin umgesiedelt.«

* * *

Der RCMP-Posten von Dundas Harbour, der einsam und verlassen in der Tundra stand, stieß mich ab, und der Grund, weshalb er sich überhaupt dort befand – um Kanada die Souveränität über die Arktis zu sichern –, machte mich traurig, genau wie die Tatsache, dass wir dies wie etwas Nobles und Erhabenes behandelten. Ich hatte keinen Spaß dabei, auf dem Gelände dort herumzustreifen, alte Schubladen aufzuziehen und zuzuschieben, mir den Hals zu verrenken, um den Zettel lesen zu können, auf dem stand, wie man die Öltanks nachfüllt. Crewmitglieder, die losgeschickt worden waren, um nach den Gräbern zu sehen, hatten ihn in den 1970er-Jahren geschrieben:

10-Gallonen-Ölkanister mit der Handpumpe füllen
Aus den 10-Gallonen-Kanistern das Öl in das Spundloch des Öltanks im Haus füllen
40 Gallonen Heizöl reichen ca. 5 Tage, wenn beide Heizgeräte laufen…

Die weißen Zaunlatten waren neu und aufrecht: Die RCMP und die kanadische Küstenwache waren nicht die Einzigen, die sich darum kümmerten. Erst 2006 hatten sie Hilfe von Seemännern, Infanterie, Canadian Rangers und dem Premierminister höchstpersönlich bekommen, der ein zwölftägiges Spektakel veranstaltet hatte, um die Hoheit über die Arktis zu behaupten, was vielleicht weniger mit der Ehrung der Toten zu tun hatte als mit militärischen Übungen, wie wir sie in Pond Inlet gesehen hatten. Bei der Übung von 2006, die den Namen Operation Lancaster bekam, flogen Aurora-Flugzeuge über kanadische Militärs, die den Friedhofszaun von Dundas Harbour abbauten und feierlich frisch gestrichene Zaunlatten aufstellten.

Während ich darüber nachdachte, wie Kanada in der Geschichte die Völker des Nordens behandelt hatte und auch heute noch Orte wie Dundas Harbour als symbolische Markierung des Territoriums benutzte, löste ich mich wieder von der Gruppe. Eine kleine rote Flechte erregte meine Aufmerksamkeit. Ich kniete mich hin und spürte ihre Wärme in der Sonne, lauschte ihrer stillen Vortragskunst aus flüsterndem Grün und geflochtenen rostroten Wedeln. Ich hatte gesehen, wie sich auch Aaju Peter von den anderen getrennt hatte und Pflanzen betrachtete oder der Stille lauschte, die unserer Prozession nachfolgte. Zuvor hatte sie auf dem Schiff über Territorium und Besitz gesprochen, und ihre Sichtweise hatte nichts mit Pomp oder militärischen Ehren zu tun.

»Seit wir unsere Rechte über dieses gewaltige Territorium aufgegeben haben«, hatte sie gesagt, »ist die Regierung ihren Verpflichtungen nicht nachgekommen. Sie tun nichts, um ihre netten Verlautbarungen zu erfüllen. Nunavut und die ganzen anderen nördlichen Territorien sollten Provinzen sein, mit denselben Rechten wie die Provinzen im restlichen Kanada.«

»Was schlagen Sie vor?«, fragte Anna, eine Amerikanerin.

»Bildung ist der Schlüssel. Die Inuit müssen aktiv an Entscheidungen beteiligt werden, besonders jetzt. Mit der Öffnung der Nordwestpassage wollen alle ein Wort mitreden – China, Russland. Die Inuit können nicht einfach nur zusehen.«

»Wie soll sich da etwas ändern?«

»Wir brauchen eine Universität in Nunavut. Wir sind jetzt dabei, eine Universität einzurichten, aber das kann nicht das Gleiche sein wie eine Universität im Süden.«

»Das stimmt«, sagte Bernadette, die sich damals klein gefühlt hatte, als sie von weißen Lehrern in einer nach James Franklin benannten Highschool unterrichtet worden war. »Die Bildung muss unsere Sprache integrieren. Unsere Werte.«

Während die anderen auf dem RCMP-Gelände herumstreiften, löste ich mich von meiner Flechte. Ich ging langsam weiter und beobachtete dabei den Boden, der mir mittlerweile vorkam wie eine weiche, atmende Brust voller stiller Geheimnisse. Hier war noch ein Fleckchen Flechte; hier eine winzige Primelart mit acht Blütenblättern auf einem Kissen aus Rot, Grün und Gold. Sheena hatte mich überredet, ein kleines Notizbuch mit an Land zu nehmen, und einen Bleistiftstummel – keinen richtigen Zeichenstift, sondern einen HB-Stummel, der klein genug war, um ihn mit dem Büchlein in meine Tasche zu stecken. Ich fing an zu zeichnen – farbig ausmalen konnte ich die Skizze später, jetzt versah ich sie nur mit Abkürzungen für die Farben: rostr., lindgr., chartreuse/gold, mitternachtsbl., w. grün/grau. Hier lag eine zusammenhängende Linie aus den ausgebleichten Rückenwirbeln irgendeines Riesentiers, dort ein Schädel, hier, verborgen in gelbem Arktischen Mohn, die schmale gebogene Rippe eines kleineren Tiers.

Mir wurde nun klar, dass das Land im hohen Norden über so viele Zeitstrecken ungestört ist, dass die Überreste, die wir im Süden normalerweise wegräumen würden, zu einem sichtbaren Zeugnis werden, einem Wort aus Knochen und Metall oder aus welchem Material auch immer, das nach den langen Wintern und den Sommerstürmen bleibt. Wenn man in der Arktis auf der Erde steht, kann man Geschichten durch die Zeit hindurch lesen, alle sind jetzt in dieser gewaltigen Fläche gemeinsam sichtbar.

Als ich um eine Uferböschung herumging und bei mir dachte, dass diese Knochen und Scherben mir etwas von der Vergangenheit erzählten, bemerkte ich oben auf dem Kamm eine Herde mächtiger, wolliger Moschusochsen. Sie verharrten dort unbeweglich wie ein kollektiver Berg von einem Körper, voller warmer, wehklagender Augen, die mich reglos betrachteten, während ihre Wollkaskaden wie zerfetzte Vorhänge vor dem Himmel wehten.

Die arktischen Flechten, Gräser und Knospen, von denen sich diese Tiere ernährten, waren winzig, während die Moschusochsen so riesig waren, dass die Gleichung nicht aufzugehen schien. Diese Tiere hatten nichts mit der Ursache dessen zu tun, warum wir an diesen Fleck gekommen waren. Keine RCMP-Geschichte oder Militärübung berührte sie. Oder doch?

Laut Alan Marcus gehörte es zu den Aufgaben der RCMP in der Hocharktis, die Jagdvorschriften durchzusetzen, die den Inuit untersagten, Moschusochsen zu jagen. Die Maßnahmen waren in den 1920ern erlassen worden, damit die grönländischen Inuit nicht mehr herüberkamen, um auf von den Kanadiern beanspruchtem Territorium zu jagen; aber für die Inuit, die die Experimente mit den Zwangsumsiedlungen mitmachten, bedeuteten die Jagdgesetze ein Leben voller Entbehrungen, Elend und Hunger.

Ich betrachtete die lebenden Moschusochsen um mich herum. Wie alt sie wirkten, und wie nahe ich im Herzen bei ihnen war wegen ihrer unerschütterlichen Haltung dort oben auf einem Bergrücken, der nicht *uns* gehörte, der keiner Regierung gehörte, sondern ihnen und ihren Vorfahren, deren Knochen überall auf dem Land lagen und prachtvoll leuchteten. Wie schwach sie waren, wie geduldig, während sie darauf warteten, dass winzige Gräser und Blumen wuchsen und zu Nahrung wurden.

Ich war mir auch bewusst, dass die Herde eine unglaubliche Kraft in sich barg: Die Tiere warteten, sahen uns an. Auch ohne Stampede hörte ich ihre Hufe den Berg hinunterdonnern – es gehörte wohl zum menschlichen Instinkt, zu wissen, wie sie sich anhören würden und dass man überhaupt nichts tun konnte, sobald die Herde beschlossen hatte loszurennen. In den 1980er-Jahren war ich einmal inmitten einer Menge britischer Punks in Brixton auf einem Konzert gewesen. Die Zuschauer drückten plötzlich von hinten, und ich ging unter, steckte im Schlamm fest, während Tausende von Stiefeln nach vorne drängten. Vom Himmel her kam eine Hand, fand meine und zog mich hoch. Es war die Hand eines Fremden mit violettem Irokesenschnitt, Lederkleidung und Ketten. Ich fragte ihn, warum er mich gerettet hatte.

»Es ist mein letzter Tag als Punk.«

»Warum?«

»Morgen fange ich einen Job an. Nach dem Konzert lasse ich mir die Haare schneiden, und morgen um die Zeit sitze ich in Hemd und Krawatte in einem Büro.« Er war den Tränen nahe.

Aber er war nicht hier draußen in der Tundra. Die Moschusochsen rührten sich nicht. Instinktiv spürte ich: Das sind Pflanzenfresser, und sie haben kein Interesse daran, meine Knochen abzunagen. Sie greifen nur an, um sich oder ihre Jungen zu schützen. Sie sind seit Tausenden von Jahren an diesem Ort und eigentlich klug und freundlich.

Die Körper, wie sie zusammenstanden und was sie mit ihren großen, klugen Augen sagten, all das zusammen drückte aus, dass ich mich nicht fürchten, Respekt zeigen und mich wegbewegen sollte, ohne ihr Vertrauen zu brechen.

Ich hatte mich schon einmal so auf meinen Instinkt verlassen, in einer anderen Wildnis. Als Esther noch ein Neugeborenes war, hatte ich auf einem hohen Berg in Neufundland Beeren gepflückt. Esther hatte ich zwischen die Sträucher gelegt und gedacht, sie könnte dort in ihre Decke gewickelt liegenbleiben, während ich meinen Eimer füllte. Doch in dem Moment, in dem ich mich den Beeren zuwandte, überkam mich plötzlich eine stechende Angst, die ich sofort als Bedrohung durch einen Adler erkannte. Es war zwar kein Adler zu sehen, aber ich wusste, dass er da war; er hatte mein Baby entdeckt und konnte es ganz leicht zu seinem Versteck in den Felsen bringen, es fallen lassen, ihm die Augen auspicken und es verschlingen. Obwohl ich nichts hörte, drang diese Warnung blitzartig durch meinen Körper. Als ich später zweifelte, ob ein Adler wirklich ein Kind stehlen konnte, suchte ich im Zeitungsarchiv, ob es einmal einen solchen Vorfall gegeben hatte. Und in der Tat – eine Familie hatte auf diesem Berg ihr Kind an einen Adler verloren, in diesen Sträuchern, vor beinahe hundert Jahren. Bei solchen Geschichten spielte die Zeit für mich keine Rolle.

Hier, in Dundas Harbour, bei den Moschusochsen, die sich lebendig zwischen den verstreuten Knochen ihrer Vorfahren bewegten, spürte ich das Land lauter sprechen als zuvor. Mein eigener tierischer Instinkt rückte in den Vordergrund meines Seins. Er war nicht weniger komplex oder intelligent als das gewöhnliche Denken mit seinen linguistischen Strukturen, aber ihm wohnte eine andere Art von Wissen inne: tiefer, älter, mehr mit meinem Körper verbunden, und auf eine greifbare Art auch mit den Körpern der Tundra und der Moschusochsen selbst, und der Erdboden war ein spannungsführender Leiter. Die menschliche Siedlung der RCMP unterhalb des Bergkamms der Moschusochsen war ein unbeschreiblich einsamer Ort, den ich kaum ertragen konnte, aber hier, mit den Tieren und den Tundrapflanzen, verspürte ich keine Einsamkeit.

An diesem Abend sah ich an Bord, dass unsere Schiffskarte uns jetzt nördlich der Baffininsel verortete, deren südlicher Rand den lateinischen Namen *Meta Incognita* trug. Den Namen hatte dieser Teil der Insel von Elizabeth I. bekommen, als Großbritannien lange vor Franklin den Seefahrer Martin Frobisher ausgeschickt hatte, um arktisches Gold zu finden. Der Begriff sagt aus, dass es sich um einen Ort ohne bekannte Grenzen handelt, eine unbekannte Region, nach der die Menschheit in einem philosophischen Sinne strebt. Dadurch hörte sich seine Suche nicht nach Goldraub an, und die Habgier wurde hinter einem wohlklingenden Namen verborgen, der ein Bild von der Welt erstehen ließ, wie wir sie alle gerne sehen würden. *Meta Incognita* implizierte, dass das staatliche Interesse an der Erkundung des Nordens erhaben war: Der Gewinn lag jenseits jeglicher Vorstellung von Geld. So wie *Meta Incognita* weiterhin auf der Karte Kanadas steht, bleibt die Vorstellung von einem romantischen, unerreichbaren Norden in uns, selbst während die Regierungen ihre Bemühungen verstärken, dort ihre Gebietshoheit zu etablieren.

Ich hatte um Pond Inlet, Dundas Harbour und an anderen Punkten auf unserer Route die militärische Präsenz Kanadas gesehen. Ich konnte sie nun nicht mehr getrennt von den historischen Feldzügen betrachten, deren heimliche Motivationen von Geschichten verschleiert wurden, die für die Öffentlichkeit reizvoller waren. Kanada legte seit kurzem großen Wert darauf, eine verstärkte und teure Suche nach den Schiffswracks Franklins zu propagieren, während dieselbe Suchtechnologie im Stillen benutzt wurde, um den arktischen Meeresboden zu erforschen und die Daten zu beschaffen, nach denen Ölkonsortien, Mineralkonzerne und militärische Interessen verlangten. Aber die romantische Geschichte Franklins beherrschte die Schlagzeilen. Ich stellte meine eigene Reaktion auf den Norden in Frage. War die geheimnisvolle Energie des Landes echt, oder war meine Wahrnehmung davon ein romantischer Überrest aus der Zeit Franklins? Welches Recht hatte ich, an einer romantischen Geschichte festzuhalten – einer Lüge von alten Königen und neuen Anführern –, um einen jahrhundertelangen Raub zu rechtfertigen, maskiert als die ewige Suche eines Helden? Meine Passage auf dem Schiff versetzte mich mitten in diese Frage hinein. Die Passagiere mochten es so gut meinen, wie sie wollten, aber konnten wir wirklich behaupten, jenseits dieser Fragen über Invasion, Privileg und unbefugtes Eindringen zu stehen?

Trotzdem war es aufregend – für uns alle war es aufregend, unter den wenigen Menschen aus dem Süden zu sein, die jemals das, was wir den hohen Norden nannten, betreten hatten. Die Vorstellung vom Jenseits, von unserer *Meta Incognita*, war immer noch Teil unseres Bewusstseins. Wir waren nicht Bernadette Dean oder Aaju Peter, die im Norden lebten und deren Völker das schon länger taten als jeder britische Entdecker mit unzureichenden Unterhosen, untergegangenen Schiffen oder einsamen Gräbern. Es war doch eine seltsame Erfahrung, sich »jenseits bekannter Grenzen« zu befinden und gleichzeitig zu begreifen, dass genau diese Vorstellung ein

Traum war. Selbst das Wort »Norden« begann sich aufzulösen. Sobald man hier war, verwandelte sich das Gebiet in etwas anderes: Es war namenlos und wirklich real.

Wir waren eine bewegliche, grenzenlose Ansammlung unserer Träume und Fantasien, und der Ort wirkte durch seine wechselnden Bedeutungen, die sich mit jeder Stunde änderten, auf uns ein. Unsere Zeit in Tundra, Fels und Eis war einem Wandel unterworfen: Feste Formen wirkten zusammen, wurden fließend wie Gedanken oder Wasser.

| Kapitel 12 |

Der weiße Garten

Als wir Dundas Harbour verließen und uns zu dem Ort aufmachten, den die britischen Entdecker Beechey Island genannt hatten, empfand ich mich als Teil einer Mythologie, mit der ich mich zunehmend unwohl fühlte. Die Nordwestpassage selbst ist ein kolonialer Codename: Bernadette Dean hatte durchblicken lassen, dass der Begriff ihrer Meinung nach ein wenig lächerlich und zudem herablassend und bedrohlich auf sie wirkte. Niemand, der im Norden lebt, sagte sie, nennt diesen Ort bei diesem Namen – das tun nur die Leute, die das Land als etwas betrachten, was sie in Geld verwandeln können.

Ich hatte mich schweigend mit dieser kolonialen Perspektive einverstanden erklärt, als ich unsere Reise angetreten hatte. Die Namen, die wir den Dingen geben, verraten, wer wir sind. Dieses Gebiet lag im »Nordwesten«, wovon? Was machte es zu einer Passage? England, Königin Victoria, John Franklin, John Rae und all die anderen Johns? Knickerbocker und Hosenträger, Windhunde und Klaviere? Auf jeden Fall liegt es nordwestlich von Südostengland, wo nachts Vita Sackville-Wests berühmter weißer Garten leuchtet, butterweiß, erfüllt von Poesie, gezüchteten Rosen und Linden und dem englischen Klassensystem. Und »Passage« – warum müssen wir durch ein Land hindurch und es erobern, ohne es als solches ernst zu nehmen? Was wäre, wenn wir an einem Ort bleiben würden, um ihn kennenzulernen und ihm zuzuhören? Was würde passieren, wenn wir nicht ständig irgendwohin unterwegs wären?

Auf unserer Reise hatte ich begonnen, alles von einem anderen Blickwinkel aus zu betrachten als dem, den ich von meinen Vorfahren und meiner eurozentrischen Erziehung übernommen hatte. Dafür hatten Bernadette Dean und Aaju Peter gesorgt, und auch das Land sprach von seiner eigenen Perspektive aus. Ich wollte es nicht mehr Nordwestpassage nennen, sondern Tundra, Ort der Nordlichter, Küste von Nunavut. Ich wollte ihm einen anderen, eigenen Namen geben. Oder noch besser gar keinen. Die Vorstellung von einer Nordwestpassage deutete eine Verbindung zwischen der Körperlichkeit der Erde und der meinen an, die mich verunsicherte. »Sie« war ein unberührter und geheimnisvoller Ort, geschützt von Eis, Dunkelheit und merkwürdigen Tagesmustern, die für Franklin und seine Männer so unlesbar waren, dass sie bei dem Versuch, es schnell zu durchqueren, ihr Leben verloren hatten. Unterwerfung und Schande überziehen erobertes Gebiet. Das Land, die Menschen, die Tiere und Pflanzen von dort können fragen: »Wer trampelt da herum? Wer dringt hier unbefugt ein?«, aber man lässt den Eindruck entstehen, sie würden sich alles nur einbilden.

Was hatte John Franklin an Bord seines verlorenen Schiffs dabei? Er nahm Schokolade mit, Kerzen und die beste Einrichtung, die seine Zeit bieten konnte. Er nahm wissenschaftliche Apparaturen für botanische und geologische Experimente mit. Eine Bibliothek mit tausend Büchern und eine Drehorgel. Er hielt an den Symbolen seiner eigenen Kultur fest.

Als meine Mutter und ich vor ein paar Jahren in England waren, wollte sie ihre Heimatstadt an der Nordküste sehen, und ich wollte zu Vita Sackville-Wests weißem Garten von Sissinghurst Castle. In South Shields wohnten wir in einem Bed and Breakfast, wo die Angestellten morgens Bohnen, Würstchen und Eier auf die Teller klatschten. Sie lärmten in der kleinen Küche herum, während wir unseren Kaffee tranken, und konnten es kaum erwarten, ihre Schicht zu beenden. Meine Mutter schien sich dabei ganz wohlzufühlen, und auch die örtlichen Fish-and-Chips-Shops, die Curryimbissbuden und der Rummelplatz gefielen ihr. Doch als wir bei unserer nächsten Unterkunft ankamen, in einem von sieben Gästezimmern in dem alten Gärtnerhaus in Sissinghurst, fühlte sie sich nicht recht wohl.

Ich mochte das alte Ehepaar, das die Pension führte. Sie hatten eine Dunkelkammer, und im Haus roch es ständig nach feuchtem Hund. Es regnete, und das Ehepaar war dankbar, als ich anbot, unter ihrem riesigen schwarzen Regenschirm mit dem Hund durch den Garten zu gehen. Unser Zimmer war von schäbiger Pracht, mit einer alten Badewanne mit Krallenfüßen und Zierdeckchen aus handgemachter Spitze, und das Frühstück war herrlich: Es gab hausgemachte Orangenmarmelade, Toast in einem Silbergestell mit einem Tuch zum Warmhalten, Hering, gekochte Eier, Käse und Obst, Scones und frische Butter, Kaffee und Kannen mit kochend heißem Tee. Ich empfand nichts davon als prätentiös; es wirkte gediegen, ruhig und großzügig, mit einer verblassenden Eleganz. Ich hatte das Gefühl, ich könnte einziehen und für immer dortbleiben, schreiben und lesen und dazwischen einmal eine Tasse Tee trinken; doch ich merkte, wie unruhig meine Mutter wurde, wie sie wertete, wie sehr sie sich von hier wegwünschte.

Ich war voller Gegensätze: Im Garten des Landsitzes fühlte ich mich wohl, aß Brombeermarmelade – der Toast war dünn und die Konfitüre säuerlich, sodass man die puren Früchte am Strauch und den englischen Sommer herausschmeckte. Ich liebte den feuchten, muffigen Hund, denn er war bestens für die Jagd trainiert und transportierte die von seinem Herrn erlegte Ente vorsichtig im Maul, ohne je das Fleisch mit seinen zitternden Reißzähnen zu verletzen. Ich liebte den großen schwarzen Regenschirm mit dem zivilisierten Nieselregen, der darauffiel, so ganz anders als der stürmische Schneeregen Neufundlands. In England, besonders im Süden, fühlte ich mich beschützt und zu Hause. Und doch vernahm auch ich den Ruf von etwas Wildem, das bereits meinen Vater gelockt hatte. Die Hintergrundgeschichten der irischen, englischen oder schottischen Siedler, die vor meiner Familie in die Neue Welt gekommen waren, bedeuteten mir nicht sonderlich viel. Mir kam es auf die Dinge an, derentwegen sie gekommen waren: die rätselhafte Wildnis, der magnetische Norden, ein spannungsgeladener Ort voller Möglichkeiten, erhellt vom Polarlicht.

Vor dem Haupthaus und dem Gärtnerhaus lagen die ummauerten Gärten von Vita und ihrem Mann Harold Nicolson, deren unorthodoxe Ehe sich in den komplizierten Verrenkungen von Linden, Rosen und Hecken spiegelte – aber ich wollte den berühmten weißen Garten sehen, für den Vita schnee- und cremefarbene Schattierungen, helle Grüntöne und Grau gezüchtet hatte. Jeden Sommer, auf dem Höhepunkt der Farbe und der Fruchtbarkeit, verfiel ich in eine Art Erstarrung, und mir gefiel der Gedanke, die Glut des Sommers mit kühlendem Weiß zu beruhigen.

Nach unserem Frühstück gingen meine Mutter und ich zu einem freistehenden Kiosk, der mich an eine antike, verzierte Telefonzelle erinnerte. TARDIS, die Raum-Zeitmaschine in der Fernsehserie Dr. Who hätte so aussehen können, wäre sie 1851 bei der englischen Weltausstellung im Crystal Palace gelandet. Im Inneren saß ein schmucker kleiner Mann in einer Uniform mit glänzenden Knöpfen. Bei ihm gab es die Eintrittskarten, um den Garten zu besichtigen. Er war derartig korrekt und passte so vorbildlich in seine Station, dass ich ganz erstaunt war, als er mir nachrief.

»Verzeihung, Ma'am?«

Ich wusste, dass man das in England zur Queen sagte, statt des verbreiteteren »Madam«. Jedes Geländer, das ich je hinuntergerutscht war, verschwand. Dieser Mann war ein echter Engländer und wusste, wie man Frauen ansprach, die Bücklinge gegessen hatten und kurz davor waren, weiße Gärten zu betreten. Er war ganz anders als die Männer der Neuen Welt. Unserem neufundländischen Premierminister hätte eine Unterrichtsstunde von ihm sicher nicht geschadet, was sich erst kürzlich bei einem Besuch Ihrer Majestät gezeigt hatte. Der Premier hatte die unverzeihliche Sünde begangen, der Queen in St. John's eine Treppe hinaufhelfen zu wollen, indem er die Hand auf ihren Mantel legte, um das königliche Hinterteil zu stabilisieren. Mir hatte es den Atem verschlagen. Es war in den Nachrichten gekommen. Normalerweise ignoriere ich es, wenn mich Männer aus Hütten heraus ansprechen, ganz wie meine Mutter es mir beigebracht hat. Eines Tages war sie in Corner Brook über die Valley Road gelaufen, und einer meiner Brüder sah sie von einer gewissen Entfernung aus. Sie hatte ihn nicht bemerkt, daher pfiff er, woraufhin sie ihm einen Vortrag hielt, dass man es keiner Frau unter keinen Umständen zumuten durfte, auf diese Weise gerufen zu werden. Sie begriff nicht, wie sie es geschafft hatte, einen Sohn aufzuziehen, der dies nicht mit der Muttermilch aufgesogen hatte, ohne dass man es ihm eigens sagen musste.

»Ma'am?«

Wagte ich es, mich umzudrehen, um zu erfahren, was der Mann in der TARDIS wollte? Meine Mutter war nicht weit entfernt. Womöglich kam sie herbeigerannt und wies ihn zurecht.

»Ja?«

Er beugte sich demütig vor: Engel hätten ihn erschlagen können. Kurz blickte er gen Himmel, nach Norden und nach Süden, und errötete.

»Ma'am, ich wollte nur ... Ich hoffe, Sie haben nichts dagegen, wenn ich das sage, aber als Sie Ihr Ticket gekauft haben, da fiel mir auf ...«

Ich blickte nach unten, vielleicht hatte ich eine Ein-Pfund-Note verloren.

»Sie haben so ein schönes Lächeln. Bitte entschuldigen Sie vielmals, ich hoffe, es macht Ihnen nichts aus.« Er duckte sich wie eine verängstigte Maus.

Das Kompliment dieser Maus begleitete mich zu dem weißen Garten. Dort stand ich unter geziegelten Rundbögen und betrachtete *Dianthus* und *Stachys lanata*, cremefarbene Pfingstrosen und weiße Iris, *Onopordum* und *Malva*. Das übergreifende Thema von Vita Sackville-Wests Garten war die Ruhe – ich liebte Ruhe und hasste es, wenn sie gestört wurde.

Jetzt auf unserer Reise durch den Norden mit seiner eigenen

unermesslichen Ruhe hatte ich nicht den Wunsch, ihn eilig zu durchqueren: Das hatten bereits andere vor mir getan. Es war nicht mein Ziel, dieses Stück Land zu kolonialisieren oder zu unterwerfen. Oder doch?

Es existierten mindestens zwei Länder in dem einen Stück, durch das wir fuhren: das Land, nach dem die europäischen Vorfahren gierten und dem sie diesen grotesken Namen gegeben hatten, und ein anderes, das den Kolonialisten unbekannt war – ein Stück Land, das Franklin verschluckt hatte und nun Moschusochsen, Flechten und die Menschen, die zu lieben es sich entschied, ernährte. Wir würden Beechey Island jetzt mit der gleichen kulturellen Ausstattung betreten, wie Franklin sie auf seinem verlorenen Schiff mitgeführt hatte, und mit einer kulturellen Haltung, die sehr derjenigen entsprach, die er im Geiste mitgeführt hatte. Ich trug die koloniale Torheit in mir, die Engländer von ihren Vorfahren erben, ob sie es wollen oder nicht, und ich hatte keine Ahnung, wie ich ihr entkommen konnte.

Meine Mutter hatte mir einmal erzählt, dass ihre eigene Mutter, die Tochter eines Schiffseigners, enterbt worden war, nachdem sie meinen Großvater geheiratet hatte, einen Mann, der zehn Jahre jünger war als sie, ohne Ausbildung, Geld oder Beruf. Ich weiß noch, wie ich einmal in einen Laden ging, in dem er arbeitete: Metallene Hausnummern hingen an einem Drehständer, und es gab eine Maschine, mit der er Schlüssel schneiden konnte. Ich wusste, dass er zeitweise arbeitslos war. Als meine Mutter ein Kind war, gab ihr ihre Mutter oft einen Zettel und trug ihr auf, damit zu Tante Hilda auf der anderen Seite der Stadt zu laufen. Hilda las den Zettel, wickelte eine halbe Krone darin ein und schickte ihn zurück. Eine Brandbombe hatte während des Krieges den Esstisch geschwärzt. Er wurde nie repariert, bis meine Mutter heiratete und auszog. Aber der Tisch war immer gedeckt, mit Besteck und einem silbernen Teekannenuntersetzer, den nun ich habe. Wie dieser Tisch eingedeckt war, erinnerte eher an den Tisch in dem Gärtnerhaus auf Vitas Landsitz als an die Arbeiterklassenküche in unserer Pension in South Shields.

Der Vater meiner Mutter trug eine Melone und sprach von sich selbst in der dritten Person: »Dein Großvater hat keine von den schönen neuen Wohnungen mit Blick auf die römischen Ruinen bekommen, aber er wurde auf die Warteliste für ganz normale Wohnungen gesetzt, ausgerechnet – kannst du dir das vorstellen? Dein Großvater auf einer Warteliste?«

Schon als Kind kannte ich eine Menge Leute, die auf Wartelisten standen, und ich fragte mich, warum mein Großvater etwas Besseres sein sollte, aber er sah das anders. Meine Mutter erzählte, dass er ihr, als er aus dem Krieg zurückgekommen war, einen Ring schenkte, den er angeblich auf dem Gelände des Buckingham Palace gefunden hatte.

»Ich habe das nie in Frage gestellt«, sagte sie. »Ich war ein Kind. Am Buckingham Palace! Ich glaubte ihm. Als ich dann erwachsen war, ich muss über zwanzig gewesen sein, oder zumindest achtzehn oder neunzehn, erzählte ich einer Freundin nebenbei, dass mein Vater diesen Ring auf dem Anwesen des Palasts gefunden hatte. Ich muss wirklich naiv gewesen sein, aber so war es nun einmal. Und als meine Freundin sagte, das sei unmöglich und geradezu lächerlich, kein Mensch würde einen Ring auf dem Anwesen des Buckingham Palace finden, da …« Die Stimme meiner Mutter erstarb, und ich sah, wie traurig diese Geschichte sie immer noch machte, jetzt, da ihr

Vater längst tot und sie selbst in Kanada war, verheiratet, mit erwachsenen Kindern und Enkelkindern.

Diese Spannung folgte mir bis nach Neufundland, wo es keine Paläste mit oder ohne Ring auf dem Anwesen gab. Meine Mutter fragt mich gelegentlich, ob ich immer noch den silbernen Teekannenuntersetzer ihrer Mutter habe, als fürchtete sie, ein barbarisches Gen könne mich dazu veranlassen, ihn wegzuwerfen. Es gehört zu den Lieblingsbeschäftigungen meiner Mutter, und auch von mir, in Secondhandläden unter dem Modeschmuck nach Sterlingsilber zu jagen, handbemaltes englisches Geschirr mit Goldrand zu erspähen, italienische Kleidung aus Merinowolle und Hemden aus der feinsten Seide zu entdecken, wie man sie aus alten Liedern kennt. Diese Dinge tragen wir für ein paar Pennys nach Hause und benutzen sie, als wäre in der Vergangenheit meiner Mutter niemals jemand enteignet worden, als würde keiner von uns jemals über Geld nachdenken müssen.

»Geld«, erklärte mir meine Mutter, wie so oft, wenn niemand sonst in Hörweite war, »ist Macht.«

»Ein paar von den Verwandten deiner Mutter waren Snobs«, sagte mein Vater. Sein eigener Vater hatte bei Theaterproduktionen im Rampenlicht gestanden, ein Boxer, dem so oft das Gesicht eingeschlagen worden war, dass er allen erzählte, er hielte den Bus immer mit der Nase auf. Die Mutter meines Vaters las die Zukunft aus Teeblättern und Karten und verdiente Geld, indem sie ihren Nachbarn verriet, wer einen dunklen Fremden treffen, wer bald Zwillinge bekommen und wer fünf Geldstücke in einem Brief aus weiter Ferne erhalten würde.

Ich liebte meine wahrsagende Großmutter auf eine Weise,

wie es meine Mutter nicht konnte. »Bei uns wird nicht laut von einem Zimmer ins nächste gerufen«, ließ meine Mutter sie wissen. »Bei uns wird nicht aus dem Fenster hinaus auf die Straße gebrüllt. Bei uns wird der Hund nicht ins Haus gelassen, wenn es regnet und er schmutzige Pfoten hat.« Es gab noch andere Vorschriften: Wir sprachen nicht über unsere Schmerzen und Wehwehchen, Ballenzehen oder dunklere Körperfunktionen. Wir waren auch nicht abergläubisch oder dachten, der Pik Bube oder irgendeine andere Karte würde einen geheimnisvollen Fremden, einen Besuch des Postboten oder das Anklopfen des Todes an unserer Tür ankündigen. Wir trugen keine dicken Strassbroschen in unseren Hüten, und ganz gewiss besaßen wir keine Perücken oder falschen Zähne, und wir gingen auch nicht jeden Samstag zu Woolworths, um unseren Vorrat an Zitronenbonbons für unsere Diabetes aufzustocken. Wir hatten keine chronische Bronchitis, und wir schmolzen keine Kerzen in die Form unserer Feinde oder gaben ihnen Namen, steckten Nadeln hinein und bewahrten sie in der Speisekammer auf. Wenigstens meine Mutter tat das nicht, und sie versuchte energisch, diese Regeln an mich weiterzugeben. Aber aus mir wurde jemand, der einen Vorrat an Strasssteinen angesammelt hat, der meine Großmutter stolz machen würde. In meinem Schreibzimmer habe ich Tarotkarten, und wenn ich keine Wachsabbildungen von meinen Feinden mache oder sie verfluche, dann nur, weil ich die Furien nicht loslassen will.

In einem der Briefe, die mir meine Großmutter auf dünnem Luftpostpapier schickte, stand: »Bald bekomme ich meine Alterspension. Wenn es so weit ist, darf ich kostenlos Bus fahren. Ich fahre mit diesen Bussen überallhin. Nach Morpeth,

Shields, Gateshead. Ich werde fahren wie eine Königin. Ich muss jetzt Schluss machen, weil es beim Metzger Schweinebraten im Sonderangebot gibt. Schweinebraten kostet ein Vermögen. Aber man lebt ja nur einmal. Liebe Grüße, Großmutter.«

Ich interessierte mich für das Klassensystem und sozioökonomische Fragen, ich war fasziniert von Türen, die den Zugang zu gewissen Welten zuließen oder versperrten – besonders, da die Türen unsichtbar wurden oder wieder auftauchten, je nachdem, wer sie suchte oder nicht. Ich vermutete, Künstler zu sein, wäre vielleicht eine Methode, diese Türen entstehen zu lassen. Ich kenne eine Künstlerin, die sich von Äpfeln und altem Brot ernährt, die aber wegen ihrer faszinierenden Werke jedes Jahr zur Gartenparty des Lieutenant Governor eingeladen wird. Sie drapiert sich dazu ein rosa Tischtuch um die Schultern, steckt es mit der Brillantspange der Großtante eines früheren Liebhabers fest und isst sich dann am Kaviar Seiner Ehren satt.

Als wir uns Beechey Island näherten, hielt ich Ausschau nach sichtbaren und unsichtbaren Türen. Ich entdeckte Türen unter Deck, wo unsere philippinische Crew in gemeinsamen minimalistisch ausgestatteten Kabinen wohnte. Jeden Tag um vier kam Mariana – sie hatte ihren Namen auf eine Karte geschrieben –, um mein Bett vorzubereiten und die Schokolade auf das Kissen zu legen. Wenn der Wellengang beim Abendessen die Salzfässer über den Tisch rutschen ließ, hoben unsere Kellner die Obstschalen und Kaffeekannen hoch, ihre Körper verwandelten sich in Wippen, die alles ausbalancieren mussten. Es gab einen Chefkoch, einen Bäcker, einen Konditor, einen Fischkoch, einen Frühstückskoch und einen Patissier. Nach einem besonderen Abendessen kamen sie und ihre Assistenten alle heraus, mit Eisbergen aus Eiscreme auf dem Kopf: Sie gingen um unsere Tische herum, portionierten die Eiscreme und stellten sich schließlich schüchtern auf, während wir applaudierten. Bestimmte Passagiere lasen die Namen auf den Schildern der Crewmitglieder und sprachen sie vertraut an, obwohl die Passagiere selbst keine Schilder trugen; andere schienen die Bediensteten zu ignorieren: Bei ihnen senkte sich das Essen durch unsichtbare Hilfsmittel auf die Teller herab. Was sollte ich von meiner eigenen Anwesenheit auf diesem Schiff halten, fragte ich mich, als ich an meine beiden Großmütter dachte? An die eine, die gewusst hätte, wie sie ihre Schildkrötensuppe isst, indem sie einen Suppenlöffel nach hinten neigte, und die andere, die vielleicht schnaufend den Boden geschrubbt und ihre Ballenzehen mit Salbe eingerieben hätte, während die zahlenden Gäste schlummerten.

Kapitel 13

Beechey Island

Beechey Island ist der trostloseste, ödeste Flecken Erde, den ich jemals gesehen habe. Die flache, von Kalksteingeröll bedeckte Küste erstreckt sich in einem monochromatischen Grau, das sich kaum aus dem Wasser erhebt, bis plötzlich Felsen hinter dem Strand hervortreten. Die Grabsteine der Mannschaftsmitglieder Franklins, John Torrington, John Hartnell und William Braine, ragen aus den Steinen heraus. Diese drei waren die ersten Männer, die auf Franklins verlorener Expedition starben. Ihre schiefen Grabsteine gehören zu den symbolischsten und bewegendsten Vermächtnissen der europäischen Arktisgeschichte. Diese Stelle ist ein Ort der Schlusskapitel, das Ende von Franklins Hoffnungen und der Hoffnungen Englands. Kein Strauch, keine Blume: Selbst die Flechten sind an diesem Strand zu einem Flüstern geschrumpft, der überhaupt kein Strand im englischen Sinne ist, sondern eine Ödnis. Die Zeit hat ihm darüber hinaus eine unheilvolle Patina verliehen.

Unsere Anoraks leuchteten rot, gelb und blau. Die Farben wirkten hohl, als wir um die Gräber herumgingen mit dem Gefühl, als könnte der Boden uns einsaugen.

»Bitte gehen Sie nicht hier lang«, hörte ich Nathan zu einem Passagier sagen. »Diese Steine – wir müssen alle im Kopf behalten, dass das echte Gräber sind, und ich bitte Sie hochachtungsvoll … wir dürfen auf keinen Fall darauf herumlaufen, das ist sehr wichtig. Das sind ehrwürdige sterbliche Überreste.«

Ich wollte weg von den Gräbern und ging zum Wasser, wo es wenigstens Bewegung und Geräusche gab, auch wenn die nur vom Kräuseln des Wassers auf den Steinen herrührte.

Jemand von den Bewaffneten, die unseren Bereich umstellten, rief etwas: Aus dem Walkie-Talkie eines unserer Expeditionsleiter drang aufgeregtes Knacken. Was rief er da? Die Steine und die Weite verschluckten die Wörter; ich vernahm nur Gemurmel, bis es bei mir ankam, gerade als ich – am Ende von Beechey Island – einen Eisbären entdeckte.

»Zurück zu den Zodiacs«, rief ein Assistent. »Glauben Sie bloß nicht, Sie könnten hier stehen bleiben und dem Bären zusehen. Bitte kehren Sie sofort ans Wasser zurück, die Zodiacs bringen Sie wieder zum Schiff.«

Er klang ruhig, aber ich wusste, er war in einer Position, in der man nur daran denken kann, wie nahe man dem Tod sein könnte, entweder dem eigenen oder dem derjenigen, für die man verantwortlich ist. Das Durchschnittsalter unserer Gruppe lag bei beinahe siebzig: Viele waren zwar Weltreisende, aber sie waren mit Teleskopstöcken oder Ernährungsvorschriften gekommen. Einer war blind, und Motoko ging nach ihrem Sturz auf Grönland immer noch an Krücken. Wir waren eine Gruppe von Pilgern, die alle zusammen mehr als eine Million Dollar bezahlt hatten, um einem Eisbären nahe zu kommen.

Der Bär war in der einen Minute noch ein cremefarbener Fleck, in der nächsten war er so nahe, dass unser Biologe uns sagen konnte: »Es ist ein Männchen … und er hat Hunger.«

Die Zodiacs lagen schaukelnd vor der Küste, und die Leute begannen mit dem Einsteigen – unser Schiff wartete in so großer Entfernung, dass ich unwillkürlich abschätzte, wie oft die Zodiacs hin- und herfahren mussten und ob wir genügend Zeit hatten.

Ich steckte zwischen den Leuten, die von der Insel fliehen wollten, und denen, die sich zurückfallen ließen, um zu riskieren, den Bären aus etwas größerer Nähe zu betrachten. Während er näher kam, kniete sich Aaju Peter mit ihrem Gewehr auf die Steine und sah dem Bären direkt in die Augen. Die Passagiere unten am Ufer drängten sich, um mit der zweiten Runde Zodiacs mitzukommen. Ich sollte natürlich nicht trödeln, aber Aaju faszinierte mich, wie sie dort kniete, mit ihrer Stärke und Intensität und ihrer nüchternen Direktheit. Was sagte sie zu dem Bären?

In einer dritten Runde Zodiacs ließen sich unsere Fotografen so nahe wie möglich am Ufer treiben, ihre Objektive wirkten massiv vor den Steinen, Flechten und dem kondensierten Atem. Wie laut die Farben unserer Anoraks doch waren. Sie waren Teil des Zubehörs, den ich zu ignorieren versuchte. Aber ohne unsere ganzen Utensilien – ohne die Beiboote, die Ausrüstung und unsere Expeditionsleiter – wären wir überhaupt gar nicht hier, und selbst wenn wir irgendwie ohne sie hergekommen wären, wären wir gestürzt, verschluckt worden, erfroren oder untergegangen, lange bevor bevor wir diesen Eisbären gesehen hätten. Wir wären verhungert, oder die Kräfte, die Knochen in der ganzen Gegend verstreut hatten, hätten uns das Fleisch von den Knochen gezogen.

Aaju sang jetzt. Die Spitze der Waffenträger um uns herum sollte unsere Gruppe befähigen, ein Raubtier zu erschießen, wenn es sein musste, und wir waren näher daran, als es jeder von uns gedacht hätte. Ich hörte zu, wie Aaju zu dem Bären sang, der in wenigen Minuten beinahe zwei Kilometer zurückgelegt hatte und mittlerweile weniger als einen Kilometer von uns entfernt war. Aaju sang ein Inuit-Lied, und mein Körper hörte und verstand, was sie mir später bestätigte.

»Ich habe gesungen, um den Bären wissen zu lassen, dass er keine Angst haben muss«, erklärte sie mir. »Ich habe ihm versprochen, dass wir ihn auf seiner Insel mit den Gräbern in Ruhe lassen wollen.«

Während sie sang, betete ich, dass wir den Bären nicht erschießen mussten. Welches Recht hatten wir, ein Tier zu töten, das sich um seine eigenen Angelegenheiten kümmerte, hier auf seiner einsamen Insel weit entfernt von allen weißen Menschen bis auf Franklins tote Männer und uns, die wir hier eindrangen? Das Letzte, was wir alle wollten, war es, das Leben dieses großartigen Bären zu beenden.

Aaju sang unerschütterlich weiter, und während sie sang, sah ich ihn an. Seine Pracht erfüllte mich mit einer Art Verzweiflung. Würden wir gezwungen sein, ihn zu töten, hieße das, wir hätten sein Leben gegen unseres eingetauscht, obwohl er nichts getan hatte, um uns hierher zu locken oder jemanden zu bedrohen. Wir waren diejenigen, die in sein Gebiet eingedrungen waren. Und welches Recht hatten wir überhaupt dazu? Ich spürte das Gewicht und die Mächtigkeit seines Lebens, die Kraft seiner Lebendigkeit, die herausströmte und sich mit meiner überschnitt. Seine Würde erfüllte mich mit einer Emotion, die ich nicht erwartet hatte und die ich nicht benennen konnte.

An diesem Abend spielte Nathan im Salon. Alle waren noch aufgeregt wegen des Bären und sprachen zwischen den Liedern von nichts anderem.

»Er war ein bisschen dünn.«

»Nein, er war ganz gut genährt.«

»Weiß jemand, wie alt er war?«

»Pierre meinte, er war drei Jahre alt, vielleicht vier.«

»Wie viele Meter war er noch mal von uns entfernt?«

»Der Expeditionsleiter hat gesagt, weder er noch jemand von den Mitarbeitern sei an Land jemals einem Eisbären so nahe gekommen. Mein Mann meint, wenn wir drei Minuten länger gebraucht hätten, um die Insel zu verlassen …«

Nathan bekam mit, wie ich mich gegen Ende seines Sets von der Gruppe löste, um in meine Kabine zu fliehen, und nach dem Song kam er zu mir.

»Hey. Alles in Ordnung?«

Ich konnte meine Tränen kaum unterdrücken.

»Der Bär?«

Ich nickte.

»Der hat dich ganz schön berührt.«

»Ich muss ständig an ihn denken.«

»Das sehe ich.«

»Nicht die Fakten über sein Gewicht oder sein Alter oder wie nahe er uns gekommen ist. Ich denke über sein Leben auf der Insel nach, wenn keiner von uns dort ist.«

»Ich weiß.«

Kapitel 14

Auf Franklins Spuren

Ich warf einen Blick auf den Tagesplan, der wie jeden Morgen vor dem Weckruf unter der Kabinentür durchgeschoben worden war. Es war Tag neun, ein Sonntag, und wir sollten den Prince Regent Inlet hinunter zur Bellotstraße fahren, die erste Stelle, an der sich pazifisches und atlantisches Wasser irgendwo nördlich von Feuerland treffen. Vieles von dem, wonach sich die Europäer in einer Nordwestpassage gesehnt hatten, ist hier symbolisiert: Auf der Karte ist ein Fädchen zu sehen, das während Jahrhunderten der Arktiserkundung unentdeckt geblieben und in Europa unbekannt war. Erst der in Saskatchewan geborene Pelzhändler William Kennedy, dessen Mutter eine Cree war, entdeckte es, während er im Jahr 1851 für Jane Franklin die Suche nach den sterblichen Überresten ihres Mannes leitete.

Ich legte mich in meine Koje und dachte über den Bären und über das Land nach, das wir bisher gesehen hatten. Die Gräber von Torrington, Hartnell und Braine hatten seit 1846, als Franklin sie auf Beechey Island begraben hatte, im Permafrost gelegen. Ich kannte Bilder von den im Todeskampf verzerrten Fratzen der Männer; mir graute, als ich jetzt an sie dachte. Bevor der kanadische forensische Anthropologe

Owen Beattie die Männer 1984 exhumierte, hatte niemand ihre mumifizierten Gesichter gesehen. Sie blieben eine Vorstellung, abstrakt und geisterhaft. Aber jetzt kannte ich sowohl die Bilder als auch die Gräber: Eines Tages würde ich selbst ein Leichnam sein, aber ich hoffte, ich würde niemals derartig bloßgestellt und trostlos enden.

Ich dachte noch einmal an die Tundra zurück, auf der wir gegangen waren – an die Moschusochsen, den Bären und die kleinen, wundersamen arktischen Pflanzen. Ich sah den Himmel, unermesslich, an einem Tag voll makrelenfarbener Wolken, am nächsten makellos klar, und nachts pulsierte dort das blaue arktische Leuchten. Etwas war mit mir vor sich gegangen – es hatte in Dundas Harbour begonnen und sich auf Beechey Island verstärkt: ein neuer Austausch zwischen dem Boden und meinem Körper. Die Tiere, das Land und die Luft um sie herum hatten angefangen, mir etwas Neues zu übermitteln. Selbst im nördlichsten Teil des Südens tendieren wir dazu, hauptsächlich Dingen Bedeutung beizumessen, die sich nicht mehr in ihrem Elementarzustand befinden. Wir legen ein Zeichen über das nächste: Landkarten, Straßenschilder, Architektur und gestaltende Elemente. Kollektive und individuelle Zeichen häufen sich zu Bedeutungsschichten an, die dichter und wichtiger für uns sind als die unausgeschilderten Gebiete der Wildnis oder unserer inneren Wesen. Doch jetzt begann ich, das Wesen und die Identität der Arktis spürbar anders wahrzunehmen, als ich ein Land normalerweise interpretierte.

Im Süden war ich so konditioniert worden, das Denken in mir selbst zu suchen. Das gleiche Wahrnehmungsmodell hatte die europäischen Entdeckungsfahrten, die Wissenschaft und die Vernunft angetrieben: Denken, das in einem Schädel passiert und auf eine äußere Welt hinausblickt. Aber stimmte das? Ich war von jetzt auf gleich in die Arktis gekommen, mit nichts als den auf der Packliste vorgeschriebenen Gegenständen und meiner ererbten Sichtweise. Aber das Eis, der Bär, die Moschusochsen und der ganze elementare Ort hatten diese Wahrnehmung verändert. Sie sprachen ohne hörbaren Laut, aber mit einer kraftvollen Dringlichkeit, die mich die Natur dessen, was ich als Denken gekannt hatte, in Frage stellen ließ.

Deutete das Land an, dass wir hier, in der Arktis, kein individuelles Denken besaßen oder in uns enthielten, sondern uns eher innerhalb eines lebendigen Elements bewegten, das uns enthielt? War es möglich, dass dieses lebendige Element selbst ein Bewusstsein besaß? Waren der Himmel über der Tundra und die Seen, wo die Moschusochsen tranken, eine geistige Substanz, in die ich mich hineinbewegt hatte, so wie eine imaginierte Form in die Gedanken eines Menschen eindringen kann? Waren mein Körper und das Terrain – die grüne und gelbe Tundra, die violetten und weißen Berge, die Flechten und die Steine – Teile ein und desselben Körpers?

Ich war tief in die Existenz einer arktischen Majestät eingedrungen, die keine Insignien besaß, keine Karten, keine in Stein gemeißelten Gebote. Sie sprach kein vernehmliches Wort, trotzdem hörte ich die Botschaft und nahm einen elektrischen Strom wahr. Eine Verständigung, die von der Erde ausging, infiltrierte mich auf eine Weise, die anders war als die Art, wie ich normalerweise etwas empfing. Hier, in dem Wasser unter meinem schaukelnden Bett und in dem Land um uns herum, wohnte eine Empfindung, die größer war als meine. Mein Körper und die Körper von Land und Wasser kommunizierten miteinander – eine Botschaft in dem vereinten Körper, die meine Einsamkeit durchbrach und mich mit der lebenden Energie des Nordens verband.

Auf dem Tagesplan stand auch, dass wir den letzten Handelsposten der Hudson's Bay Company besuchen würden. Er war nach John Ross benannt. Ross hatte 1818 auf der Suche nach der Nordwestpassage den Lancastersund erkundet, war aber nach Hause zurückgekehrt, nachdem er sich einer unüberwindbaren Bergkette gegenübergesehen hatte, die sich als Luftspiegelung entpuppte. Fort Ross wurde 1937 gebaut, um die Pelzhandelsgebiete der östlichen und westlichen Arktis zu verbinden, und zehn Jahre später wieder verlassen, als Firmenangestellte und Inuit-Familien in den Süden umgesiedelt wurden, nach Spence Bay oder Taloyoak.

Doch als der Vormittag seinen Lauf nahm, änderten sich unsere Pläne aus demselben Grund, aus dem Fort Ross vor vielen Jahren verlassen worden war: Die Bellotstraße war nicht schiffbar. Damals wie heute blockiert Eis die Meerenge. Statt also nach Süden durch den Prince Regent Inlet zu fahren, entschied unser Kapitän, um die Nordküste von Somerset Island und dann an deren Westküste entlang durch den Peel Sound zu fahren. Das bedeutete, wir würden eine Strecke befahren, die weder Ken McGoogan noch unsere Expeditionsleiter kannten. Wir nahmen genau die gleiche Route, die Franklin Richtung King William Island gefahren war, wo seine Schiffe, die *Erebus* und die *Terror*, unwiederbringlich im Eis feststeckten.

Uns allen gefiel die Vorstellung, dass nicht alles so lief wie geplant. Wir hatten die perfekte Situation, die die menschliche Seele laut der Maslowschen Bedürfnishierarchie verlangt – eine Pyramide mit Nahrung und Sicherheit als Basis, sozialer Zugehörigkeit in der mittleren Stufe, und an der Spitze standen kreative Problemlösung, Spontaneität und die vorurteilslose Aufnahme neuer Informationen. Die Gefährdung unseres Wohlbefindens machte den Fortbestand dieser Bequemlichkeit umso wertvoller. Ja, wir waren in einem kleinen Boot, dessen Rumpf wie eine Muschel in der unermesslichen Weite dahintrieb. Wir wussten, es könnte jederzeit den gleichen unvorhergesehenen Gefahren erliegen, die echte Arktisforscher herausgefordert oder getötet hatten. Die Gefahren, an die mich Bernadette Dean ständig erinnerte, gab es jetzt wirklich: Eis, Stürme, Monsterwellen und heißhungrige Fleischfresser. Aber ich verbannte diese Gefahren an die Ränder unserer Reise, wie die Winde und die Geister in meinem Kinderbuch, das erzählte, wie Wynken, Blynken und Nod in ihrem Holzschuh davonsegelten. Die Buchseiten waren illustriert mit silbernen Heringen, seidenen Netzen und einem alten Mond, der die drei Reisenden nach ihren Wünschen fragt, in der Mitte geflammtes Gold und Amethyst. Die Schatten blieben in sicherer Entfernung und konnten die träumenden Seeleute nicht erreichen. Ich konnte mir leicht vorstellen, dass John Ross eine ganze schimmernde Bergkette erblickt hatte, die es gar nicht gab, und dass er daran glauben konnte – obwohl ein paar seiner Männer ihn baten, noch weitere Untersuchungen anzustellen, bevor er der Spiegelung anheimfiel –, genug, um ihr sogar einen Namen zu geben, Corker's Mountains, nach dem britischen Sekretär der Admiralität. Wo Ross schon einmal dabei war, benannte er das Kap südlich des Trugbilds nach dem britischen Außenminister Viscount Castlereagh. Der Name könnte Fata Morganas und andere Luftschlösser heraufbeschwören – wäre Castlereagh nicht am Ende wahnsinnig geworden. Er schlitzte sich die Kehle auf, und sowohl Shelley als auch Lord Byron schrieben beißende Verse über ihn.

Wir waren an einem Ort, an dem Berge existieren konnten oder auch nicht, an dem die Namen von Kaps und Meeresarmen sich änderten, je nachdem, wer sie betrachtete, und wo sich Eis bildete, schmolz oder bewegte: Daher war es keine Überraschung, dass auf unserer Reise auch Pläne Metamorphosen durchliefen. Ein Raunen ging durch die Passagiere, als die Crew uns bat, unseren Reiseplan wegzuwerfen. Das Papier verzeichnete eine Route, die wir nicht nehmen würden, obwohl sie so sorgfältig geplant worden war wie die imaginären Berge von John Ross.

Die Aufregung erreichte auch den Tisch im Speisesaal, an dem ich gerade mit Nathan frühstückte. »Ich spüre, dass etwas Neues passiert«, sagte er, »jetzt, wo wir von unserer geplanten Route abgewichen sind. Ich habe das Gefühl, wir finden etwas.«

Die Erregung packte auch mich. Vielleicht waren wir die ersten Menschen auf einer Arktiserkundung, die Franklins Gebeine unter Wasser glänzen sahen. Ich stellte sie mir grünweiß schillernd vor, von ihrem Ursprungsort aus davontreibend, nach langer Zeit losgelöst von den Gezeiten oder dem Eis. Gegenüber dem Speisesaal unterhielt sich Bernadette Dean mit einem philippinischen Crewmitglied. Ich dachte bei mir, dass sie wahrscheinlich sagen würde, dass jeglicher Gedanke daran, Franklin zu finden, ein lächerlicher Überrest aus dem vergangenen Glanz des britischen Weltreichs war. Und ich würde ihr darin zustimmen. Trotzdem war es merkwürdig: Ich verspürte einen Rest von Spannung.

Ich dachte an das Viertel in Montreal, in das wir von Neufundland aus gezogen waren: Backsteinhäuser, die in der Mitte des 20. Jahrhunderts von italienischen, griechischen und portugiesischen Einwanderern gebaut worden waren. Die Bewohner sind jetzt alt, aber sie vermieten immer noch die Zimmer im Obergeschoss, besorgen den Haushalt im Erdgeschoss und legen europäische Gemüsegärten oder *ruelles* hinter den Häusern an: Auberginen, Tomaten, üppige Flaschenkürbisse an improvisierten Gittern aus Besenstielen und alten Schlägern, mit denen ihre Kinder im neuen Winterland Eishockey spielen gelernt hatten. Als unser italienischer Vermieter, der am Stadtrand wohnt, uns das Haus übergab, erzählte er, dass seine Eltern, die in der Straße sehr beliebt waren, zwei Feigenbäume und Concord-Trauben im Garten hatten. Er wollte die Weinreben verpflanzen, die Feigenbäume loswerden und einen Parkplatz anlegen.

»Die Feigen sind köstlich«, sagte er. »Man muss sie aufschneiden, mit Blauschimmelkäse füllen und auf den Grill legen. Aber sie machen eine Heidenarbeit.«

Jeden Herbst mussten die Bäume um den Wurzelballen herum ausgegraben und dann umgelegt werden, erzählte er. Dann kamen sie in einen großen Graben – der auch erst ausgehoben werden musste – und wurden unter ein, zwei Metern Erde vergraben. Im Frühjahr gab es dann die Wiederauferstehung – man grub die Bäume aus und setzte sie aufrecht mit Dünger wieder ein, genau wie Christus es im Matthäus- und Markusevangelium beschrieben hatte.

»Kein Mensch will sich heute noch so eine Arbeit machen«, sagte unser Vermieter.

»Doch, wir!«, riefen wir, und er ließ die Bäume stehen, damit wir sie versorgen konnten. Bald erfuhren wir, dass unser griechischer Nachbar von gegenüber – ein Mann namens Theophanos, dessen stattlicher Schnurrbart sich mehrere Zentimeter zur Seite neigte und sich dann gen Himmel richtete – ebenfalls einen Feigenbaum hatte und dass er und der verstorbene Vater unseres Vermieters alle zwei Jahre ein Ritual daraus gemacht hatten, die Bäume zu vergraben und wieder auferstehen zu lassen. Wir machten das von da an gemeinsam. Mein Mann begann, Theo zu besuchen und Orangenschnitze in hausgemachtem Sirup zu essen, außerdem süßen zypriotischen Kuchen, zu dem er starken Kaffee trank, und Frischkäse mit Oregano. Er lernte ein paar griechische Wörter. Die meisten davon bedeuteten: »Nur die Ruhe« oder »Bloß keine Hektik«. Ich hörte mir das alles gerne an, aber meine linguistische Lieblingsentdeckung war es, als mein Mann von einer Espressopause nach Hause kam, um mir zu erzählen, wie Theo die Engländer nannte. Offenbar gab es griechische Spitznamen für alle Minderheiten in unserem Immigrantenviertel, und die Engländer hatten einen besonderen.

»Rate mal.«

Mein Mann und ich spielen gerne Ratespiele. Man hat drei Versuche, dann gibt es einen Hinweis und eine letzte Chance. Ich habe eine ganz respektable Bilanz – und in Montreal hatte ich schon viele Bezeichnungen für Anglos gehört.

»Auf-die-Uhr-Seher?«

»Nein.«

»Hm … Pferdegesichter?«

»Du liegst nicht ganz richtig.«

»Teekannenköpfe?«

»Jetzt bist du etwas näher dran.«

»Hat es etwas mit Tee zu tun?«

»Es hat mit etwas Süßem zu tun, das die Engländer verzehren.«

»Battenbergkuchen? Zuckermäuse?«

»Was zum Teufel sind Zuckermäuse?«

»Marzipan?«

»Richtiger Anfangsbuchstabe, falsches Wort. Jetzt hattest du deine drei Versuche.«

»Mince Pie?«

»*Marmalados.*« Mein Mann kicherte. Als frankophoner Quebecois findet er Marmelade aus Zitrusfrüchten lachhaft, besonders, seit er weiß, dass ich dafür durch die ganze Stadt bis zum Atwater Market fahre, und er spottet gerne, wenn ich mich beklage, dass es nie Zitronenmarmelade gibt, sondern immer nur Ingwer und Orange.

»*Marmalados!*«

Ich musste zugeben, das war ein idealer Spitzname, an dem sogar ich meine Freude haben konnte. Er klang ein bisschen nach Pirat und war weder weit hergeholt noch unwahr. Wenn ich etwas war, dann ein *Marmalado*. Ich probierte es mit meinem Freund Ross aus. Auch er war sehr amüsiert. Wir waren *Marmalados* in einer Welt von Frankophonen und Griechen mit ihrem Brie und ihren Auberginen, ihrem *sirop d'érable* und ihren Nachtschattengewächsen, deren Ranken nachts durch die Gassen krochen. Andere ethnische Gruppen hatten ihre faszinierenden Markenzeichen, und wir *Marmalados* hatten das jetzt auch …

Aber was bedeutete das? In England wächst kein Orangenbaum. Mir wurde bewusst, dass *Marmalados* Englands Geschichte als Kolonialmacht perfekt illustrierte: Schiffe, die nach Sevilla ausliefen, endlose Tally-ho-Rufe aus William Blakes »finsteren satanischen Mühlen« in irgendein Land hinüber, einen Ort, wo Orangen an Bäumen hingen, golden flammend nach exotischem Öl duftend, strotzend vor Saft und Leben, wie es in Englands grauen Hinterhöfen nicht möglich ist. *Marmalados* spielte auch auf die britische Wanderlust an: Gefahren und Ungemach zu trotzen, um das zu finden, was Körper und Seele mit Spannung erfüllt. *Marmalados* sind Menschen, die nicht aufhören können, anderen Leuten ihre Orangen zu stehlen und sie in Schiffen nach Hause zu bringen, die exotische Erfahrung zu kristallisieren, um sie auf Löffeln an Kohlenfeuern am Tyne oder an der Themse oder an anderen öden Flüssen zu kosten, die sich bleiern an englischen Pflastersteinen und Schornsteinen vorbeischlängeln. *Marmalados* suchen in einer Welt des Nieselregens nach der Farbe Orange. Sie können nichts dagegen tun. Sie wissen, dort draußen spielt sich das wahre Leben ab, irgendwo jenseits von England, und ihre gesamte Wirtschaft dreht sich darum, diese euphorisierenden Früchte nach Hause zu bringen.

Auf unserem eigenen Schiff der Träumereien saß Ken McGoogan über seine Notizen gebeugt, seine Begeisterung für unsere gerade geänderte Route wurde noch zusätzlich angefacht. Er ruderte mit den Armen und schlenkerte die Hand in Richtung dieser oder jener ominösen Erhebung, während er erklärte, wer hier überwintert hatte oder dort als erster kolonialer Entdecker an Land gegangen war.

»… Jahre diesen August …«, hörte ich ihn einem der Geologen erzählen, »… auf Beechey überwintert … schnell Richtung Peel Sound … Die Schiffe warteten auf Franklin, aber er kam nie an.«

Der Norden bringt viele Geschichten über weiße Männer hervor, die dort verschwinden, Geschichten, die von jenen erzählt und wiedererzählt werden, die an sichereren Gestaden zu Hause sind und in ihren Pluderhosen umherlaufen, ohne sich jemals die Mühe zu machen, einen der Inuit zu fragen, die in die Nähe ihres vom Skorbut geplagten Elends kommen, wie ein Mensch es schaffen könnte, noch weitere vierundzwanzig Stunden in der Eiseskälte zu überleben. In Labrador wird erzählt, wie Leonidas Hubbard und seine Expedition für eine amerikanische Zeitschrift im Jahr 1903 den falschen Weg nahm, was zu seinem Tod führte. Seine zwei Begleiter hingegen überlebten mit Vorräten von schimmeligem Erbsenmehl, bis sie es mit knapper Not nach Hause schafften. Wie die Geschichten über Franklin ist auch die Reise Hubbards in diversen Büchern in allen Einzelheiten beschrieben worden. Darunter befindet sich auch eines von Hubbards Frau Mina. Sie verfolgte die Route noch einmal zurück, im Wettstreit mit Hubbards überlebendem Expeditionsbegleiter Dillon Wallace, der selbst ein Buch geschrieben hatte, das Mina aber nicht gefiel. Bis heute versuchen Kanuten und Journalisten aus den Städten weiterhin, die Expedition Hubbards zu wiederholen: Viele von ihnen schrieben eigene Bücher oder Artikel. Irgendwie nötigt einem jedes Wort davon Faszination ab, obwohl schon lange vor der Zeit Hubbards auf der gesamten Route reichlich Spuren von Inuit-Lagern und Beweise dafür zu finden waren, dass jeder in Labrador geborene Jäger oder Trapper ganz ohne Schwierigkeiten vom Hamilton Inlet zur Ungava Bay gelangen würde. Was ist so faszinierend an diesen Expeditionen?

Mina Hubbard fuhr die Route mit George Elson nach. Der Cree-Schotte war auf der verhängnisvollen Reise ihres Mannes der Führer von ihm und Dillon Wallace gewesen. In Berichten über die gemeinsame Reise ist deutlich eine sexuelle Spannung zwischen den beiden zu spüren, wahrscheinlich, um den Leser bei Laune zu halten. Was zwischen einem Mann und einer Frau passieren könnte, die allein in der Wildnis sind, beflügelt unser Vorstellungsvermögen, besonders, wenn Rasse, Klasse, Zeit und Geschlecht ihnen verbieten, sich in der Öffentlichkeit auch nur zu unterhalten. Dann gab es da noch George Elsons prophetischen Traum, von dem Wallace in seinem Buch erzählt. Bevor Hubbard starb, träumte George, er wäre Jesus in vollem Glanze begegnet. Jesus erzählte den Männern, dass sie auf dem Beaver River bleiben sollten, wo sie einen gewissen »Blake« finden würden, der »eine Menge Fressalien hat – dann kommt ihr klar, Jungs, und kehrt sicher nach Hause zurück«. Es stellte sich heraus, dass ein Stück weiter unten am Beaver River ein Mann namens Blake eine Hütte hatte, aber Hubbard hörte nicht auf den Traum seines Führers. Die Geschichte von Hubbard wurde also etwas aufgehübscht: mit verbotener Liebe und der verweigerten spirituellen Leitung durch einen gesprächigen Christus. Die Geschichte Franklins trug eine ähnliche Atmosphäre in sich, nur wurde sie bekannter als die von Hubbard. Aus Franklins gescheiterter Journalistenreise wurde eine Geschichte voller Königinnen, Flotten und souveräner Nationen, die Anspruch auf einen Ort jenseits der Welt, die sie kannten, erhoben. Franklins Geschichte wird romantisiert, und dadurch wird es in gewisser Weise vergangenen und zeitgenössischen Mächten gestattet, Anspruch auf das Land zu erheben, das seine Knochen raubte.

Das amerikanische Magazin, das Hubbards tödliche Expedition sponserte, trug den Namen *Outing*, Ausflug. Es begann als Fahrradmagazin und entwickelte sich zu einer monatlichen Studie über alles, was mit unabhängigen Abenteuerreisen zu tun hatte, die bis in entlegene Regionen im Norden hinaufreichten. Während Mina Hubbard an ihrem Bericht über die Rückverfolgung der Reise ihres Mannes arbeitete, brachte das Magazin Jack Londons *Wolfsblut* als Serienroman heraus. Von Geschichten über den Yukon bis zu Minas *A Woman's Way Through Unknown Labrador* war der Norden weiterhin Synonym für den größten »Ausflug« von allen, das »unbekannteste« Terrain. Und so verhält es sich bis heute – auch wenn es, wie ich herausfand, wahre und unwahre Elemente darin gibt, verborgen in den Schichten von Geologie, Archäologie und historischer Aufzeichnung.

Was bedeutete es, dass wir, zum ersten Mal für die Offiziere und die Crew unseres Schiffes, exakt die Route der verlorenen Expedition Franklins nachfuhren? Je mehr ich darüber nachdachte, umso aufgeregter wurde ich. Das war nicht nur eine Gelegenheit, Franklins Gebeine oder andere Relikte seiner Reise zu sehen. Es war unsere eigene Passage durch ein geheimes Versteck, wo das kollektive Unbewusste der *Marmalados* liegt und träumt, sich erinnert und wiedergeträumt wird. Je länger wir auf dem Land herumliefen, desto mehr wurde mir bewusst, dass der Boden und seine Menschen, Tiere und Pflanzen etwas hatten, das wir unseren Vorstellungen vom Norden hinzufügen sollten.

Auf halber Höhe des Peel Sound gingen wir von Bord, an einer Stelle namens False Strait. Es war neblig, und die Vogelbeobachter waren aufgeregt, weil sie Sterntaucher sichten wollten. Ich ging zu einem dunstigen, felsigen Strand, genoss die feuchte Luft im Gesicht und das seltene weiche Licht nach so vielen Tagen der grellen arktischen Sonne. Ich verließ die Gruppe der Vogelbeobachter, ohne zu wissen, dass ich mich einer stillen Reisenden näherte, die vielleicht mehr über Vögel wusste als all die anderen mit ihren gigantischen Kameras, Stativen und den neuesten Teleobjektiven. Ich sah sie erst, als ich gerade auf das Schiff zurückkehren wollte. Wir befanden uns jetzt exakt auf Franklins Route, und ich wollte nicht, dass sich meine Gebeine mit denen seiner Männer vermischten.

Die stille Reisende war eine der japanischen Schützlinge meiner Mitbewohnerin Yoko. Sie war den steinigen Strand entlanggegangen. Mittlerweile war es schon später Nachmittag. Sie wurde müde – Yoko hatte mir gesagt, dass manche ihrer Passagiere »sehr alt« seien –, und ich bot ihr an, mit mir zurückzugehen. Sie hängte sich bei mir ein, und wir liefen zwischen den Steinbrocken hindurch, die nun höher wurden und schwer zu sehen waren, da der Nebel sich verdichtete. Sie erzählte mir, dass sie wie die anderen auf der Suche nach dem Sterntaucher war. Doch im Gegensatz zu den Vogelbeobachtern, die auf die Auslöser drückten und Vogelarten auf Listen abhakten, schien es ihr um die Gesellschaft der Sterntaucher zu gehen. Sie und die Sterntaucher waren alte Bekannte, die sich Neues zu berichten hatten. Ihr Name war Junko, wie der Name eines Vogels, den ich in Neufundland gesehen hatte: Ein kleines graues Junkoweibchen hatte dort einmal sein Nest unter dem Gras gebaut, verborgen in einem Streifen wilder Wiese zwischen Balsamtannen und dem Meer.

Als wir um den letzten Felsen bogen, sahen wir, dass die anderen am Strand eine Zeremonie um einen fünfzig Jahre alten Cairn vollzogen. Das Steinmal war während einer Vermessungsexpedition von Mitgliedern der U. S. Küstenwache und des Canadian Hydrographic Service errichtet worden. Ein Schraubglas darin enthielt die Namen dieser Besucher, und wir fügten einen Bericht unseres Besuches hinzu, bevor wir das Schraubglas wieder zurückstellten. Ken McGoogans Begeisterung für den Cairn steckte die anderen an. Junko und ich hörten, wie die anderen anfingen, »Northwest Passage« zu singen; ich hielt Ausschau nach Nathan, entdeckte ihn aber nicht. Über uns ragten Felsen auf, und über den Felsen hingen ein tiefer Nebel und ein leerer Himmel. Das Lied stimmte mich aus vielen Gründen traurig, und ich fragte mich, ob Nathan vielleicht geflohen war. Es überraschte mich nicht, dass er, der begonnen hatte zu fasten, der lauschte und darauf wartete, dass der Ort mit ihm redete, sich in diesem Moment von den anderen entfernt hatte. Ich wusste nicht, was er empfand, oder ob er aus der Ferne hörte, wie die Reisenden das Lied seines Vaters sangen, ob er es überhaupt nicht hörte oder ob er einfach nur zufällig nicht da war, irgendwo in einer Höhle an einer anderen Stelle an der Küste. Ich weiß nur, dass ich in diesem Moment nach Nathan Ausschau hielt und froh war, dass er nicht da war.

Unser Schiff schimmerte im Nebel. Junko dankte mir dafür, dass ich ihr über die Steine geholfen hatte.

»In Japan habe ich ein Buch geschrieben«, sagte sie. »Über Seetaucher. Ich habe Bücher von mir auf dem Schiff dabei. Ich gebe Ihnen ein Exemplar.«

Junko Momose hatte in der Tat eine Menge Texte über Wildvögel verfasst. In Japan war sie Expertin für Kultur und Biologie des Nordens und saß im Vorstand einer Gesellschaft, die sich diesem Thema widmete. Kurzum, sie hatte sich ihr

ganzes Leben mit Vögeln beschäftigt, insbesondere mit Seetauchern, und ganz besonders mit den Sterntauchern, die
die Vogelbeobachter auf unserem Schiff gerne sehen wollten.
Als ich mich an diesem Abend in meine Kabine zurückzog,
reichte mir Yoko auf Bitten von Junko ein schmales blaues
Büchlein. Es war ein wissenschaftlicher Text, doch er dokumentierte auch Träume, alte Geschichten und Fantasien, wie
ich sie noch nie gesehen hatte. Ich legte mich damit hin und
staunte, als ich es las und die Karten und Zeichnungen betrachtete: Wer hätte gedacht, dass eine solch magische Welt
um die Seetaucher existierte?

In dem Buch ging es um den Fischfang mit Seetauchern,
und während sich mir das erschloss, erinnerte ich mich an Pi-
cassos »Nachtfischen in Antibes« und fand es noch faszinierender. Mit diesem Gemälde hatte ich mich in meiner Jugend
immer wieder beschäftigt, weil es so rätselhaft war: die Fischer
mit ihren Laternen, die juwelenartigen Fische, ein Meer voller rätselhafter Geschehnisse – Violett- und Blautöne, die ein
Traumuniversum zeigen. So vieles an diesem Gemälde funk-
tioniert indirekt: Mit gefiel es, dass die Fische von den Laternen angezogen werden statt nur vom Köder. Eine Frau auf
einem Fahrrad sieht zu. Isst sie ein Eis? Die Fische sind aus
unterschiedlichen Perspektiven dargestellt, und ein Fischer
hält die Angelschnur am Fuß. Die Farben, ein kräftiger Spiral-
mond und das Zusammenspiel von Farbe, Wasser, Musik und
Menschen erzählen eine tiefgründige Geschichte, einen Dia-
log durch die Zeit. Junkos Buch über den japanischen Fischfang mit Seetauchern hatte eine ähnliche Wirkung auf mich.
Es enthielt Zeichnungen, Ausschnitte von Beobachtungen aus
ihrem Tagebuch, und eine Geschichte über Seetaucher und Fi-

scher, die in einer alten Choreographie zusammenarbeiteten, die zweckmäßig war und doch voller Anmut und Magie.

In Japan gab es ein Binnenmeer, wo die Seetaucher überwinterten. Sie hatten Angst vor Menschen, trotzdem waren sie das erste Glied einer glitzernden Kette, die einen Fischer reich machen konnte.

Ich hatte vor der Südostküste Neufundlands schon Küstenfischer gesehen, die in den Küchen von Hand ihre Netze flickten und sich in der Morgendämmerung an den Vogelinseln vorbei Richtung Kabeljau aufmachten. Ich wusste, dass es Untiefen und Gefahren gab, Fähigkeiten, die sie von ihren Großvätern gelernt hatten; Geheimnisse, die Schleppnetzfischer und Fischdampferkapitäne nicht kennen konnten. Vor dem Einsatz von Ultraschall wussten die alten Männer, wo sich der Kabeljau verbarg. Sie reizten den Kabeljau, bis er hochsprang und anbiss. Aber von so etwas wie den japanischen Seetaucherfischern hatte ich noch nie gehört.

Während wir durch die Franklin Strait fuhren, lag ich in meiner Koje und las von den kleinen hölzernen Ruderbooten, in denen sie die Seetaucher besuchten. Die Männer fingen im Dezember an, langsam und vorsichtig. Sie näherten sich so leise, dass die Seetaucher die Gesellschaft der Männer zuließen. Einen Monat lang trieben sie nur dort im Wasser, ohne einen einzigen Fisch zu fangen. Sie warteten nur.

Die Seetaucher umkreisten Schwärme kleiner Fische namens Sandaale, die im Sand laichten wie die glitzernden Kapelane, die ich gesehen hatte. Die Seetaucher umkreisten die Sandaale, und die Fischer umkreisten die Seetaucher, ohne je einen Fisch zu fangen. Sie ruderten im Uhrzeigersinn, im Einklang mit der Strömung und den Gezeiten, wie bei einem

Rundtanz oder wie die Umlaufbahn von Monden. Die Seetaucher pferchten die einzelnen Schwärme von Sandaalen ein, die sich immer dichter drängten, bis die Seetaucher schließlich in den Schwarm eintauchen und ihre Beute verschlingen konnten. Die Fischer warteten.

Sie warteten, bis ein paar Sandaale versuchten, den Seetauchern zu entkommen, indem sie tiefer schwammen. Tief unten lag der wahre Schatz, auf den es die Fischer abgesehen hatten: ein dicker, teurer Fisch, den man normalerweise im Winter gar nicht fangen konnte – die Meerbrasse, die jenseits des Binnenmeers im April gefischt wird, nicht im Januar. Aber von den tief tauchenden Sandaalen angelockt, stiegen die Meerbrassen jetzt aus ihren Verstecken auf. Und mit ihren Angeln, an denen die kleinen Sandaale als Köder hingen, fingen die japanischen Fischer eine Fülle, ein Vermögen an Meerbrassen.

Ich stieß auf eine Zeichnung von den Männern in ihrem Ruderboot mit dem Schwarm von Sandaalen, die zusammenstießen, tanzten und durch die Wasseroberfläche brachen. Ein paar von ihnen tauchten hinunter, wo die Meerbrassen standen. Dazwischen schwammen Seetaucher, die Füße weit hinten am Körper wie kleine Außenbordmotoren. Manche glitten unter dem Wasser dahin oder sanken hinunter, voller Seetaucherfrohsinn und Selbstvergessenheit, wie es schien. Über dem Sandboden trieben die Angelschnüre, deren Haken bestückt mit den Sandaalködern waren. Das war kein Picasso – hatte Junko es selbst gezeichnet? –, aber es war ein feines Porträt eines geheimnisvollen, wortlosen Austauschs zwischen Menschen und der Natur.

»Seetaucher«, schreibt Junko, nachdem sie die Seetaucher, die Fischer und ihre Fischgründe geschildert hat, »wurden als

Botschafter des Himmels verehrt.« Sie erzählt weiter, wie die Fischer am Rand kleiner Inseln in den Fischgründen Schreine bauten. Es gibt ein Foto von einem Schrein, wo ein Shinto-Priester und ein Seetaucher-Fischer beten und Reiswein und den ersten Fisch des Morgens opfern. Der Schrein steht schön und einsam auf den Felsen. Junko schreibt, die Fischer begegnen den Seetauchern mit Zuneigung – Seetaucher jagen die besten Fische nahe an den Menschen, so nahe, dass »sie den Rücken der Vögel hätten berühren können«.

Ich dachte die ganze Nacht über die Seetaucher-Fischer nach, und besonders beschäftigte es mich, wie die Seetaucher und die Fischer den ganzen Dezember lang in wortloser Gemeinschaft auf dem Wasser trieben. Ich dachte an Aaju und den Eisbären: die Frau, die mit ihrem Gesang das Vertrauen des Eisbären gewonnen hatte.

In meiner Koje machte ich mir Gedanken über das Wort *Wildnis*. *Wilderness* ist ein besonders englisches Wort – es ist verbunden mit dem Empfinden Franklins, nach dem das Gewässer benannt war, das wir jetzt befuhren, und mit all den *Marmalados*, die vor und nach ihm kamen. Es schien kein Wort zu sein, das zu japanischen Seetaucherfischern gehörte, die nicht von den Seetauchern oder deren Wohnort getrennt waren. Gab es ein französisches Wort für »Wildnis«? In meiner Zeit in Montreal hatte ich gemerkt, dass es nicht für alles eine französische Entsprechung gab. Das Wort »Glück« zum Beispiel war oft für mich übersetzt worden, aber das bedurfte immer eines ganzen Satzes oder gar eines Absatzes. Offenbar gehörte auch die »Wildnis« dazu. Wenn ich auf Französisch sagen wollte: »Der Eisbär war *in der Wildnis*«, wie sollte ich das ausdrücken?

Ich dachte eine Weile darüber nach. Ich fragte zweisprachige Passagiere, eine richtige Antwort fand ich aber erst später, sie kam von dem Quebecer Dichter und Romanautor Louis Hamelin.

»Statt ›Wildnis‹ – dafür gibt es kein Wort – könntest du vielleicht sagen: ›Der Eisbär war in *son element*.‹«

»*Son element*?«

»Ich glaube, schon…«

Mir gefiel seine Unsicherheit. Er zeigte mir, wie die englische Sprache uns eine Anmaßung aufzwang, mit der wir auf das Land, die Seetaucher und den Bären blickten. Indem ich die Wildnis benannte, lief ich Gefahr, alles zu verlieren, was der Bär auf Beechey Island und die japanischen Seetaucher mir zu sagen versucht hatten. »Die Wildnis« war etwas anderes, etwas außerhalb von mir, beaufsichtigt von einer Menschenwelt in der Ferne. *Son element* – »das Element des Bären« – verwob das Wesen und das Element in eins: Luft füllte die Lunge des Bären. Erde schuf seinen Körper und war stofflich eins mit ihm. Wir waren keine Aufseher, die alles aus einem abgetrennten Bereich heraus betrachteten, und wir erhoben keinen Anspruch.

Kapitel 15

Ein warmer Faden

Jeden Abend verschwand ich mit meiner Wolle und meiner Häkelnadel wieder in der Schiffsbibliothek. Ich hatte ein Stirnband aus handgesponnenem Garn in den Ocker- und Goldtönen der Tablelands des Gros-Morne-Nationalparks gemacht, ein Naturwunder Neufundlands und ein kraftvoller, energiegeladener Ort, an den ich zurückkehrte, sooft ich konnte. Das Garn lud Hand und Geist zur Arbeit ein. Dadurch achtete ich auch mehr auf Fasern in der Wildnis, und die Wolle von Moschusochsen, die in den arktischen Gräsern und Wurzeln hängen geblieben war, fiel mir eher auf. Eine Mitreisende namens Gwen hatte mir Moschusochsenwolle geschenkt, die sie in Dundas Harbour aufgesammelt hatte: Sie war von einem satten Braun, und in den Fasern hingen noch Zweige und Schmutz. Sie verströmte einen penetranten Geruch – die Tiere heißen nicht umsonst Moschusochsen –, aber ich mochte das: Monate, nachdem die Wolle die Tundra verlassen hatte, würde sie noch die nach Moschus riechende Wärme des Tieres enthalten.

Ich steckte Fragmente des Landes und der Dinge, denen wir begegneten, in mein Tagebuch. Es gab eine unausgesprochene Übereinkunft, dass wir nicht einfach alles aufsammeln sollten, woran wir Gefallen fanden: Das Land war weder ein Kaufhaus noch ein Souvenirshop. Es wurde diskutiert. Wir hatten einen kleinen Tisch an Bord, wo die Leute Steine und andere Fundstücke hinlegten, damit die Geologen und die anderen Passagiere sie untersuchen und deuten konnten. Aber war es rechtmäßig, diese Gegenstände einfach zu nehmen? Was war mit Steinen, die man mitnahm, um sie näher zu betrachten, und sie dann ein Stück weiter wieder wegwarf? Stellte es einen geologischen Eingriff dar, Steine von der Boothia-Hebung zur Franklinschen Miogeosynklinale zu bewegen – oder war es gar eine moralische Verfehlung? Manche Passagiere unterdrückten ihren Sammlerdrang, während andere sich die Taschen mit Sandstein-Kies-Konglomerat vollstopften.

Warum nahm ich einen winzigen Farn aus Dundas Harbour mit und presste ihn in mein Tagebuch? Ein Stück Vokabular des Landes, ein rot-grünes Wort, aber was sagte es und warum stellte ich mir vor, das Land würde dadurch ewig zu mir flüstern? Das Seegras, das ich auf meinem Spaziergang an der False Strait mit Junko aufgesammelt hatte, war schon völlig zerkrümelt.

Ich widmete mich der Moschusochsenwolle aus Dundas Harbour, weil sie Behaglichkeit und ein Heimatgefühl verströmte. Das Bad der Kabine 108 hatte ein kleines Waschbecken. Ich zupfte den Schmutz aus der Wolle, dann weichte ich sie ein, um kleinste Teilchen aus dem Öl und den Fasern zu lösen. Blätter und Samenhüllen hatten sich hoffnungslos verheddert. Ich stand lange da und pickte und wusch und versuchte, das Becken nicht zu verstopfen, dann zog ich die Fasern auseinander. Sonnenlicht landete auf der Kante meines Bullauges, wo ich das Wasser von der Wolle abtupfte und sie auslegte, damit sie trocknen konnte – jetzt war sie sauber und glänzte. Sie war so fein, dass ich aufpassen musste, dass sie nicht unter das Bett oder hinter das Schränkchen wehte, in dem ich meine Lakritzvorräte verstaut hatte. Ich passte auf für den Fall, dass Yoko unvermittelt durch unsere Tür kam und die Wolle dadurch wegblies. Ich suchte nach Sachen, mit denen ich sie beschweren konnte: eine Haarnadel, meinen Stift, meine Einladung zum Abendessen mit dem Kapitän.

»Alter *umingmak*«, hatte mir Bernadette Dean in mein Tagebuch neben ein Büschel geschrieben, das ich nicht gewaschen hatte, »im Land von Eis und Schnee … er trägt uralte Geheimnisse in sich.«

Bernadettes Urgroßmutter Shoofly hatte wichtige Kleidungsstücke aus dem gemacht, was Tiere von sich hergegeben hatten. Nathan Rogers sang in »Nordwest Passage«, dem Lied seines Vaters, davon, »einer warmen Linie« nachzuspüren. Wie sehr meinem Leben diese warme Linie doch gefehlt hatte, entwurzelt vom Land meiner Vorfahren, in Industrie- und Fabrikstädten wohnend, ohne die Botschaften von Tieren oder von Vorfahren zu verstehen, wie es bei Bernadette und anderen im Norden offenbar der Fall war. Aber Wolle bedeutete für mich eine Art Rettung vor der Kälte. Wolle war »eine warme Linie«, die ich in meinen Händen spürte; sie war von Tieren gekommen und brachte mir eine Botschaft von meiner eigenen Großmutter.

Nachdem wir nach Neufundland eingewandert waren, hatte mir die Mutter meines Vaters handgemachte Anziehsachen geschickt, die kein kanadisches Kind, das bei Verstand war, getragen hätte: ein orange-lila-grünes Netzwerk aus Garn, zu Westen zusammengestickt. Sie schickte sie in Kopfkissenhüllen, über und über beklebt mit Briefmarken, und sie schrieb in Briefen, dass ihre Zukunftsvorhersagen für Mrs Melia und die Familie Hobbes in ihrer Straße sich bewahrheitet hätten und dass sie bald ihre Seniorenkarte für den Bus bekäme und die Schwäne von Morpeth besuchen könne. »*P. S. Dein Großvater hat ein Stück Blech in seinem Bier gefunden. Jetzt bekommt er vielleicht Geld von der Brauerei, weil er ihnen einen Beschwerdebrief geschickt hat.*«

Als sie starb, Jahrzehnte nachdem ich begriffen hatte, dass ich ihre Westen nicht in die Schule anziehen konnte, ohne gequält zu werden, nahm ich mir heimlich eine gestreifte Decke, die sie für meinen Vater gemacht hatte. Sie war inzwischen alt und dünn, aber sie wärmte mir die Knie, während ich am Holzofen las. Irgendwann einmal beschloss ich, mir eine Ziege zuzulegen. Es war eine Gebirgsziege, denn ich glaubte, sie würde gut in den Wäldern rund um das Haus zurechtkommen. Doch eine Freundin war anderer Meinung. Sie holte die Decke meiner Großmutter hervor, hüllte Sally, meine Ziege, darin ein und befestigte die Decke mit Wäscheklammern von meiner Leine und mit ein paar Sicherheitsnadeln, die sie eingesteckt hatte. Sally trampelte mitsamt der Decke durch Schlamm und Disteln und riss klaffende Löcher in das bereits fadenscheinige Gewebe. Ein Stück davon schlang sich ihr um den Kopf wie ein Häubchen. Ich musste jede Hoffnung aufgeben, die Decke flicken oder reinigen zu können. Ich wusch sie und hängte sie auf, um zu sehen, ob man zumindest noch Teile davon retten konnte, um Kissen daraus zu nähen, aber da war nichts mehr. Ich machte ein Feuer in der Steinkuhle unter unseren Birken und legte den letzten Rest dessen, was ich von meiner Großmutter noch besaß, in die Flammen.

Am selben Tag noch durchwühlte ich meine Schränke nach Wolle und überlegte, was man wohl damit anfangen konnte. Ich häkelte einen Schal mit Mütze für unseren Hund, für die örtliche Weihnachtsmann-Parade. Unser Hund sah darin so vornehm aus, dass unsere Hot-Dog-Verkäuferin ihn gar nicht verdächtigte, als er ihr ans Bein pinkelte. Ich machte eine Mütze mit einem gehäkelten Vogelkäfig aus Draht und einem Hüttensänger darin. Es war der Hüttensänger des Glücks. Solange ich Dinge aus Wolle machte, konnte mich lange Zeit kein Unglück ereilen. Wenn ich Wolle auseinanderdröselte, konnte ich klar denken. Solange sich meine Nadel bewegte, ging es mir gut. Das Wissen, wie man mit Wolle umging, war mit dem Rauch des Feuers zu mir gekommen, in dem ich die Decke meiner Großmutter verbrannt hatte.

In unserer Schiffsbibliothek zog ich nun Stränge der sauberen Moschusochsenwolle zu ihrer vollen Länge auseinander: fünf bis zehn Zentimeter. Ich hatte ein wenig rote Wolle und wollte eine Mütze machen, in die ich die rohen *umingmak*-Fasern einarbeitete.

»*Und jetzt, Großmutter?*«

»*Arbeite einfach ein bisschen von der Rohwolle ein, wie du es mit jeder anderen Wolle auch machen würdest. Keine Sorge. Sie wird sich nicht lösen oder herausfallen.*«

Ich spürte einer warmen Linie nach, an einem Ort, den wir die Nordwestpassage nennen. Ich spürte ihr mit der Wolle uralter *umingmak* und der Hilfe meiner Großmutter nach.

Nathan sang mir vor, während ich an meiner Moschusochsenmütze arbeitete und mir dabei Notizen machte.

»Wie läuft es mit dem neuen Song?«, fragte ich.

»Ich arbeite noch daran.« Er holte »The Turning« aus der

Tasche und faltete das Blatt auseinander. »Ich ändere es ständig, füge Dinge hinzu. Willst du es hören?«

Ich arbeitete weiter an der Wolle, während er das Lied sang, dessen zweite Strophe das Gefühl der Einsamkeit aus dem Refrain noch vertiefte.

A noble clipper breaks the icy tide
Safe and sound, her passengers are deep asleep inside.
But I am on her deck, the salt spray on my neck,
Fighting hard to keep the lonely agony in check
Before long she will welcome in the day.
Down below the waterline I'm safely stowed away.
Asleep within my berth, considering my worth and purpose.
Slowly fading into shades of blue and grey…

Bedeutung herstellen, ein Lied, ein Kleidungsstück, eine Geschichte formen – all das in der Kälte, in der Gegenwart von Steinen und Knochen… Nathan und ich taten beide, was sein Vater in dem Lied beschrieben hatte: der einen warmen Linie nachspüren. Jeder auf dem Schiff tat dies auf seine Art, und es war ein heikles, menschliches Unterfangen, voller Zufälle und möglicher Irrwege.

Während Nathan sang, dachte ich über die Fasern der Wärme nach, die durch das Herz und von einem Freund zum anderen führen – alt und neu, zart und unsterblich. Ich musste darauf vertrauen, dass sie, genau wie die Wolle der alten *umingmak*, halten würden, dass sie im Gewebe blieben und nicht herausfielen. So vieles hing von Geduld und Vergebung ab: Damit ließen sich Trostlosigkeit und Einsamkeit auf jeder Reise leichter ertragen. In der Bibliothek hielten die Moschusochsenwolle, Nathans Lieder und die Wellen, die über Franklins Gebeine rollten, meine Seele zusammen, und die uralten zotteligen *umingmak* wärmten mich durch das Geschenk ihrer Fasern in meiner Hand.

Alone... Nathan sang die letzte Zeile seines neuen Songs... *adrift upon an Arctic sea.*

Er sah mir zu, während ich die Wolle bearbeitete.

»Meine Vorfahren waren viele Generationen lang Schafsdiebe«, sagte ich. »Wir lebten in dem Grenzland zwischen England und Schottland. Meine Ahnen folgten den Schafen, tranken aus Flüssen und sammelten Wolle, die an Disteln und Stacheldrahtzäunen hängen geblieben war.«

»Sie waren Ährenleser.«

»Deshalb macht es mir so viel Freude, die Moschusochsenwolle hier zu sammeln. Ich glaube, meine Großmutter hat mir irgendwie die alte Verbindung der Familie zu Wolle vererbt, als sie starb.«

»Und du spinnst Seemannsgarn.«

Ich verarbeitete einen weiteren Strang Moschusochsenwolle und freute mich schon darauf, morgen, wenn wir in der Pasley-Bucht anlegten, nach mehr Fragmenten dieser warmen Linie zu suchen.

* * *

Meine Wanderstiefel sahen aus wie Baumpilze, die vom Stamm eines alten, knorrigen Baums abgebrochen waren. Ich war stolz auf die Zeit und die Entfernung, die sie zurückgelegt hatten, und stellte mir vor, dass sie irgendwann um die Welt liefen. Mein Schwimmteam in der Schule hatte mir damals den Namen »Chicken Wings« gegeben, weil ich so unbegabt war, aber bei einer langsamen Wanderung hatte ich das Gefühl, ich könnte ewig weitergehen. Meine Mitreisenden konnten jeden Tag zwischen zwei Strecken über die Tundra wählen – eine lange und eine kurze. Ich nahm immer die lange, kraxelte steinige Hügel hinauf, umrundete Landzungen, marschierte auf einen flüchtigen Horizont zu mit diesen alten Stiefeln, die ihren Dienst leisteten, wie Stiefel es tun sollten, und deren Risse nach Lederöl dürsteten.

Doch in der Pasley-Bucht machte ich eine Entdeckung, die Zeit und Entfernungen betraf. Um von den Geologen wegzukommen, wählte ich ausnahmsweise die kurze Strecke und stellte fest, dass sie gar nicht kürzer als die lange war. Sie war länger und enthielt mehr.

Die Pasley-Bucht war wichtig für die Version des weißen Mannes von der Geschichte der Arktis: Hier war ein Schiff gestrandet, die Crew war eingefroren, und es gab ein Seemannsgrab mit den Überresten eines Cairn. Bei dem Schiff handelte es sich um die *St. Roch*, das erste Schiff, das die Nordwestpassage sowohl von Westen als auch von Osten durchfahren hatte. Die Crew hatte vielfältige Aufgaben gehabt: Sie sollten die Inuit-Gemeinden kontrollieren, Volkszählungen durchführen, als erstes Schiff arktische Gewässer aus einer neuen Richtung befahren und als physischer wie symbolischer Hinweis an die Welt dienen, dass Kanada dort die Hoheitsrechte besaß. Henry Larsen war Kapitän des Schiffs und überwinterte 1942 auf der Fahrt nach Osten in der Pasley-Bucht. Während dieses Winters kochte Albert »Frenchy« Chartrand Futter für die Schlittenhunde. Er kochte Hafer, Mais, Reis, Talg und Seehundfett in einer Tonne auf ein paar Primus-Kochern.

Doch er wurde krank und starb bald darauf an einem Herzinfarkt. Er war der einzige Katholik an Bord, und seine Schiffskameraden wollten, dass ein Priester bei seiner Beerdigung anwesend war. Larsen fuhr deshalb mit einem Seemann und den Inuit-Führern Ikualaaq und Kinguk aus Gjoa Haven mit Hundeschlitten los, um den Oblaten Henri Pierre vom Kellett River herzuholen, über 640 Kilometer weiter in südöstlicher Richtung entfernt. Die Fahrt dauerte einundsiebzig Tage. Pierre hielt ein Totenamt an Bord des Schiffes, dann streute er Schnee, nicht Weihwasser, über das Grab. Die Crew baute einen Cairn und markierte das Grab mit einem Messingschild.

Aber davon war heute nur noch wenig übrig. Ken McGoogan wollte eine Flasche mit einer Nachricht hinterlassen, die diese Geschichte dokumentierte. »Wir glauben, dass das Schiff da hineingefahren ist, weil es dort geschützt ist«, sagte er und zeigte auf die Bucht.

Das Gelände war weitläufig, das Wasser schlängelte sich in einer durchgängigen silbernen Linie dahin, mit einem Dunstschleier, der mir das Gefühl gab, wir würden durch die Erinnerung des Landes blicken. Ken führte uns zu einem festen Küstenstreifen, wo noch Unrat lag, der angeblich vor all den Jahren von der *St. Roch* und ihrer Crew dort zurückgelassen worden war. Wir fanden silbergraue Holzfragmente, Stücke von einer Kiste, die womöglich aus den 1940ern stammte. In meinem Skizzenheft dokumentierte ich eine verrostete Kaffeekanne. Ihre Tülle war elegant und lang, bereit, Larsen Kaffee einzugießen. Die Steine und die Kanne waren beide goldrot; das Metall und der Stein hatten jahrelang Elemente ausgetauscht und verbanden sich zu einer einzigen Substanz. Hier wurden wir Zeugen dieses Vorgangs, noch während er ablief.

Die Arktis hatte ganz gewiss begonnen, meine Wahrnehmung von Zeit zu verändern. Ereignisse vollzogen sich, während sie reglos zu sein schienen.

So faszinierend die Geschichte von Larsen und seiner Crew auch sein mochte, sie interessierte mich nicht mehr. Die Tundra lockte mich weg von der Gruppe, ihre Luft berührte mich, flüsterte vom *Jetzt*, von diesem Moment, von *meiner* Anwesenheit hier und nicht der von Larsen oder Frenchy Chartrand oder des Oblaten. Die Tundra hatte eine lebendige Präsenz, die nicht von irgendeiner Kirche geweiht oder mit heiligem Schnee besprenkelt worden war.

War jeder Mensch ein Mittler, der durch den Schnee heilig wurde?

Ich dachte daran, was mir mein weißhaariger, mystischer Freund Art Andrews über eine ähnliche Landschaft erzählt hatte, an unserem alten Lieblingsplatz zu Hause, an der Witness Bay Line. »Ich muss dort draußen sein«, sagte er – wir befanden uns in der Nähe der großen Findlinge, die in der Ödnis lagen und die zurückgeblieben waren, als Gletscher seine Forellengründe glattgeschliffen hatten –, »inmitten der nichtkonfessionellen Felsen.«

Hier in der Pasley-Bucht spürte ich eine neue Verbindung zum Boden: Ich sah genau hin. Er schickte Energie durch meine Augen und zog diese Linie durch mich hindurch, sodass mein Körper und der Boden verbunden waren und eine Spannung zwischen ihnen entstand. Ich spürte jeden Schritt, spürte das weiche rot-goldene Haar des Körpers der Erde, wenn ich darauf trat. Weil ich die sogenannte kurze Strecke gewählt hatte, herrschte nicht die Eile wie auf den längeren Wegen, die ich gegangen war. Ich hatte mich so beeilt, möglichst große Entfernungen zurückzulegen, das jeweilige Stück Land zu sehen und dabei rechtzeitig zum Schiff zurückzukehren, dass ich nicht empfinden konnte, was ich nun in der Pasley-Bucht fühlte. Ich hatte immer gedacht, ich könnte gut entschleunigen. Jetzt spürte ich, dass ich einer heimlichen Triebkraft gefolgt war, statt mich meiner Angst vor Stillstand zu stellen.

Über die ganze Tundra verteilt lagen Knochen und Bruchstücke. Ich konnte es kaum glauben, dass die Kaffeekanne auf dem Boden wirklich aus der Zeit Larsens stammte. Genauso ging es mir mit den silbergrauen Brettern. Vielleicht waren sie von der *St. Roch* gekommen, hatten in der vom Eis erstickten Bucht überwintert, aber wer sagte, dass diese Dinge nicht Inuit-Jägern gehört hatten? Während ich mich von der Larsen-Stelle entfernte, wurde der Boden immer präsenter. Farben, winzige Pflanzen, die der Wind in den Boden geflochten hatte. Dann eine Abweichung vom Webmuster: etwas, das aussah wie ein Zweig, ragte zwei, drei Zentimeter zwischen den Pflanzen heraus.

Das ist nicht von alleine hergekommen.

Ich starrte es an, ging näher hin, um es mir genauer anzusehen, und kniete mich hin. Noch zögerte ich, es zu berühren. Das hölzerne Stöckchen war zylindrisch mit einem abgeflachten Ende und ragte in einem 90-Grad-Winkel aus der Erde, was merkwürdig war, da sonst nichts senkrecht aus dem Boden kam. Alles lag zusammengekauert und schief da, um jahrhundertelang dem Wetter zu trotzen. Außer mir war niemand in der Nähe. Ich nahm das Ende des Holzstücks in die Finger und zog vorsichtig daran.

Es glitt heraus wie ein Knochen, der aus dem Gelenk gelöst

wird – sanft und alt, und doch noch einen Rest Öl enthaltend. Seidig und angenehm lag es in meiner Hand: Das Land hatte etwas Menschliches gebildet. Ich sah mich um. Der einzige Mensch, den ich entdeckte, war Aaju, die sich in ihrem Kilt und ihren Gummistiefeln näherte. Wenn jemand wusste, was dieses knochenähnliche Objekt hier im Boden machte, dann sie. Sie kam mit ihrem Gewehr über der Schulter auf mich zu. Ich mochte Aaju wirklich gern. Ich mochte es, wie sie nachdachte, bevor sie sprach, und wie sie mir erzählt hatte, dass es in ihrem normalen Leben in Iqaluit eine Menge zu tun gab – die täglichen Alltagsarbeiten, aber vor allem ihre juristischen Untersuchungen, die sie viel Kraft kosteten. Oft hatte sie das Gefühl, für diese Arbeit keinen Dank zu erhalten, während sie auf dieser Expedition, wie sie sagte, wie eine Königin behandelt wurde.

Ich winkte ihr zu, während ich noch auf dem überwachsenen Boden hockte. Hätte ich das Holzstück entfernen dürfen? Ich steckte es zurück in das Loch, und es sah aus, als hätte ich es gar nicht berührt – was mich freute. Ich wollte nicht zu den Menschen gehören, die die Dinge im Norden neu ordneten, sie versetzten oder schändeten.

»Da ist etwas …«, rief ich. Aaju kam zu mir und bückte sich. »Ah!«

»Ist das ein Zeltpflock oder so etwas?«

»Nein, das ist kein Zeltpflock.« Sie zog das Ding aus dem Loch und hielt es gegen den Himmel, betrachtete es und erkannte dann offenbar, was es war. »Das sind *pauktuutit*. Stifte zum Trocknen von Karibufell.«

Jetzt sah sie nicht mehr den Stift an, obwohl sie ihn noch in der Hand hielt, sondern den Boden.

»Was ist?«

»Ich suche die anderen. Wir schlagen immer fünf im Kreis in den Boden, um das Fell trocknen zu können. Die Haut kommt nach oben, damit sie trocknet.« Sie suchte den Boden ab und fand einen zweiten Stift, dann einen dritten. »Das machen wir bis heute so. Das müssen… Die Crew von dem Schiff muss…«

Ich hatte keine Verbindung zwischen den *pauktuutit* und der alten Kaffeekanne oder den Brettern oder irgendetwas von den Sachen hergestellt, von denen unser Historiker behauptet hatte, sie könnten zur *St. Roch* gehört haben. Wollte Aaji andeuten, dass die überwinternde Crew der *St. Roch* diese Stifte hinterlassen hatte?

»Aber das waren doch Europäer«, sagte ich.

»Schon, doch das hatten sie von uns gelernt«, sagte Aaju. »Ansonsten wären ihre Felle zu nichts nutze gewesen. Sie hätten sich gekräuselt.«

Allem Anschein nach dachte Aaju wirklich, dass diese Stifte von dem Schiff von 1942 stammten. Sie wusste eine große Menge mehr über all die Dinge, denen wir auf unserer Reise begegneten, als ich. Aber mich ließ die Frage nicht los, welche der Stifte, Kannen oder Knochen zur Geschichte des weißen Mannes gehörten und welche zu einem fortdauernden Leben von Menschen, die jetzt im Norden lebten. Aaju hingegen erkannte die Wahrheit: Sie sagte, diese beiden Lebensweisen seien seit langem miteinander verknüpft. Larsens Schiff hätte vielleicht nicht aus dem Eis befreit werden können, wären nicht seine Inuit-Führer Ikulaaq und Kinguuk gewesen. Und wo wäre ich mit meiner eigenen Lesart des Nordens ohne Aaju und Bernadette? Diese Inuit-Frauen erklärten ihre Heimat geduldig Menschen wie mir, die nicht die Absicht hatten zu bleiben und die darauf beharrten, das Gebiet weiterhin als Nordwestpassage zu bezeichnen. Aaju hatte mir erzählt, dass ihr Volk bis heute Karibus jagte. Meines verfolgte weiterhin den Mythos, dass ein weißes, leeres Gebiet unsere »Entdeckung« erwartete.

Mittlerweile kamen Leute auf uns zu, und Aaju begleitete unsere Gruppe zu einer Stelle, an der nichts zu sein schien. Ich fragte mich unwillkürlich, ob sie sich jemals über unsere andächtige Aufmerksamkeit gegenüber allem, was sie sagte, amüsierte. *Können diese Leute nicht sehen?*, dachte sie vielleicht. *Glauben sie, hier ist nichts? Oder wenn sie sich vorstellen, dass da etwas ist, warum muss man ihnen dann sagen, was es ist?*

»Diese niedrige Vegetation um uns herum«, sagte sie, »nennen wir *tingaujaq*: das, was aussieht wie Schamhaar.«

Alle lachten.

»Es ist leicht entflammbar«, sagte sie. »Wir benutzen zwei Feuersteine, um einen Funken zu entzünden.«

Wie lange ich doch in der Tundra brauchte, um Aajus subversiven Humor zu begreifen. Ich versuche jetzt, mich zu erinnern, ob die Leute lachten oder irgendetwas sagten, um zu verstehen zu geben, dass sie die erotische Anspielung begriffen hatten, aber ich habe den Verdacht, das war bei niemandem so.

Das *tingaujaq* war mit gelben Blüten gesprenkelt. Laut Aaju würden sie sich bald verändern und ganz flaumig werden. »Wenn wir dann unterwegs sind, ermahnt uns diese Blume: ›Du musst eine Jacke anziehen, du musst Karibus jagen, der Winter kommt.‹« Es war August, und in sehr wenigen Wochen würde die Wärme der Sonne nachlassen. Wir stiegen über die

silbernen, spiralförmigen Wurzeln der arktischen Weiden –
Aaju sagte, sie seien Hunderte von Jahren alt –, die Weiden
umarmten die Erde, weit unten und horizontal. Wir kamen zu
Felsen, die in jedem anderen Land als niedrig gelten würden,
aber Aaju sagte, hier wären das Erhebungen, und sie seien voller Nährstoffe.

»Vögel kacken auf die Felsen, weil sie hier ruhen, denn es ist
ein hoher Punkt … wenn auch nicht sehr hoch …«

Aaju blieb bei dem Felsen, während die Leute weitergingen.
Er war mit orange-goldenen Flechten bedeckt wie eine Land-
karte auf zinnfarbener Haut. »Ich liebe das«, sagte sie. »Ich
liebe diese Farben.« Sie lief langsam um den Felsen herum
und ließ die üppige Farbenpracht auf sich einwirken. »Hätte
ich doch nur meine Kamera dabei.«

Ich fragte mich, was Aaju alles für sich behielt, was das
Land ihr erzählte. Wie großzügig sie war und wie geduldig.
Ich hatte gesehen, wie sie Schwarze Krähenbeeren aß, die für
mich wie Wasser schmeckten. Sie empfand eine Süße, die ich
nicht entdeckte. Ich fragte mich, ob es ihr schwerfiel, uns bei
den Spaziergängen zu begleiten und im Namen des Landes
zu sprechen und unserer Wahrnehmung auf die Sprünge zu
helfen. Mit dem leuchtenden Felsen verbrachte sie mehr Zeit
als wir. Wenn die *tingaujaq*-Blüten mit ihren kleinen Stimm-
chen zu ihr sprachen, dass sie eine Jacke anziehen und Karibus
jagen sollte, was sagten ihr dann wohl die Flechten mit ihren
vielfältig wuchernden Formen und ihrer grellen Farbe, die für
uns andere zu schweigen schienen?

Ich ließ Aaju mit dem Felsen alleine und ging weiter zu
einem Stück Wasser, wo Junko, die Seetaucher-Forscherin,
eine Flotille von kleinen Küken betrachtete.

»Im Japanischen heißen sie *Eisenten*«, sagte sie.

Rinnsale und Pfützen zwischen den Weiden und sich an den Boden klammernden Blättern reflektierten den Himmel mit einer Weichheit, die sie gespenstisch wirken ließ. Da war ein Teich, umgeben von überraschend hohem Schilf: Zwischen den lanzenförmigen Spitzen hingen weiße Büschel von den *umingmak*, den Moschusochsen, die hier tranken und dann weiterzogen.

Geschenke anzunehmen, sollte gar nicht so schwer sein. Ein lieber Freund von mir, der umständehalber auf die Gaben und die Freundlichkeit anderer angewiesen war, sagte einmal, es sei falsch von mir, unabhängig sein zu wollen. »Den Leuten tut es gut, wenn sie großzügig sein können. Wenn ich gezwungen bin, ihre Großzügigkeit anzunehmen, sage ich mir, dass es ein Segen ist, wenn man geben kann. Du solltest zulassen, dass andere das für dich tun. Sei nicht die Einzige, die ständig gibt.«

Ich ging um den See, sammelte Fasern von Moschusochsenwolle und nahm dieses Geschenk von der Erde an. Ich hatte kein schlechtes Gewissen dabei oder das Gefühl, ich hätte es nicht verdient. Brauchte denn sonst jemand diese Wolle? Wusste überhaupt jemand, dass sie da war? Ich nahm sie, so wie es die Erde und vielleicht die *umingmak* von mir wollten, ich wusch sie und verwende bis heute jedes einzelne Stück davon voller Ehrfurcht.

Aber vielleicht hätte ein Vogel sie gebraucht.

Mutmaßungen sind immer eine Gefahr.

In dieser Nacht fuhren wir die Küste von King William Island entlang, wo die 129 Männer der Franklin-Expedition von 1845 sich durch das Packeis gezwungen sahen, ihr Schiff zu ver-

lassen, und sich auf ihren berühmten Marsch in den Tod gemacht hatten. Ich ging mit meinem Skizzenheft in die Bibliothek, wo gerade einer von Sheenas Malkursen stattfand. Auf
dem Tisch stand eine Schachtel mit Karten, auf die sie krypti-
sche Anweisungen geschrieben hatte. Sie hatte die Karten ver-
deckt hingelegt.

»Such dir eine aus«, sagte sie schelmisch.

Vorsichtig schob ich die Karten mit den Fingerspitzen
herum.

»Mach schon. Du kannst das.«

Ich wählte eine Karte, auf der stand: *Verforme etwas*. Auf
der Suche nach einer Erklärung sah ich sie fragend an, aber sie
arbeitete an ihrer eigenen Studie weiter.

Ich war verblüfft und ein wenig besorgt. Etwas verformen?

Während ich mit der von mir gewählten Karte haderte,
näherte sich unser Schiff der Rae-Straße. Sie war nach John
Rae benannt worden, dem schottischen Entdecker, der zurück
nach England gefahren war, um Jane Franklin die unliebsame
Nachricht zu überbringen, dass nicht nur ihr Mann daran ge-
scheitert war, die begehrte Nordwestpassage zu entdecken,
sondern dass auch seine Crew, die bei ihrem Marsch hallu-
zinierte und deren Fleisch in zerfledderten Seidenunterhem-
den und Fischgrätwesten verkümmerte, dem Kannibalismus
verfallen war. Es war nur wenige Meilen von der Stelle passiert, wo sich unser Schiff jetzt befand. Diese europäische Geschichte spukte in meinem Kopf umher und stand im Konflikt
mit allem, was ich auf dem Land gesehen und gespürt hatte:
ein Ort, der so kraftvoll und gutmütig war, dass sich der Boden
unter den Füßen fester und solider anfühlte als an jedem anderen Ort, den ich in der südlichen Welt betreten hatte.

Während wir die Küste von King William Island weiter hinunterfuhren, war ich froh um das Wasser unter unserem Schiff: Wie meine wachsende Wahrnehmung der tiefen Geheimnisse des Nordens besaß es keine geraden Linien, keine Ecken, keine einfache, lineare Logik. Es enthielt schwebende verborgene Gräser, die mit Träumen und Knochen verwoben waren. Wenn etwas verformt war, überlegte ich, als ich über Sheenas Koan nachdachte, dann waren es meine eigenen kontinuierlichen Versuche, diese Reise zu kartieren, statt zu begreifen, dass ich selbst die Karte war und dass dieses kraftvolle nördliche Land begonnen hatte, seine Spuren in mir zu hinterlassen.

| Kapitel 16 |

Gjoa Haven

Am nächsten Morgen erreichten wir Gjoa Haven, die einzige Siedlung auf King William Island. Das Dorf veranschaulicht sehr deutlich, wie diesem Land von den Europäern die Geschichte einer vermeintlich »Neuen Welt« auferlegt wurde, wo sie doch in Wahrheit selbst eine uralte Geschichte besitzt. Wie andere Orte in der Arktis hat Gjoa Haven sowohl einen europäischen als auch einen Inuit-Namen. Die *Gjoa* war das Schiff des norwegischen Entdeckers Roald Amundsen, der sich 1903 dort aufhielt, um den magnetischen Pol zu erforschen. Im selben Atemzug schreibt die europäische Geschichte es häufig Amundsen zu, diese Siedlung gegründet zu haben. Er hingegen sagt, er sei so lange geblieben, um von den Inuit zu lernen, die ihm ihre althergebrachten Traditionen zeigten. Der Inuktitut-Name des Hafens, *Usuqtuuq*, bezieht sich auf die großen Mengen von Speck, die es für die nomadischen Jäger in dieser Gegend zu holen gab.

Wir kamen mit den Zodiacs an. Ein Inuk namens Simon empfing uns, um uns unsere Fragen zu beantworten. Er trug eine handgemachte Wollmütze, deren orangerote, azurblaue und indigofarbene Streifen leuchteten wie das Nordlicht. Sie hatte eine aufwendige Quaste aus demselben bunten Garn.

»Diese Mütze«, staunte ich. »Die Wolle ist wunderschön.«

»Ja.«

»Sie ist gehäkelt.«

»Ich habe sie schon seit zehn Jahren.«

»Sie sieht brandneu aus. Wo ist sie her?«

»Ich habe sie in Nord-Quebec gekauft.« Dann wandte er sich um, um uns weiter in die Ortschaft hineinzuführen, über unbefestigten Sandboden, der aussah, als hätte man eine Baustelle ausgehoben und wäre dann mit schweren Maschinen darübergefahren.

»Traditionell war King William Island der Ort, an dem die Inuit Bären jagten«, erzählte mir Bernadette Dean, während wir hinter ihm herliefen. »Doch sie hielten sich nie länger hier auf. Hier wohnte niemand.« Die Menschen hätten damals entlang des Back Rivers gelebt, hinter einer geschützten Bucht weit im Süden. Ende der 1920er-Jahre hatte die Hudson's Bay Company dort einen Außenposten eingerichtet, doch noch 1960 gab es nicht mehr als hundert Einwohner, da die Inuit das Land weiterhin auf ihre Art nutzten und sich anders als die Weißen nicht dauerhaft an einem Ort ansiedelten. Die Inuit von Gjoa Haven jagen heute genauso wie früher, sie fischen, es gibt den Trommeltanz und den Kehlkopfgesang, aber sie verlassen immer noch die Siedlung – wo jetzt etwa tausend Menschen leben –, um zu ihren traditionellen Lagern wie zum Beispiel am Back River zurückzukehren.

Hinter Simon sah uns ein etwa siebenjähriges Mädchen zu, wie wir in unseren Gummistiefeln vom Strand her hinaufgingen. Sie trug ihren kleinen Bruder im Amauti-Stil, indem sie ihn hinten in der Kapuze ihrer Männerjacke festgebunden hatte. Der Reißverschluss war zugezogen, und die Ärmel hatte sie vor der Brust zusammengeknotet, damit das Bündel sicher zusammengehalten wurde.

Während wir durch den Ort gingen, den Amundsen angeblich als einen der schönsten kleinen Häfen der Welt bezeichnet hatte, wurden wir selbst zum Bestandteil einer fortlaufenden Kreuzung zwischen den Menschen, die dieses Land ihre Heimat nannten, und jenen, die nur hindurchfuhren, wegen Geld, wegen eines Mythos oder aufgrund von militärischen Fantasien. Als wir auf das Gemeindezentrum zugingen, spürte ich die Aufregung der Kinder und der Dorfältesten, die sich versammelten, um uns anzusehen. Es sollte getrommelt und getanzt werden, und es gab handgemachte Waren zu kaufen.

Wir waren nicht hierhergekommen, um einzukaufen, sondern um zu lernen und zu beobachten. Trotzdem spürte ich den typischen Konkurrenzkampf in mir – ich wollte als Erste in dem Saal sein, wo die Leute bereits ihre Waren auf Gestellen und Kartentischen ausgelegt hatten. Doch zuvor stieß ich auf einen Jungen im Eingang, einen Teenager, der es vielleicht nicht auf die Liste der offiziellen Kunsthandwerker geschafft hatte, die im Inneren verkaufen durften. Er hatte kleine Tiere aus Knochen geschnitzt und Kettenanhänger daraus gemacht, doch sein Schnitzmesser und ein Steinbär erregten meine Aufmerksamkeit. Er war halb so groß wie die Hand des Jungen und sah aus wie der Eisbär auf Beechey Island, aber irgendetwas war anders an ihm, was ich auf den ersten Blick aber nicht festmachen konnte.

»Verkaufst du den Bären?«

»Er ist noch nicht ganz fertig. Ich dachte, Ihr Schiff kommt erst morgen.«

»Du wolltest den Bären also morgen fertighaben, um ihn zu verkaufen?«

Er nickte, gehüllt in einen Kapuzenpulli wie mein Teenager zu Hause. Seine Miene: Bedauern, dass er den Bären nicht an dem Tag verkaufen würde, gemischt mit dem Bemühen, das nicht wichtig zu nehmen. Aber mir gefiel der Bär. Ich mochte die Spuren der schnitzenden Hand des Jungen: eine gemeißelte Fläche, eine Kerbe, sichere und doch weiche Linien.

»Kann ich ihn trotzdem kaufen, auch wenn er noch nicht fertig ist?«

Er sah mich an, als wäre ich geistig etwas minderbemittelt.

»Ich meine, hättest du etwas dagegen? Mir gefällt er so, wie er ist.«

Ein bisschen schämte ich mich. Ein Künstler musste doch sein Werk vollenden können! Wie würde ich mich fühlen, wenn jemand eine Geschichte von mir haben wollte, die erst zu drei Vierteln fertig war? Ich hätte das Gefühl, es wäre nicht mein bestes Werk, und würde es nicht aus der Hand geben wollen.

»Na ja, schon ...« Er betrachtete seinen Bären, als wolle er sich bei ihm entschuldigen, dann reichte er ihn mir. Ich zahlte ein Hundertstel dessen, was andere Leute erfahrenen Steinschnitzern für vollendete Arbeiten bezahlen würden.

»Darf ich ein Foto von dir mit dem Bären in der Hand machen?«

Nahm es mit meiner Dreistigkeit kein Ende? Ich wollte ihn, den Künstler, später noch einmal ansehen können, denn ich wusste, ich würde seinen Bären sehr gern haben. Aber was war an dem Bären, das ihn irgendwie merkwürdig machte? Da war noch etwas jenseits der Tatsache, dass er nicht fertig war.

Etwas, das nicht ganz zu dem wenigen passte, was ich über Eisbären wusste.

»Klar.«

»Wie heißt du?« Ich kaufe keine Arbeiten, ohne den Namen des Künstlers zu kennen, aber ich kam mir wieder vor wie ein Idiot, eine dumme Touristin, die keine Ahnung hatte, wie man einen guten Bären von einem unfertigen unterschied.

»Jacob.«

Als er mir seinen Bären reichte, spürte ich, dass er ein guter Steinschnitzer war. Ich liebe »Works in progress«, wenn die Vision des Künstlers noch alles Mögliche enthält. Aber als ich dann im Inneren des Gebäudes einem Mitreisenden den Bären zeigte, erklärte er mir sofort, wie ich dessen Unzulänglichkeiten ausbessern konnte.

»Wenn Sie nach Hause kommen«, schwärmte er, »dann kaufen Sie sich in einem Laden für Künstlerbedarf, in dem es Schnitzwerkzeug gibt, eine Feile dieser Größe« – mit den Fingern deutete er einen Abstand von knapp zehn Zentimetern an – »und feilen diese Kanten einfach ab.«

Aber genau diese Kanten mochte ich. Trotzdem hörte ich zu. Es könnte mir eines Tages nützen, wenn ich selbst etwas aus Stein schnitzte. Diese Tipps konnte ich bei den ganzen anderen nützlichen Informationen ablegen, die ich in diesem Leben nicht mehr anwenden konnte, zum Beispiel, wie ich meine Moschusochsenwolle mit einer Holzspindel zu Garn spinnen konnte oder wie man eine Sonnenuhr für Notfälle baute und benutzte.

»Schleifen Sie es dann mit Sandpapier Körnung 180 noch glatter, etwa eine halbe Stunde lang«, sagte er.

Ich nickte.

»Befeuchten Sie dann trockenes 600er Sandpapier, das ist ganz fein, und schleifen Sie ihn damit noch zwei weitere Stunden.«

Er wartete, bis ich das alles aufgeschrieben hatte.

»Manche Leute verwenden dann noch Wachs, ich aber nicht. Der Bär wird auch ohne Wachs glänzend.«

Glänzend? Der Bär war so weit davon entfernt, zu glänzen, dass ich mir nicht vorstellen konnte, wie er jemals schimmern sollte. Meinte er, der Bär könnte so werden wie die hochglänzenden Inuit-Schnitzereien in den Souvenirläden am Parliament Hill? Konnte dieser pockennarbige, kreidige Bär von Jacob verwandelt werden in … aber wollte ich das überhaupt?

»Und dann schnitzen Sie selbst etwas – kaufen Sie sich vor diesen ganzen Schritten, die ich eben beschrieben habe, Speckstein und eine kleine Säge. Diese winzigen Sägen bekommt man in Eisenwarenhandlungen.«

»Danke.« Ich steckte mir Jacobs Bären in die Tasche. Die Spuren von Jacobs Händen von dem Bären zu entfernen, als wären sie fehlerhaft oder ungewollt? Sie durch meine Vorstellung von einer perfekten Oberfläche ersetzen? Nein. Ich erinnerte mich, wie mein Vater mich einmal bat, eine grobe Anrichte abschleifen und lackieren zu dürfen, die er für mich in der Nähe der Bonavista Bay aufgestöbert hatte.

»Das macht man nur in Museen, oder bei diesen Idealisten von der *Antiques Roadshow*, dass man den ganzen alten Schmutz und Dreck an dem Möbelstück lässt, genau wie man es gefunden hat, nachdem es ein halbes Jahrhundert bei irgendeiner alten Frau im Keller vergammelt ist«, sagte er. »Die müssen es ja nicht zu sich in die Küche stellen und damit leben.«

Doch ich bat meinen Vater, seine Bemühungen darauf zu

beschränken, das Stück sanft zu reinigen und ein abgebrochenes Endstück zu reparieren. Mir war klar, er hätte das Möbelstück aussehen lassen können, als würde es eine Million Dollar kosten, aber ich wollte die alten Geschichten der Anrichte zu mir sprechen lassen.

»Ich habe die abgewetzte Ecke so gelassen, wie sie war. Sie war ganz abgeschmirgelt von den Händen, die über die Jahre hinweg die Tür aufgemacht haben«, sagte er. Die Ecke der Tür der Anrichte sah aus wie ein Block Butter, den die Katze abgeleckt hatte. Mir war das gar nicht aufgefallen, und ich war froh, dass er es gesehen und es so gelassen hatte, und auch, dass er es mir gesagt hatte. Als ich Jacobs Bären in die Tasche steckte, wusste ich, dass ich die Spuren seiner Hände genauso bewahren wollte. Aber was war es, was an dem Bären irgendwie nicht stimmte?

Ich zeigte ihn einem unserer Wissenschaftler. »Von der Form her scheint es ein Eisbär zu sein, aber nicht ganz. Da ist noch etwas. Er ist weiß, aber …« Er überlegte. »Wir befinden uns in der geografischen Zone, in der der Eisbär dem Grizzly weicht. Lange Zeit dachten wir, es gäbe keine Kreuzung zwischen diesen beiden Bären. Aber jetzt, da das arktische Eis schmilzt und sich der Lebensraum beider Arten ändert, wurden schon Kreuzungen gesichtet. Wir haben einige Beweise dafür, dass es sie gibt, und falls es sie überhaupt gibt, dann wären sie in dieser Gegend. Also vielleicht« – er hielt den Bären hoch und untersuchte ihn – »ist der Bär, den du hier hast, einer von ihnen. Schau mal. Die Schnauze, die Breite des Brustkorbs, die Größe seines Kopfes …«

Offenbar befand sich dieser Bär also im Werden, in mehr als einer Hinsicht.

Ich ging in den Gemeindesaal, um mir den Tanz anzusehen. Auf einer Seite saßen Männer, Frauen und Kinder aus Gjoa Haven, die ihre Waren zum Verkauf anboten. Ein Mädchen in einem prachtvollen Mantel, den Stickereien, Perlen und der Schwanz eines Wolfes oder Fuchses zierten, schlüpfte zwischen den Verkäufern hindurch. Elisabeth mit der erlesenen Wollunterwäsche sagte zu mir: »Ach, hätte ich doch nur so einen Mantel, der groß genug für mich wäre…« Der Mantel hatte Schulterpuffen und Glockenärmel und war mit zusätzlichen Schößchen ausgestattet. Er wirkte eher wie ein zeremonielles Gewand, das für den kalten Norden gemacht worden war, als dass er irgendeinem Mantel ähnelte, den ich je gesehen hatte.

»Ich frage sie.«

»Ja?«

»Da ist sie, sie läuft zur Toilette. Ich gehe ihr nach und frage sie.«

»Du willst ihr doch nicht etwa folgen?«

»Doch, klar. Ich gehe rein und frage sie, wer den Mantel gemacht hat.«

Ich lief der Kleinen nach und schenkte ihr ein Lächeln, das, wie ich hoffte, sie nicht einschüchterte. »Hallo.«

»Hallo.« Sie kicherte.

»Meiner Freundin Elisabeth gefällt dein Mantel. Sie würde gerne wissen, wer ihn gemacht hat.«

Ich folgte dem Mädchen zwischen den Anbietern von Bärenkrallenketten und Schnitzereien, die mit den richtigen Werkzeugen bearbeitet worden waren, bis sie glänzten, durch Mokassins und Mützen hindurch zu einer Frau, die sich gerade mit Freundinnen unterhielt. Elisabeth kam zögerlich herbei, und als ich das nächste Mal mit ihr sprach, hielt sie eine Skizze in der Hand, auf der sie mit der Näherin jede Einzelheit eines Mantels festgehalten hatte. Als die Näherin den Mantel dann nach mehreren Monaten zu Elisabeth nach Hause in den Süden schickte, entpuppte er sich als so feierlich und prachtvoll, dass es jedes Quäntchens von Elisabeths Mut bedurfte, ihn in der Öffentlichkeit zu tragen. Mit ihrem Mantel aus Gjoa Haven und ihrer Wollunterwäsche wurde Elisabeth zu einer Königin des Nordens.

Ein amerikanischer Passagier feilschte um den Preis von Bärenkrallenketten – von Grizzlys –, nur um dann herauszufinden, dass er sie gar nicht legal in die Vereinigten Staaten einführen durfte. Ich staunte wieder einmal, wie wir Dinge, die uns gefallen, einfach an uns nehmen. Wie unterschiedlich Tierteile, so wie Krallen, doch verwendet wurden, je nachdem, ob man in der Arktis lebte oder nicht. Ich kaufte zwei der Krallen, auf die der Amerikaner verzichten musste. Ich fand es seltsam, dass ich sie in meinen südlichen Teil Kanadas mitnehmen durfte, das mittlerweile so weit vom Norden entfernt zu sein schien wie Florida oder Texas.

Eine alte Frau saß zwischen Werkzeugen und Kochutensilien. Sie hatte ein selbstgefertigtes Ulu.

»Das sieht alt aus.« Ich nahm es in die Hand.

Sie nickte.

»Haben Sie es selbst gemacht?«

Ein Nicken.

Im Norden gab es überall Ulus, sie wurden auf Mäntel und Decken gestickt und von Menschen benutzt, aber diejenigen, die Besuchern zum Kauf angeboten wurden, waren für gewöhnlich nur dekorativ und nicht für den Gebrauch vorgesehen.

Manche sahen aus, als wären sie hastig aus neuen Materialien gefertigt worden und weder groß noch kräftig genug, um irgendetwas zu schneiden. Aaju Peter hatte ein richtiges Ulu. Sie hatte uns gezeigt, wie man damit rohes Seehundfleisch in kleine Würfel schnitt, die aussahen wie zitternde Rubine. Ihres hatte eine halbkreisförmige Schneide, die man schaukelnd hin- und herbewegte, während man es am Griff aus Knochen festhielt. Ein echtes Ulu fasste sich angenehm an und war schön anzusehen, seine Schönheit rührte von seiner Nützlichkeit und der schlichten Eleganz.

»Was kostet es?«

Ich hatte Jacobs Bär und zwei Grizzlykrallen in der Tasche, und nun wollte ich auch noch das Ulu haben. Es gab mir zu denken, dass es viel in Gebrauch gewesen zu sein schien und die Frau es vielleicht in letzter Minute aus ihrer Küche mitgenommen hatte, bevor sie zu diesem Treffpunkt gekommen war. Einer alten Frau ihr Ulu wegnehmen? Ich sollte verdammt noch mal meine eigenen Messer benutzen, mit ihrem Sheffield-Stahl und den elfenbeinfarbenen Griffen, eines für die Orangenmarmelade und eines für die Butter von einer Kuh aus Devonshire.

»Sechzig Dollar.«

Woran liegt es nur, dass man etwas haben will, dass man ein kleines Stückchen von etwas, einem Ort, einem Menschen nehmen muss, um es zu besitzen und zum Teil von sich selbst zu machen? Die Begegnung mit dem Eisbären hatte mir einen Eindruck davon vermittelt, wie es war, wenn man mit der Natur eins wurde, aber hier im Gemeindesaal von Gjoa Haven wurde ich wieder ausgestoßen, ich war abgetrennt und wollte doch Teil des Ulu, Teil des Grizzlys, Teil von Jacobs Bären und Teil des Tanzes sein, der sich jetzt auf einer Seite formierte. Aber beim Tanz konnte ich nicht mitmachen, so gerne ich tanze und immer getanzt und mich auf der Straße blamiert habe. Ich hatte mich an der Achillessehne verletzt und fürchtete, sie könnte beim Tanzen reißen. Ich hatte keine Lust, den Norden in einem Rettungshubschrauber zu verlassen oder die Rücktransportklausel meiner Versicherung auf die Probe zu stellen.

Ich kaufte das Ulu. Wie bei einem Regenbogen bestand seine Schneide aus dem Ausschnitt eines Kreises, der nur zum Teil sichtbar war. Vielleicht existierten dieser Kreis und die Ganzheit, die das Land, der Eisbär und die Moschusochsen verkündeten, trotz meiner zwischenzeitlichen Trennung davon. Ich hielt das Ulu – es war sehr hübsch mit seinem Messingstiel, dem beinernen Griff und der Stahlklinge – und versuchte, nicht das Gefühl zu haben, ich hätte es der Frau gestohlen, die es gemacht hatte. Hatte ich nicht auch selbst schon gerne Dinge verkauft, die ich eigenhändig gemacht hatte? Gürtel, Taschen, Mützen und Geschichten. Ich hatte viele wichtige Teile von mir verkauft, auch meine eigenen Schöpfungen, und mit dem Geld dafür hatte ich Fleisch, Äpfel, Flugtickets und Kartoffeln erstanden. Wir machen und lieben etwas, und dann verkaufen wir es; vielleicht machen Frauen das öfter – etwas verkaufen, was wir gemacht, benutzt und geliebt haben –, vielleicht vereint uns das, Dinge zu schaffen, sich zu trennen, zu verlieren, sich zu sehnen, zu scheitern und zu versuchen, heil zu werden.

Jacob – der Junge, der den Bären geschnitzt hatte. Die Frau, deren Ulu ich nun in der Hand hielt – sie hieß Sarah. Ich kannte die Namen der beiden, weil ich gefragt hatte. Aber meinen kannten sie nicht, und sie hatten auch nicht danach gefragt.

Während des Tanzes gingen ein paar von uns ins Gemeinde-büro, um sich Artefakte aus der Geschichte Gjoa Havens an-zusehen. Ich ließ die anderen die Schnitzereien und Schauta-feln betrachten und zog mich in eine stille Ecke zurück, aber es gab jemanden, der mir folgte: ein Mann aus Gjoa Haven, der mir vorher nicht aufgefallen war. Ich trug die alte, riesige Helly-Hansen-Regenjacke meines Mannes, voller Zement und Farbe und Gaffer-Tape. Im Vergleich zu den anderen Passa-gieren sah ich etwas verlottert aus. Später sollte mein Mann sagen, diese Jacke müsse der Grund gewesen sein, warum der Mann sich entschloss, mir etwas anzuvertrauen. Es sei eine Jacke, die zu Enthüllungen einlud, meinte mein Mann.

Der Mann sprach ganz nahe an meinem Ohr: »Wie lange sind Sie denn noch hier?«

»Ich glaube, nur den heutigen Tag.«

»Sehr schade, dass Sie nächste Woche nicht mehr da sind.«

Wenn sich irgendwo in meinem Umfeld interessante Be-gegnungen abzeichnen, dann setzt bei mir ein Mechanismus ein, der mich veranlasst, zu antworten, als wäre alles völlig normal. Das ist manchmal schlecht, aber in diesem Fall dachte ich mir, ich sei zu alt und zu schäbig angezogen, als dass es sich um einen Flirt oder einen Raubüberfall handeln konnte. Der Mann kam mir ganz nah und sprach halblaut, aber ich spürte keine Gefahr.

»Und warum?«

»Vor sechzig Jahren hat Father Henry Franklins Logbuch entdeckt.«

»Father Henry?«

»Der Priester hier. Ein alter Inuk hat dem Priester die Dokumente überreicht. Er hat sie in mit Wachs beschichtetes Segeltuch eingeschlagen, in einen metallenen Behälter gesteckt und dann hier in Gjoa Haven vergraben.«

»Franklins Logbuch?«

Es fiel schon ziemlich schwer, bei der Erwähnung eines solchen Dokuments nicht doch ein wenig aufgeregt zu werden. Mir fiel ein kleiner Zettel an der Wand meines billigen Hotels in Paris ein, in dem ich in meinen Zwanzigern gewohnt hatte. Auf Französisch wurden die Hotelgäste gebeten, ihr *sang froid* zu bewahren, ganz egal, wie hoch bei einem Brand die Flammen schlugen oder bei irgendeinem anderen ungewollten Ereignis. Das Logbuch von Lord Franklin war nie gefunden worden. Nicht ein Knopf von seiner Kleidung war geborgen worden. Jeder an Bord unseres Schiffes hatte irgendwann auf dieser Reise einmal davon geträumt, dass Franklins dies und Franklins das vor unseren Augen auf der Tundra oder in den Wellen, die gegen die Felsen schlugen, auftauchen könnte. Nathan Rogers hatte einen Großteil der Reise über gefastet, und ich hatte meine eigenen psychologischen Peilungen in Land, Luft und Wasser rund um unser Schiff angestellt. Wir lauschten alle permanent nach Hinweisen über dieses rätselhafte Land. Franklins Logbuch? War der Mann irre? Hatte ich ihn richtig verstanden?

»Direkt hier in der Stadt. Nächste Woche werden wir es ausgraben.«

»Ach ja.«

»Nur ein Onkel wusste davon, und er hat es bis letztes Jahr geheim gehalten. Er war derjenige, der das Geheimnis bewahrt hat.«

»Ihr Onkel?«

»Nächste Woche kommt ein Archäologe her, mit einem

Assistenten. Die Ausgrabung wird ordnungsgemäß überwacht, und wir schicken das Dokument zur Untersuchung nach Ottawa.«

»Nach Ottawa?«

»Es gibt einen Haufen juristischen Kram. Wenn Sie mit in mein Büro kommen wollen, kann ich Ihnen die ganzen vertraulichen Dokumente zeigen.«

Ich folgte ihm. Er nahm Papiere vom Schreibtisch, fotokopierte sie und reichte mir die Kopien. Es war ein Vertrag zwischen der Familie des Mannes und ein paar Anwälten in Sherwood Park, Alberta. Er gab mir auch einen Bericht von einem Treffen seiner Familie mit Vertretern der Nunavut-Regierung, einem Historiker und einem Rechtsberater, bei dem es um die vergrabenen Dokumente ging, von denen vermutet wurde, dass sie mit der 1845 verschwundenen Franklin-Expedition zu tun hatten.

In dem Bericht stand etwas von Dokumenten, die in Wachstuch eingeschlagen und in eine Blechdose gesteckt worden waren, die man dann vergraben hatte. In diesem Monat sollte es in der Tat eine Ausgrabung geben, war darin zu lesen, und die Dose sollte ungeöffnet ans Canadian Conservation Institute in Ottawa gehen. Die Familie sah ein, dass die Papiere richtig konserviert werden mussten, aber sie bestanden darauf, dass solch ein historischer Fund nach Gjoa Haven zurückkehren musste. Es war die Rede davon, wie die Dokumente aufbewahrt werden sollten, vorübergehend und auf Dauer: Wer würde die Franklin-Papiere beaufsichtigen, und wem würden sie wirklich gehören, sobald sie einmal ausgegraben waren? Die Familienmitglieder hatten Formulare mit Einverständniserklärungen unterzeichnet, in denen vermerkt war, wie sie diesen Zwischenbericht verwendet haben wollten und wie nicht. Der Mann reichte sie mir ebenfalls.

»Warum geben Sie mir das?«

»Wir haben auf den richtigen Zeitpunkt gewartet. Die Regierung will mehr auf die Nordwestpassage setzen. Sie wollen etwas anderes damit anstellen, als sie nur zu überwachen. Und jetzt ist der Zeitpunkt gekommen.«

Musik von der Tanzaufführung trieb die Straße entlang, und Anfeuerungsrufe von dem Fußballspiel ganz in der Nähe waren zu hören. Die anderen, die mit mir in das Gebäude gekommen waren, um die kleine Ausstellung zu sehen, waren jetzt dort, wo etwas los war. Ich war allein mit diesem Mann und seiner Geschichte über das Logbuch von Franklin, und mir schlug das Herz bis zum Hals. Es erinnerte mich an meine erste Anstellung als Reporterin beim *Evening Telegram* in St. John's, nachdem ich die Journalistenschule abgeschlossen hatte. Ich bekam lahme Aufträge, die die älteren Journalisten nicht machen wollten: die Blutspendetermine des Roten Kreuzes und das Mittagessen der Rotarier. Der Höhepunkt meines Reportertages kam, wenn der Sportredakteur sich jeden Vormittag um 11:15 von seinem Platz erhob, die Tür zur Feuertreppe aufmachte und laut in die Hände klatschte, sodass Tausende Stare in die Äste zweier alter Eschen flogen, die im Hof um ihr Überleben kämpften. Das war vor der Zeit der Computer: Wir hatten eine IBM-Schreibmaschine mit Kugelkopf, und es gab eine Druckerpresse, die den gesamten ersten Stock einnahm. Nachrichtenmeldungen kamen über die Fernschreiber herein, die in einer Zelle standen, deren Boden von einer endlosen Papierzunge bedeckt war, bedruckt mit Nachrichten von *Reuters* und *The Canadian Press*. Das meiste davon war belanglos.

Aber etwa einen Monat, nachdem ich eingestellt worden war, saß ich einmal alleine in der Nachrichtenabteilung. Alle anderen waren zum Mittagessen gegangen, und ich nutzte die Gelegenheit, heimlich weiter an meinem Roman zu arbeiten. Plötzlich begann es bei den Fernschreibern zu tuten, zu brummen, zu rattern. Ich weiß noch, dass ich mein *sang froid* behielt, obwohl jeder mit einem Funken Verstand aufgesprungen wäre, um nachzusehen, was passiert war. Aber ich schrieb einen Roman.

»Die Flut seiner Gefühle zog sich von dem Ort zurück, den er für sein Herz gehalten hatte«, schrieb ich, »und hinterließen ein schartiges Bett aus Schiefergestein ...« oder einen ähnlichen Unsinn. Die Fernschreiber vibrierten. Warum befand sich im gesamten Gebäude außer mir kein weiterer Journalist? Nicht einmal Regina Best, die einmal die Woche eine Gesellschaftskolumne schrieb, aber trotzdem immer in einem prachtvollen Kaftan durch die Nachrichtenredaktion schwebte, als wäre sie die ganze Zeit über unabkömmlich. Ich sollte wohl besser aufstehen und nachsehen.

Ich wagte mich zu den Fernschreibern und hob eines der Papierbänder auf, die jetzt knöcheltief herumlagen.

Der Papst.

Mir war der Papst egal, aber vielen Menschen nicht, und er war offensichtlich angeschossen worden.

Was für ein Ärgernis. Aus dem Kino wusste ich, dass ich jetzt in Windeseile in den ersten Stock laufen und mit fuchtelnden Armen rufen sollte: »Drucker anhalten!«

Die Drucker und die Auszubildenden würden mit ihren grünen Mützenschirmen hinter den Maschinen hervorkommen, Bleistifte hinter den Ohren, unter ihnen Orson Welles als

William Randolph Hearst. Und er würde mich feuern, genau, weil ich es nämlich gewagt hatte, die Drucker anzuhalten, wo doch jeder sehen konnte, dass der Papst gar nicht angeschossen worden war, ich hatte mir das alles nur eingebildet. Ich ging zurück zu meinem Schreibtisch und setzte mich paralysiert hin, bis die echten Journalisten vom Mittagessen wiederkamen und loslegten.

Was lehrte man heutzutage an der Journalistenschule? Hatten die erfahrenen Journalisten nicht immer gesagt, die Journalistenschule sei ein Witz? Hatte ich das nicht selbst gewusst, in dem Jahr, als ich das Fernsehreporter-Seminar bestand, indem ich den Regen und die Wolken für die Wettervorhersage zeichnete, während Susan Ormiston und ihresgleichen lügende, stehlende Politiker ausquetschten und dafür sorgten, dass die Wahrheit über alles ans Licht kam? Was wiederum der Grund dafür war, dass Susan Ormiston jetzt die Starkorrespondentin der kanadischen Fernsehnachrichten war, mal im Hidschab, mal im Tarnhelm, während ihr Kugeln am Kopf vorbeipfiffen, während ich … wo war ich?

Ich war in Gjoa Haven und hörte einem Mann namens Wally Porter zu, der mir erzählte, er wisse, wo das verschollene Logbuch von Sir John Franklin in der Erde vergraben war. Das interessierte mich, im Gegensatz zum Papst, und darüber hinaus interessierte das auch eine Menge anderer Leute … vielleicht nicht so viele wie der Papst, aber trotzdem … ich konnte es nicht zulassen, dass mich wieder eine Lähmung ergriff. Ich musste etwas unternehmen. Wo gab es ein Münztelefon, wenn man eines brauchte? Warum hatte ich mein altes Rolodex mit den wichtigen Telefonnummern nicht behalten? Oder war im 21. Jahrhundert angekommen und hatte mir ein Smartphone zugelegt? Wie sollte ich diesmal die Drucker anhalten? Das Franklin-Logbuch, das innerhalb weniger Tage ausgegraben werden sollte, hier in Gjoa Haven, nach mehr als 160 Jahren, das Geheimnisse von Ruhm und Schande enthielt, Skorbut und Kannibalismus, in Franklins eigenen Worten …

Wally Porter hatte mir alles offenbart, was er mir erzählen wollte. Er musste jetzt Papierkram erledigen, sagte er, um alles für den großen Tag vorzubereiten. Ich hatte seine vertraulichen Unterlagen in der Hand und beschloss, nicht die Journalistin zu sein, die diese Neuigkeiten der Welt verkündete; dazu war ich nicht bestimmt. Während dieser Reise hatte ich auch nach Gegenständen der weißen Arktisforscher gesucht, doch ich war in keinster Weise darauf spezialisiert. Ich dachte an die Moschusochsen, an das Land und an den Bären auf Beechey Island, dessen Eloquenz meine eigentliche Schlagzeile war, mein persönlicher Studienschwerpunkt. Ich besaß weder genügend Selbstvertrauen noch Leidenschaft, um meinen Namen unter solch eine Neuigkeit zu setzen, und die »großen weißen Forscher in der Geschichte der Arktis« waren auch nicht mein Thema. Aber ich kannte da jemanden.

Ich rannte durch Gjoa Haven und fragte andere Passagiere, die gerade Fotos machten oder von dem Fußballspiel zum Tanzsaal spazierten: »Haben Sie unseren Spezialisten für die Geschichte der Arktis gesehen, Ken McGoogan?«

Jemand zeigte auf den Co-op.

Ich lief die Stufen hinauf und zwischen den Gängen mit Corned-Beef-Dosen und grünen Paprikaschoten hindurch, die genau wie ich aus einem anderen Universum zu stammen schienen. Mein Herz schlug lächerlich schnell. Da stand Ken, neben den Teebeuteln. Ich tippte ihm auf die Schulter. Was ich ihm gleich erzählen würde, war so ähnlich, als würde ich Sir Galahad erzählen, ich hätte den Rand eines silbernen Kelches aus dem Boden ragen sehen, mit einem Tropfen göttlicher Gnade daran.

»Könntest du bitte mit rauskommen?« Ich war außer Atem. »Ich muss dir etwas erzählen.«

Ken folgte mir zum Eingang und lehnte sich an die Wand, während ich ihm alles erzählte. Er hörte extrem gut zu, zeigte weder Aufregung, noch unterbrach er die Geschichte, die sich völlig wild und unglaublich anhören musste. Je mehr ich redete, desto mehr wünschte ich mir, er würde etwas sagen, aber er ließ mich ausreden.

»Er ist in diesem Gebäude da.« Ich nickte schließlich in Richtung des Gemeindebüros. »Zumindest war er das noch vor ein paar Minuten.«

Ich hatte die Befürchtung, Wally Porter könne einfach verschwunden sein, worauf Ken jedes Recht gehabt hätte zu glauben, dass ich mir die ganze Geschichte nur ausgedacht hatte. Ich hatte sowieso schon das Gefühl, unserem Bordexperten etwas suspekt zu sein, da ich dazu tendierte, einzunicken, wenn die anderen zu lange über Alluvialböden redeten, oder da ich lieber bis spät in die Nacht häkelnd in der Bibliothek saß und Nathan Rogers zuhörte, wie er »Dark Eyed Molly« sang, während die anderen darüber rätselten, ob es sich bei einem bestimmten Vogel um eine Spatelraubmöwe oder um eine Schmarotzerraubmöwe handelte. Doch das Schicksal Franklins interessierte mich beinahe so sehr, wie es Ken interessierte, und als ich ihm von dem vergrabenen Logbuch erzählte, wusste ich, dass mein Gesicht glühte. Ken hätte sich bei einem Pariser Hotelbrand wacker geschlagen. Während meines gesamten atemlosen Berichts behielt er sein *sang froid*. Ruhig folgte er meiner Wegbeschreibung, suchte Wally Porter, hörte ihm ebenso aufmerksam zu, wie er mir zugehört hatte, und verfasste eine Pressemeldung, die schließlich national und international Schlagzeilen machte.

An diesem Abend wurde an unserem Tisch eine Flasche Scotch getrunken. Ich war froh, dass Ken der Geschichte besser gerecht werden konnte, als es mir möglich gewesen wäre. Er hatte alle historischen Details, die den Kontext der Ereignisse bildeten, im Herzen und in jeder Ader, und er hatte die journalistischen Kontakte, um die Meldung herauszubringen. Aber ein kleines bisschen war ich trotzdem stolz auf mich, weil ich der Leiter gewesen war, durch den die Geschichte sich zu fließen entschlossen hatte. Beim Abendessen fand ich, nun sei es endlich an der Zeit, meinen gehäkelten Forscherbart zu tragen, der ganz einfach und wirkungsvoll mit Hilfe dezenter Schlaufen um die Ohren befestigt werden konnte. Der Bart würde sicher viel dazu beitragen, meinen Ruf als die wahre Entdeckerin wichtiger arktischer Geheimnisse unter den Bordexperten zu festigen.

Kapitel 17

Jenny Lind Island und Bathurst Inlet

Über Nacht fuhr unser Schiff durch den Kanal südlich von King William Island und überquerte die imaginäre Linie, wo die Rae Strait in den Queen Maud Gulf übergeht. Am frühen Morgen ankerten wir vor der kleinen, nebligen Jenny Lind Island und fuhren mit den Zodiacs an ihre sandige Küste. Die kleine Insel hat ihren Namen nicht von einer Marineoffizierin oder der Sekretärin der Admiralität, sondern sie ist nach einer Sopranistin benannt worden, die der Arktisforscher John Rae in London bewundert hatte und die auch als »schwedische Nachtigall« bekannt war.

Im neunzehnten Jahrhundert wurden viele Sopranistinnen als Nachtigall bezeichnet – ich war einmal auf einer anderen Insel gewesen, Twillingate in Neufundland, auf der die Sopranistin Georgina Stirling oder »Marie Toulinguet« geboren worden war, die als »Nachtigall des Nordens« bekannt wurde. Jennys und Georginas Inseln waren, was modische europäische Konzertbesucher betraf, nichts als neblige und abgelegene Felsen, und keine von beiden war jemals von einer echten Nachtigall besucht worden, einem Vogel, dem die Europäer eine literarische Romantik zugeschrieben hatten, nicht unähnlich ihrer Vorstellung von verlockenden Schätzen in den Kolonien. Bernadette Dean wollte davon nichts wissen.

Wir gingen zusammen im Nebel über Jenny Lind Island – ich hatte wieder einmal auf den langen Weg verzichtet und lief in aller Ruhe über die kürzere Strecke, las die Kalligraphie der Fußabdrücke von Schneegänsen im Sand. Bernadette vermisste jetzt ihre Heimat, besonders die Beerensträucher. Wir näherten uns einer Stelle, wo sie hoffte, Blaubeeren zu finden, und sie war einsam, wie es nur jemand sein kann, der sein Heimatland liebt. Ich kannte diese Art von Einsamkeit nicht, aber ich merkte, wie echt dieses Gefühl bei Bernadette war. Die Passagiere auf der langen Strecke waren dabei, einen fernen Hügelkamm zu erklimmen, in dem Nebel erkannten wir sie kaum. Das übliche Aufgebot an roten und blauen Anoraks leuchtete nicht bunt – sie waren blaugraue Schatten, die im Gänsemarsch über den Kamm liefen, gebeugt gegen den Sprühregen, bis der Nebel den ersten, den zweiten, den dritten verschluckte …

»Sie sehen aus wie Franklins Männer«, sagte Bernadette trocken.

So war es. Sie sahen exakt so aus wie Franklins Männer, die eine Szene aus der europäischen Fantasie darstellten – und wie es aussah, gab es diese Fantasie auch bei den Inuit –, eine Szene mit zum Untergang verurteilten weißen Forschern, denen die Elemente jegliche Individualität ausgesaugt hatten und die auf dem Weg in die Vergessenheit waren.

Wir sahen zu, wie sie im Nebel verschwanden. Ich fragte mich, ob Bernadette uns alle, die hierherkamen und durchreisten, als Franklins Männer betrachtete; Reisende durch die Passage, die suchten und sich endlos langsam von einem Ende des Landes zum anderen bewegten, ohne je eine Mitte zu finden, denn eine Mitte verlangt von uns, einen Punkt der Ruhe zu finden.

In dem milchigen Nebel erblühten weiße Geschöpfe – Schneegänse –, sie erschienen plötzlich und lösten sich wieder auf, groß und leuchtend, zogen sich zu Kugeln zusammen und spreizten dann ihre Federn zu prächtigen Fächern. Ich fand zwei halbmondförmige Knochen im Sand, Spiegelbilder voneinander, flach, mit faszinierenden Löchern und Kanten. Jeder war etwa so groß wie der Halbmond, den ich mit Daumen und Zeigefinger bilden konnte. Ich zögerte schlechten Gewissens, schob sie mir aber doch in die Tasche, weiße Teile aus dem weißen Nebel. Ich fragte mich, ob das die Kieferknochen eines kleinen Polarfuchses sein könnten.

Unser Meeresbiologe kam gerade nahe an uns vorbei. »Seehund?«, überlegte er, als ich ihm die Knochen zeigte. Ich fand, er klang etwas unsicher. Ich hatte in Neufundland viele Seehunde gesehen, und diese Knochen kamen mir anders vor.

»Ich muss immer an einen kleinen Fuchs denken, wenn ich sie ansehe.«

»Nein. Die Backenzähne sind zu klein. Ich glaube, wir haben es hier mit einem Seehund zu tun.«

Steine ragten aus dem Nebel: geheimnisvolle Säulen, darauf ein Torso und ein Kopf, ein Abbild des menschlichen Körpers. Ich war zu einem der steinernen Wächter gekommen, einem sogenannten Inuksuk, wie ich gelernt habe. Dieser hier war ein Prachtstück. Er war viel größer als ich und versuchte, zu mir zu sprechen. Ein Bein stand im Sand, das andere berührte das Wasser. Wie lange er wohl schon hier stand? Ich versuchte, mir vorzustellen, wie seine Steine dem Krachen des Eises an dieser Küste während des vergangenen Winters und Frühlings widerstanden hatten, aber es ging nicht. Ein anderer Wissenschaftler unseres Schiffes tauchte nun aus dem Nebel auf.

»Der ist aber schön«, staunte er.

»Was glaubst du? Wie lange steht er schon hier?«

»Das ist schwer zu sagen.«

»Hältst du es denn für möglich, dass ihn jemand von unserem Schiff heute Morgen gebaut haben könnte?«

»Wie kommst du denn darauf?« Er sah mich ehrlich überrascht an.

Es war nicht das erste Mal, dass das Alter, die Herkunft, die Authentizität und Identität eines gefundenen Objekts uns hier im Norden vor ein Rätsel gestellt und uns zu den unterschiedlichsten Spekulationen veranlasst hatte. Der Ort lud zu mannigfachen Versionen jeder nur möglichen Geschichte ein. Trieb Franklin immer noch unter Wasser oder nicht? Hatte ich die Kieferknochen eines Seehunds in meiner Tasche oder die Knochen eines anderen Tieres? War mein Bär ein Eisbär oder ein Grizzly, oder gar eine Mischung aus beiden, die manche für eine mystische Schöpfung hielten? Und wenn der Bär eine Kreuzung war, gab es sie schon lange oder war sie ein neuer Teil der langen, uralten Geschichte, aus der die arktische Welt bestand?

»Ich dachte, das Wasser, der Sand… das bewegt sich doch alles mit der Zeit. Ist es möglich, dass das hier schon sehr lange steht?«

»Es könnte wirklich schon sehr lange hier sein.«

Als ich zurück an Bord des Schiffes ging, dachte ich an den Inukshuk. Nathan saß da und stimmte seine Gitarre, und plötzlich wusste ich es…

»*Du* hast ihn gebaut.«

»Was?«

»Er ist wunderschön. Die Leute denken, diese Steine wurden vor langer Zeit aufeinandergeschichtet.«

»Heh.«

»Wissenschaftler. Sie glauben, er könnte seit Ewigkeiten dastehen.«

Er warf den Kopf zurück, und sein Zungenpiercing funkelte.

»Er ist wirklich wunderschön.«

»Danke dir. Woher wusstest du es?«

»Manche Steine, die das Wasser nicht berührt haben, waren nass.«

Wir prusteten los, dann übte er »Willie O Winsbury« für seinen Auftritt später am Abend.

Ich war traurig, dass unsere Reise bald vorüber sein würde. Aaju und Bernadette, Nathan und Sheen und Elisabeth und andere an Bord hatten mir bewusst gemacht, wie lieb jemand Menschen gewinnen kann, der sich einbildet, gerne allein zu sein. Wir bekamen Nachrichten: »Heute ist der letzte Tag, an dem Sie noch Wäsche schicken können.« Wäsche? Ich hatte keine Wäsche – aber ich wusste, die Mitteilungen bedeuteten, dass wir bald durch den Coronation Gulf auf unser ursprüngliches Reiseziel Kugluktuk zufahren würden, den letzten Punkt, bevor wir uns auflösen und in unsere Heimatorte im Süden zurückkehren würden.

»Die Ältesten lehren uns, dass der Geist sehr stark ist«, sagte Aaju beim Essen, »der Körper ist – im Vergleich – eine Feder, die über die Tundra geweht wird.«

Ich konnte mir leicht vorstellen, wie diese Feder über das

Land geweht zu werden, das wir bereist hatten, aber ich hatte nicht das Gefühl, mein Geist wäre stärker als diese Feder. Ich fühlte mich einsam in dem Wissen, dass all die Menschen und all die Schönheiten, denen ich begegnet war, sich bald zerstreuen würden. Nathan spielte an diesem Abend im Salon, und ich trank Brandy mit dem Kapitän, mit dem ich nicht gesprochen hatte, seit Wally Porter mir von dem vergrabenen Behälter in Gjoa Haven erzählt hatte. Ein bisschen atemlos fragte ich den Kapitän, was er von diesem Behälter hielt.

»Wir wissen nicht, was und ob überhaupt etwas dort vergraben wurde«, sagte er mit höchster Ruhe. »Franklins Logbuch? Ich habe davon gehört, aber es ist nur ein Gerücht. Ich glaube es erst, wenn ich es sehe.«

Nathan sang »Willie O Winsbury«: *Cast off, cast off your berry-brown gown. Stand naked on the stone ...* Es ist gar nicht so einfach, zwei schönen Männern gleichzeitig zuzuhören. Ich dachte bei mir, dass der Kapitän und John Franklin doch in ganz ähnlichen Bereichen arbeiteten, und ich wollte Genaueres wissen, das der Kapitän mir vielleicht erzählen würde. Nathan sang unterdessen von Kapitänen und Königen und kindlicher und anderer Liebe im Lauf der Zeitalter. Seine Stimme war eine, die man mit den Knochen des ganzen Körpers hörte, nicht nur mit den muschelförmigen Knochen in den Ohren.

»Welche Einzelheiten würde ein solches Logbuch denn Ihrer Meinung nach enthalten?«, fragte ich.

Der Kapitän schwieg.

»Was würde es enthalten, wenn Sie es schreiben würden?«

Was it with a lord or a duke or a knight, sang Nathan, *or a man of birth and fame…* Diesen Song kannte ich schon seit langer Zeit, und die Melodie erfüllte mich mit Melancholie.

»Sie haben sicher weitergeschrieben bis zum letzten Atemzug.« Der Kapitän trank einen Schluck von seinem Brandy, den Blick in die weite Ferne gerichtet. »Sie hätten niemals aufgegeben.«

Als ich seinen Gesichtsausdruck sah, wurde mir bewusst, wie leicht ein Kapitän sein Schiff verlieren konnte. Mir fiel wieder ein, dass unser Schwesterschiff vor weniger als vier Jahren antarktisches Eis gerammt hatte und gesunken war. Ich fragte unseren Kapitän danach.

»Ja, der Kapitän dieses Schiffes ist ein Freund von mir. Ich bin das Schiff auch selbst gefahren.«

Ich merkte, dass ihn der Gedanke an das verlorene Schwesterschiff traurig machte.

He was clad all in the red silk, sang Nathan, *his hair was like thick bands of gold…*

»Was ist Ihrer Meinung nach die wichtigste Eigenschaft, die ein Kapitän besitzen sollte?«, fragte ich.

Ich glaubte, der Kapitän würde sicherlich länger über diese Frage nachdenken, aber er antwortete umgehend.

»Geduld.«

»Geduld?«

Ich hätte gedacht, er würde sagen, ein Kapitän brauche Geistesgegenwärtigkeit oder die Fähigkeit, gelassen zu bleiben. Der Mann, der neben mir saß, erschien mir bedacht, entschlossen, logisch. Aber geduldig? Weshalb brauchte ein Kapitän Geduld? Worauf könnte er denn warten müssen? Ich wusste offensichtlich nichts über seine Arbeit.

Nathan sang nun einen seiner neuen Songs, »Jewel of

Paris«: *There were rough seas and rain on the day that I came to the New World…*

»Ja«, sagte der Kapitän und dachte zurück. »Geduld.«

Keiner von uns beiden hatte zu diesem Zeitpunkt eine Ahnung davon, wie viel Geduld er bald brauchen würde.

Während der Nacht schien alles ruhig zu sein. Der Mond war fast voll und zog uns zu einem Land hin, das eine Weichheit und einen sanften Zauber angenommen hatte, von denen ich nicht wusste, dass der hohe Norden sie besaß. Am Morgen gingen wir an Land. Es war einladend und dennoch unbewohnt und erinnerte mich an Boyd's Cove in der Bay of Exploits in Neufundland. Der Künstler Gerald Squires hatte dort eine Vision gehabt, die ihn veranlasste, seine große Skulptur der Beothuk-Frau Shanawdithit zu schaffen. Ich erinnere mich noch an das erste Mal, als ich sie besuchte – ganz allein im Licht und Schatten von Fichten und Birken –, und in den Steinen und dem Wasser darum herum spürte ich ihr Volk: die Beothuk, die ausgerottet wurden, nachdem die Weißen kamen. An der Art, wie Boyd's Cove Menschen zu einem Leben voller Freude einlädt, hat sich nichts verändert, und dieser Willkommensgruß, ein wohlwollendes, fruchtbares Gelände, war im Bathurst Inlet sofort zu erkennen, auch wenn uns niemand dort empfing.

Ich ging mit Aaju und unserem Anthropologen Kenneth Lister herum. Wir blieben oft stehen, weil die Landschaft uns einlud, sie zu betrachten. Wir waren uns absolut sicher, dass Menschen diesen Ort gekannt und geliebt hatten und von ihm geschützt worden waren. Hier erhob sich ein Hügel, dort lag eine Senke, und da standen kleine, aber schützende

Bäume, gerade genug, um den Wind ein wenig abzuschwächen.

Ein einzelner Baum stand über einem Stein, der halb in der Erde vergraben war wie eine Gedenktafel auf einem alten Friedhof. Es musste ein improvisierter Grabstein sein – aber von wem?

»Das sieht aus, als wäre es das Grab eines Weißen«, meinte Aaju. »Die Inuit hätten Steine darüber aufgehäuft, außer es wurde ein böser Mensch beerdigt.«

»Den Thule-Menschen hätte es hier gefallen«, sagte Kenneth. »Aber die Weißen, die Walfänger, wären wegen der Belugawale gekommen. Es gibt viele Aussichtspunkte und einen schönen Strand.«

In unserer Reisebeschreibung stand, dass hier das Volk der Kingaunmiut gelebt hatte. Es waren noch Überreste von ihren steinernen Zeltringen vorhanden. Außerdem ließ sich nachweisen, dass Tiere wegen ihres Fells und als Nahrung gejagt wurden. Sogar Franklin war hier gewesen – im Sommer 1821, bei seinem ersten Versuch, die schwer zu entdeckende Passage zu finden. Wieder befanden wir uns auf dieser Reise an einem zentralen Punkt, dessen Einfluss ganze Welten umspannte und den sogenannten europäischen Mann der Alten Welt in einen Neuankömmling, Besucher, in einen Fußnotenschreiber am Rand einer Geschichte verwandelte, die längst begonnen hatte, bevor er ins Spiel kam. Obwohl es uralt war, sprach das Land zu uns vom Jetzt, von seiner unmittelbaren Präsenz, einer beharrlichen, anhaltenden Lebendigkeit, und wir waren Teil davon. Wir durchfuhren das Land zwar, wie Franklin es zwei Jahrhunderte zuvor ebenso getan hatte, aber ich spürte, wie es mir sagte, ich sollte mir keine Sorgen machen, weil ich mich nicht zugehörig fühlte. Aaju und Bernadette hatten versucht, mir zu erklären, dass dieses Land nicht über Menschen urteilte. Es brachte jedem dieselbe Achtung entgegen, und es lag an uns, ihm im Gegenzug Respekt zu erweisen. Hier im Norden, wie überall anders auf dieser Welt, war die Erde davon abhängig, dass uns das bewusst wurde.

Ich hob eine große Feder auf. Richard Knapton, unser Ornithologe, sagte, sie stamme von einem Raufußbussard. Ein Stein am Strand erregte meine Aufmerksamkeit, ich nahm ihn in die Hand.

»Was könnte das sein?«, fragte ich und unterbrach Marc St-Onge, der daraufhin sofort auf einen Felsbrocken sprang, um dies nicht nur mir, sondern auch einem Kreis von Schülern zu erklären, die seiner Arbeit weitaus respektvoller begegneten als ich. Es war stets höflich, selbst zu denjenigen, die es am wenigsten verdient hatten.

»Das ist Sand- und Tonstein, ein jüngerer Stein, erst sechzehnhundert Millionen Jahre alt. Er erzählt die Geschichte der Bathurst-Störungslinie, die der Grund dafür ist, dass Bathurst Inlet in dieser Form existiert.«

Ich behielt die Feder und den Stein. Die Feder war für kurze Zeit über das Land geweht, und der Stein, so jung er in der Welt der Steine auch war, erfüllte mich mit seinem wortlosen Wissen, wenn ich ihn in der Hand hielt, dunkelrot und hart wie ein Stück Magen oder Herz.

Ich stand mit Kenneth Lister auf der hohen Felsnase über dem Strand von Bathurst Inlet. Wir beide verließen nur ungern einen Ort, der uns so direkt mitteilte, dass er für Menschen gemacht worden war und dass Orte sich genauso nach Gesellschaft sehnen können wie wir. Er war verlockend, dieser

Strand mit seinen Hügeln und Senken. Ich verstand, warum Franklin in seinem Boot aus Birkenrinde vor seiner letzten Reise hergekommen war, und ich fragte mich, wer unter dieser europäischen Steinplatte begraben lag.

»Für mich ist so ein Ort die eigentliche Geschichte«, sagte Kenneth, »ein Platz, an dem die Kulturen das markierte Gelände verlassen, miteinander interagieren und ein unkartiertes Territorium schaffen, das wir noch nicht bezeichnet haben… eine Gegend, die lebt.«

In dieser Nacht war ich allein an Deck. Der Vollmond leuchtete spektakulär, er beschien die arktische Landschaft ganz allein – überall quecksilbriges Schimmern und blauer Zauber. Als Marc mir später über den Weg lief, fragte ich, ob ihm das aufgefallen sei. Mittlerweile war ich etwas offener gegenüber Marcs Fachgebiet als zuvor. John Houston hatte ihn als Prediger der Steine bezeichnet, und ich musste zustimmen, dass er die eindringliche Überzeugungskraft besaß, die mir bei einigen der religiösen Menschen aus dem Umfeld meines ersten Mannes begegnet war. Marcs Vorträge gingen einem irgendwie nicht aus dem Kopf, so gerne ich das auch vermeiden wollte. Ich fand seine Vorträge zum Verzweifeln, aber trotzdem lehrreich.

»Ja«, antwortete er mir, »ich habe den Mond gesehen, direkt über den Basaltsäulen.«

»Basaltsäulen?«

»Ja, also…« und jede weitere Erwähnung des langweiligen alten Mondes ging in seiner Aufregung unter. Die Steinsäulen bildeten sich beim »Abkühlen« … etwas über zähe Lavaströme … Oberflächen … Schwellen. Irgendetwas, ich verstand nicht, was genau, verlief immer senkrecht zur sich abkühlenden Oberfläche. Etwas anderes war sechseckig, wenn man es von oben betrachtete …

Im Bathurst Inlet hatte ich seinen Vorträgen über die paläoproterozoische Goulburn Supergroup nicht folgen können. Ich konnte einsteigen, wenn er von chaotischen Massen und Schlammströmen erzählte, aber nur kurz. Ich war mir sicher, dass Geologen jedes Gespräch über den Mond darauf reduzieren könnten, aus welcher Gesteinsart er bestand, und mich interessierten Steinklumpen nicht um ihretwillen, zumindest dachte ich mir das.

Doch durch Marc wurde mir bewusst, dass das Gestein alles andere überdauert hatte, was uns auf unserer Reise wichtig war. Das Gestein war früher da als das Leben, wie wir es kannten. Es war früher da als der Eisbär auf Beechey Island. Laut Marc hatte das Gestein den Eisbären erst hervorgebracht, denn es hatte das mineralische Leben möglich gemacht, das die Flora speiste, die Geschöpfe speiste, die den Bären speisten. Stein lag unter uns, stieg auf und war die wichtigste Ursache von Veränderungen. Das würde auch so bleiben, ob ich das nun während meines Lebens anerkannte oder nicht – einem Leben so flüchtig wie eine Feder, wie Aaju meinte. Gegen meinen Willen zog der Stein meine Aufmerksamkeit auf sich. Der rote Stein, den ich in Bathurst Inlet gefunden hatte, war jung, sagte Marc – erst sechzehnhundert Millionen Jahre alt –, das war nichts im Vergleich zu den seltsamen spiralförmigen Gesteinen und Fossilien, die wir als Nächstes sahen und die Stromatolithen heißen: das älteste Zeugnis von Leben auf der Erde, sagte Marc, »Urahnen sämtlicher heutiger Lebensformen«. Als ich ihre Spiralmuster sah, musste ich an das Gespräch mit einer Freundin denken. Ich hatte ihr erzählt, dass ich mich irgendwie im Trott gefangen fühlte. Darauf hatte sie gesagt, dass das, was wie ein geschlossener Kreis aussehe, auch die Windungen einer Spirale sein könnten, die nach oben wuchs und sich öffnete.

| Kapitel 18 |

Die Macht des Gesteins

An Tag 14 unserer Reise änderte sich die Atmosphäre an Bord. Ich dachte an meinen Mann und meine Töchter in Montreal, wie sie Feigen und Tomaten ernteten und Radwege mit überhängenden Spätsommerblättern entlangfuhren. Wir alle dachten an zu Hause. Nathan Rogers vermisste seine Frau und seine Tochter und sprach immer wieder davon, wie gerne er sie wiedersehen wollte. Bernadette vermisste ihre Blaubeersträucher und sehnte sich nach Nachrichten von ihrem neuen Enkelkind.

Laut unserem Reiseplan hatten wir noch eine Nacht auf dem Schiff, bevor wir unser Ziel Kugluktuk erreichen würden. Um vier Uhr sollten wir uns im Salon versammeln, um uns die ganze Reise noch einmal vor Augen zu führen und uns Geschichten davon zu erzählen, und nach dem Essen würde es einen bunten Abend geben – eine Gelegenheit für uns, tiefsinnige Grübeleien vorübergehend auszusperren und das Tor zu Chaos und Albernheit und der Art von Geselligkeit zu öffnen, an die ich nicht gewöhnt war und die ich langsam genoss. Wir liefen lachend durch die Gänge, überlegten, ob wir ein Glas Scotch trinken sollten und wie man sich am besten voneinander verabschiedete.

»Wir sagen nicht ›Auf Wiedersehen‹«, sagte Bernadette
Dean. »Wir sagen …« Und dann sprach sie ein Inuktitut-Wort
aus, das ich mir nicht aufschrieb und an das ich mich auch
nicht erinnere.

Meine Notizen hatten längst die Dimensionen meines Tage-
buchs überschritten und steckten in einer Ziploc-Butterbrot-
tüte. Ich hatte sie im Nachttisch von Kabine 108 verstaut, zusammen mit meinem Vorrat an Lakritzpfeifen und Nüssen
mit Chili-Limettensalz. Die Ziploc-Tüte beulte sich schon aus:
Mein Tagebuch fand ich mittlerweile zu offiziell und zu sper-
rig, um es auf unsere Wanderungen durch die Tundra mitzunehmen, und das Land hatte es so gut wie unmöglich gemacht, sich beim Gehen Notizen zu machen – es sagte zu viel,
und es sagte alles ohne Worte. Also schrieb ich mir alles auf
irgendwelche Zettel – auf die Rückseite der Liste von Dingen,
die wir auf die Reise mitnehmen sollten, an den Rand unseres
Ausdrucks mit den Namen und den Spezialgebieten unserer
Bordexperten, auf unbedruckte Teile der Reisepläne, die unter
unserer Kabinentür durchgeschoben wurden. Ich hatte einzelne Seiten aus den Heften, die ich von Sheena McGoogan
hatte, herausgerissen und die englischen, lateinischen und In-
uktitut-Namen von Tundrablumen daraufgeschrieben – Leim-
kraut, *pulluliujuit, Silene uralensis:* der alte menschliche Versuch – immer von fragwürdigem Erfolg gekrönt –, etwas zu
begreifen, indem man ihm einen Namen gab. Ich hatte geschrieben: *Alle suchen nach dem Sterntaucher.* Ich hatte geschrieben: *das Schicksal Franklins.* Einen Umschlag hatte
ich in Druckbuchstaben mit *Gavia stellata* beschriftet. Ich
musste die Feder hineingesteckt haben, aber der Wind hatte
sie fortgeweht. Ich hatte das zusammengefaltete Blatt Papier,

das Nathan Rogers mir geschenkt hatte, mit dem Text seines neuen Songs, den er auf der Reise geschrieben hatte. Und es gab noch meine Zeichnung von Elisabeths Wollunterwäsche und die Geschichte von Emily Carrs Milchrechnung. Diese ganzen Funde und Eindrücke meiner Reise bewahrte ich in der Ziploc-Tüte auf. Mir waren sie zwar wertvoll, doch gleichzeitig waren sie unbedeutend – wie sollte ich jemals verstehen, was die kleinen Dinge bedeuten sollten, die ich aufgeschrieben oder gezeichnet hatte? Es war unmöglich, aber diese kleinen Dinge, die Erinnerung und das, was einem die Arktis ins Herz einschreibt – das war alles, was ich hatte.

Ich schloss mich der Gesellschaft an, die sich im Salon versammelte. Ich kam zu dem Bereich um die Treppe, die hinauf zum Quartier des Kapitäns führte, zu der Stelle, wo unser Tisch mit Steinen und anderen Musterexemplaren stand: dem Schädel eines Fuchses, den Aaju von Jenny Lind Island mitgebracht hatte, Teilen von Federn, Knochen und botanischen Kuriositäten, die ausgestellt worden waren, um Gespräche anzuregen. An der Wand hing die Karte, die »New Century Map of Canada« von der Royal Canadian Geographical Society, auf der wir täglich den Fortschritt unserer Reise festgehalten hatten: von Grönland durch den Lancastersund, den Peel Sound hinunter, durch Franklin und James Ross Strait, um King William Island und durch den Queen Maud Gulf an der Cambridge Bay vorbei, in die verlockende Bathurst Inlet hinein und wieder hinaus und schließlich in den Coronation Gulf, wo unser Schiff jetzt auf dem letzten Stück unterwegs war, nach …

Das Schiff machte einen Ruck.

Es fuhr knirschend auf etwas Großes auf, und das klang anders als die kleinen Eisstücke, an denen wir im Karrat Fjord entlanggeschrammt waren. Dieses Geräusch hielt an: Unser Schiff wurde aus dem Wasser gehoben, statt sanft dahinzugleiten. Diese furchtbare Verlagerung war völlig anders als das weiche Rollen und Schaukeln, das wir bisher gekannt hatten. Es war eher eine Art Ruptur – das Schiff krachte gegen etwas, neigte sich und versuchte, knirschend mitten auf dem Wasser anzuhalten, doch das ging nicht. Es fuhr ruckelnd weiter, und ich blieb stehen – alle blieben stehen. Ich drückte mich mit dem Rücken gegen die Treppe und rutschte hinunter, sodass ich auf dem Boden saß, den Rücken an die stabilste senkrechte Fläche gedrückt, auch wenn sie weder senkrecht noch stabil war. Die Zeit vollführte merkwürdige Purzelbäume, so ist das, wenn eine lange, reibungslos verlaufende Reise durch eine katastrophale Kollision unterbrochen wird. Unser Schiff lief gerade auf Grund, und während ein Teil meines Gehirns auf eine wundersame Lösung hoffte, begann ich – begannen wir alle – zu begreifen, dass sich das Schiff nicht von selbst wieder aufrichten würde. Es war etwas passiert, das alle unsere Pläne ändern würde. Das Schiff würde es nicht bis an unser Ziel schaffen.

In diesem endlosen Moment des Knirschens und dem fürchterlichen Lärm, als auch noch die Alarmsirene losging, die wir zu Beginn der Reise bei unserer vorgeschriebenen Evakuierungsübung gehört hatten, dachte ich an meinen Mann und meine Töchter zu Hause, und mir wurde bewusst, dass wir womöglich sinken und dabei umkommen würden und dass ich kein Testament geschrieben hatte – wie dumm ich gewesen war, wie blöd von mir, dass ich keinen Gedanken an die drohende Sterblichkeit verschwendet hatte, die uns allen an den Fersen klebt! Ich dachte daran, wie viele Jahre meine jüngste Tochter noch auf die High School gehen musste, und ich fragte mich, ob sie ohne die letzten Jahre mit mir als Mutter selbstständig werden konnte.

Der Alarm schrillte weiter – die Schiffsmaschine schwieg jetzt. Draußen, in etwa einer Meile Entfernung, entdeckte ich Land. Vielleicht würden wir doch nicht sterben – wir hatten Rettungsboote, und das Land war nicht weit. Ich dachte an Lagerfeuer auf der Tundra, an gefangene Fische, bis Hilfe kam – würde Hilfe kommen? Oder würde das Schiff – das eine Schräglage von mehreren Grad hatte, umkippen und sinken wie sein Schwesterschiff vor vier Jahren in der Antarktis? Was hatte mir unser Kapitän über solche Situationen erzählt? Was hatte er mir erst am Abend zuvor gesagt, als ich ihn nach der wichtigsten Eigenschaft eines Kapitäns gefragt hatte? Geduld. Ich hatte nicht verstanden, dass Geduld genau das war, was ein Kapitän brauchte – was unser Kapitän brauchte –, und er brauchte sie jetzt, er brauchte sie wirklich, nicht nur hypothetisch.

Nathan setzte sich neben mich. Ich merkte, dass sich die anderen gefasst hatten, dass sie begriffen hatten, dass wir nicht sanken.

»Alles in Ordnung mit dir?« Nathan war ruhig. Zu einem früheren Zeitpunkt auf der Reise, als er vom Tod seines Vaters erzählt hatte, hatte er mir auch gesagt, dass er keine Flugangst kenne. Wie hoch stünden schon die Chancen, dass nicht nur sein Vater, sondern auch er selbst bei einem Flugzeugunglück ums Leben kam? Über Schiffbruch hatte er nichts gesagt, aber er hatte mir erzählt, was er tun würde, wenn er in einem abstürzenden Flugzeug oder sonst irgendeiner lebensbedrohenden Situation wäre.

»Ich würde so gehen wollen wie mein Vater«, hatte er gesagt. »Anderen Passagieren helfen. Dafür sorgen, dass so viele wie möglich überleben. Versuchen, ihnen die Angst zu nehmen. Mein Leben riskieren, um ihres zu retten. So hat es mein Vater gemacht, und ich würde das hoffentlich auch tun.«

Der Alarm schrillte beharrlich weiter – eine beängstigende Erinnerung daran, dass wir etwas tun mussten. Es gab einen Plan, man hatte ihn uns in den sorglosen frühen Augenblicken auf der Reise gezeigt. Damals schien eine Alarmübung rein fiktiv, wenn auch ein wenig verstörend zu sein, in der Kluft zwischen einem selbst und der weit entfernten Möglichkeit eines Unglücks – die Kluft, die wir hofften, niemals überwinden zu müssen.

Wir mussten in unsere Kabinen und unsere Schwimmwesten holen, dann wieder nach oben zu den Sammelpunkten, wo wir die Westen anzogen, während die Rettungsboote heruntergelassen wurden.

Ich rannte nach unten, schnappte mir die Rettungsweste und meine Ziploc-Tüte mit den Notizen – davon würde mich kein sinkendes Schiff trennen. Ich zog den Verschluss zu, steckte sie mir in die Tasche und nahm auch noch Yokos Laptop, für den Fall, dass sie unersetzliche Notizen darauf gespeichert hatte. Die Tür neben unserer Kabine, die sonst immer seltsamerweise einen Spalt offen war und auf der die rätselhaften Buchstaben WTD standen, war jetzt geschlossen. Urplötzlich begriff ich, was die Initialen bedeuteten, als stünden die Wörter plötzlich in voller Länge da: WATER-TIGHT DOOR – wasserdichte Tür. Die Tür – weniger als einen halben Meter von meiner Kabine entfernt – erfüllte jetzt offenbar die Aufgabe, für die sie konstruiert worden war. Ich rannte hinauf zu meinem Sammelpunkt – der Alarm pulste immer und immer weiter, drang mir durch die Adern und wurde Teil meines Herzschlags. Es war wie ein Nebelhorn, das Schild und Helm angelegt hatte und in den Krieg gezogen war, es weckte sogar Seeleute, die längst tot waren; ein schweres und betäubendes Geräusch, das uns einschärfen wollte, wie wichtig es war, jetzt genau das Richtige zu tun.

Unser Rettungsboot wurde hinuntergelassen. Wir warteten. Andere Rettungsboote schaukelten auf dem Wasser, klein und orangefarben wie fröhliche Korken, seltsam fröhlich. Jemand sagte, wir würden gar nicht unbedingt an Bord gehen – sie stünden nur für den Notfall bereit. Der Fels, auf den wir aufgelaufen waren, war jetzt zu sehen – eine flache Bank, gar nicht tief. Aber wie stabil war diese Bank, und wie tief war das Wasser darum herum?

Die Leute drängten sich zusammen, gaben Informationen weiter – für mich waren das alles nur Gerüchte. Ich wollte endgültig erlöst werden: Würden wir sinken oder nicht? Offenbar nicht, aber wie kamen alle zu diesem Schluss? Die nächsten Stunden waren für mich eine Lektion darin, dass ich die Welt als viel unsicherer empfand als andere. In der Stunde, nachdem wir auf Grund gelaufen waren, einigte man sich darauf, dass wir uns nicht in unmittelbarer Gefahr befanden. Es waren keine anderen Schiffe in der Nähe, aber es gab vielleicht Schlepper, und wir hatten Kontakt zur kanadischen Küstenwache. Die Leute zogen ihre Schwimmwesten aus und hängten sie über die Stühle im Salon, aber ich ließ meine an. Freundliche Passagiere mit Segelerfahrung ermunterten mich sachte, sagten, ich könne meine Weste unbesorgt ebenfalls ausziehen, aber ich gab sie nicht her: Wir lagen schräg auf einem Felsen, und wer konnte schon wissen, ob womöglich Wind aufkam und unser Schiff so kippte, dass es in den Golf rutschte? Wer konnte schon wissen, wie groß der Schaden am Rumpf war?

Selbst als der Expeditionsleiter offiziell über Lautsprecher verkündete, dass wir die Rettungswesten ausziehen konnten, behielt ich meine ganz nah bei mir, während andere sie wieder in ihre Kabine brachten. Es hieß, das Abendessen werde wie üblich im Speisesaal serviert: etwas spät vielleicht, aber köstlich wie immer.

Ich sah den anderen zu, wie sie nacheinander in den Speisesaal gingen. Das Küchenpersonal trug appetitlich arrangierte Tabletts zu den Tischen, die jetzt ebenfalls schief standen. Warum drang dieses Gefühl der Erleichterung, das die ganze Gruppe durchflutete, nicht bis zu mir durch? Ich setzte mich auf ein Sofa in der Bar in der Nähe des Speisesaals, die Schwimmweste zu meinen Füßen und meine Ziploc-Tüte mit den Notizen in der Tasche, und sah den Leuten zu, die vorbeigingen. Wie konnten sie nur Hunger haben? Ich hatte das Gefühl, nie mehr etwas essen zu können.

Die Leute waren nett zu mir. Eine der Reisenden, eine liebenswürdige junge Frau, mit der ich mich angefreundet hatte, bot mir eine kleine Beruhigungstablette von ihrem Mann an, die sie »nur für den Fall« auf das Schiff mitgenommen hatte. Vielleicht lag es daran. Vielleicht war ich die Einzige, die kein Lorazepam dabeihatte.

Sheena MacGoogan, wie immer liebenswürdig, kam aus dem Speisesaal, als sie feststellte, dass ich nicht wie üblich meine dänische Portionsbutter auswickelte. Sie brachte mir ein Stück Brot und sagte: »Ich verstehe ja, dass du jetzt nichts essen willst, aber du solltest wenigstens ein kleines bisschen zu dir nehmen, auch wenn es nur dieses Stückchen Brot hier ist. Später am Abend wirst du froh sein, etwas gegessen zu haben.« Ich mochte sie in diesem Moment besonders gern und aß das Brot wie ein Kind, das einer netten Lehrerin gehorcht. Mir fiel meine Ziehharmonika unten in der Kabine ein. Ich holte sie nach oben und setzte mich mit ihr auf dem Schoß wieder hin, während die anderen weiteraßen. Die Nacht brach heran, und alle verschwanden in ihren Kabinen. Das gestrandete, bewegungslose Schiff war nun gar nicht mehr wie ein schaukelnder Schoß. Ich legte mich auf den Fensterplatz im Salon und schlief ein.

Die Frühaufsteher kamen um halb sieben, um Kaffee zu trinken. Ich war nie so früh aufgestanden und hatte daher nie gesehen, wie im Salon Melonen und Croissants angerichtet wurden, appetitlich und leicht. An unserer Schräglage hatte sich nichts geändert. Das Schiff war zwar nicht stark geneigt, aber ich fand es trotzdem befremdlich, durch die Gänge zu gehen, als würde man eine stehen gebliebene Rolltreppe hinunterlaufen: ein ruckelndes Schlingern, eine ungewöhnliche Ecke. Die Sonne kam hervor. Die Leute gingen hinaus, um auf dem schrägstehenden Deck zu lesen. Es hieß, das Küstenwachenschiff *Henry Larsen* würde bald hier sein, um uns zu retten. Eine fröhliche Stimmung breitete sich aus: Eine Reisende gab Yogaunterricht an Deck, und Aaju veranstaltete draußen an den Kaffeetischen einen Workshop und zeigte, wie man Seehundfell schnitt und nähte.

Ich verstaute meine Rettungsweste schließlich doch wieder in dem Notfallfach. Ich hatte mich über den Rand des Schiffes gebeugt und den Felsen begutachtet, auf dem wir festsaßen, und ich musste zugeben, dass wir ziemlich stabil zu sein schienen.

»Unsere Position ist 67 Grad und 58 Minuten Nord und 112 Grad und 40 Minuten West«, verkündete unser Expeditionsleiter über die Lautsprecher, »… wir befinden uns in der Nähe der Home Islands … beim Duke of York Archipelago …« Der Lautsprecher knisterte, sodass ich den kolonialen Namen einer anderen Inselgruppe nicht verstand. »Die Schlagseite des Schiffs bleibt konstant. Unsere Ballasttanks lecken, aber auf die kann man verzichten. Wir wissen, dass der Rumpf beschädigt ist. Das Heck liegt drei bis vier Meter unter Wasser. Der Kapitän versucht, mit Hilfe der Gezeiten die Lage des Schiffs zu verändern, sodass es rückwärts von dem Felsen rutschen kann, aber zwischen Ebbe und Flut sind nur dreißig bis vierzig Zentimeter Unterschied.«

Geduld, hatte mir der Kapitän gesagt, und jetzt begriff ich auch, was er gemeint hatte, als er zu mir kam und über die Seite des Schiffs auf den Felsen schaute, von dem er uns so gerne befreien wollte. »Aus eigener Kraft«, sagte jemand, und da wurde mir klar, dass er – und das will kein Kapitän – nicht wollte, dass sein Schiff oder seine Passagiere von der Küstenwache gerettet werden mussten. Während sich der Wasserstand langsam änderte, sahen wir dem Schiff beim Befreiungsversuch zu: Mehrere zehn Tonnen schwere Rettungsboote wurden zu Wasser gelassen, der Rückwärtsgang wurde eingelegt und die Bugstrahlruder aktiviert, sodass das Wasser sprudelte und der Anker als Hebel wirkte. Aber wir blieben stecken.

Geduld.

Der Kapitän versuchte immer wieder, uns loszubekommen. Mit rotem Gesicht wartete er darauf, dass die Flut ein zweites Mal kam. Stunden vergingen. Die Passagiere gründeten einen Buchclub, holten Wasserfarben heraus, planten einen bunten Abend. Nachdem ich fast zwei Wochen an Bord des Schiffes verbracht hatte, entdeckte ich endlich, wo sich alle anderen aufgehalten hatten, während ich allein auf dem mittleren Deck herumspaziert war: Sie waren auf dem obersten Deck gewesen. Dort war ein geselliger, mit Chaiselongues ausgestatteter Bereich, der von Dreizehenmöwen, Eissturmvögeln und Thorshühnchen besucht wurde. Der Himmel darüber war endlos weit: ein Paradies für Vogelbeobachter. Als an unserem zweiten Abend als Schiffbrüchige bei Einbruch der Nacht alle anderen dieses Deck verlassen hatten, blieb ich noch. Das Nordlicht tanzte, wie es das zuvor auf unserer Reise noch nicht getan hatte, Wogen von Grün, Grauviolett und Silber. Ich tanzte darunter, tappte mit meinen heruntergekommenen Wanderschuhen im Takt des Lichts auf den Boden. Das ging lange so, bis ein höfliches Mitglied der Crew schüchtern die Treppe heraufkam. Seine Knöpfe funkelten im Polarlicht, als er mich leise ermahnte: »Bitte, Ma'am – der Kapitän lässt fragen, ob Sie so freundlich wären, nicht direkt über seinem Schlafzimmer zu tanzen.«

| Kapitel 19 |

Kugluktuk

Am nächsten Tag versuchte der Kapitän noch einmal, das Schiff vom Felsen wegzudrücken, indem er die Maschine zusätzlich zu den Kräften der Gezeiten einsetzte – das Schiff erbebte und machte einen Heidenlärm.

In der nächsten Durchsage wurde uns erklärt: »Der Kapitän würde nicht versuchen, das Schiff zu bewegen, wenn er es für möglich hielte, dass der Schaden dadurch noch vergrößert wurde. Er hat sich mit anderen Kapitänen vor der Küste beraten, und sie sind seiner Meinung. Aber es gibt Variable und Unbekannte, und er wird nichts leichthin oder ohne Vorsichtsmaßnahmen unternehmen.«

Ich stellte mir unwillkürlich vor, was passieren könnte, wenn sich das Schiff von dem Felsen löste und nicht mehr schwimmen konnte. Wie groß war der Schaden am Rumpf? Was könnte passieren, wenn … dann sah ich Marc St-Onge. Wenn es an Bord jemanden gab, der wusste, was ein Fels unserem Schiff antun oder nicht antun konnte, dann er …

»Hallo, Marc.«

»Hallo, Kathleen.«

»Was, ähm …«

Marc musste gewusst haben, dass ich die schlechteste Geologie-Schülerin der Welt war. Meine Fragen über Gestein waren wie die Fragen an meinen Science-Fiction-Dozenten an der Universität: So etwas fragt nur jemand, der es niemals richtig begreifen wird. Doch im Gegensatz zu meinem Dozenten war Marc großzügig und nicht nachtragend, vielleicht, weil er an Begriffsstutzigkeit wie die meine gewöhnt war. Marc ließ sich Narren gern gefallen.

»Was für eine Art von Gestein … ich meine, weißt du irgendetwas darüber, auf was für eine Art von Gestein wir aufgelaufen sind?« Ich rechnete mit übergenauen Denkprozessen, Hypothesen, ergebnisoffenen Überlegungen.

»Das ist eine Gabbro-Kante. Eine horizontale, aber schräg liegende – denn alles ist schräg – Version der Basaltsäulen. Ich glaube, die Felskante wird nach unserem kleinen Vorfall kartiert werden.«

Nach Aussage unseres Expeditionsleiters war der Felsen nicht in den Karten des Kapitäns eingezeichnet gewesen: Die Lotungen der Wassertiefen im Coronation Gulf, nach denen wir uns richteten, gaben »unterschiedliche Werte« an. Das hieß, Franklin persönlich hatte ein paar davon aufgezeichnet, andere waren irgendwann zwischen Franklins Zeit und heute gemacht worden.

Nicht das Küstenwachenschiff *Henry Larsen* würde uns heute retten, wie es zuvor geheißen hatte. Stattdessen war ein anderes Schiff, die *Amundsen*, mit einer Crew aus Geologen unterwegs zu uns. Sie hatten den arktischen Meeresboden für ein Konsortium von Unternehmen kartiert, zu denen auch British Petroleum gehörte. Das Schiff war mit zwölf Labors und einer beträchtlichen Menge an Forschungsmaterial ausgestattet, daher war es inzwischen mehr als nur ein Eisbrecher. Die Crew der *Amundsen* hatte den Sommer mit der Kartierung der neuesten Lotungen verbracht. Hätte es sie bereits gegeben, hätte unser Unfall laut der Schiffscrew vermieden werden können. Nun kam uns die *Amundsen* mit einer Höchstgeschwindigkeit von sechzehneinhalb Knoten und Hunderten von Meilen Wegstrecke zur Hilfe. Wir würden noch ein paar Tage auf unserer Gabbro-Kante ausharren müssen. Zu Hause würde man zu unserer ursprünglich geplanten Ankunftszeit vergeblich auf uns warten.

Unsere Crew installierte in der Bibliothek ein paar Telefone. Von unserem Standort aus war es schwierig, eine gute Verbindung zu bekommen, und wir sollten unsere Anrufe auf eine Minute pro Person beschränken. Sie meinten, es wäre am besten, wenn wir sprachen und die Familien zuhörten. Ich beschloss, den Bruder meines Mannes anzurufen. Er verkaufte Häuser, daher klebte er an seinem Handy, während mein Mann ständig den Akku leer werden oder das Telefon im Wagen liegen ließ, während er auf Kamine kletterte, sich über den Zaun beugte, um griechische Lektionen über die Tomatenzucht zu hören, oder sich mit der Frau des Imkers über ihr neugeborenes Zicklein unterhielt.

»Louis!«, brüllte ich. Vom Coronation Gulf bis nach Montreal sind es ungefähr dreieinhalbtausend Kilometer.

»Kathleen? Solltest du nicht noch bis morgen oben im Norden sein?«

»Ich habe eine Minute. Sag nichts. Ich rede.«

»Okay!« Louis ist ein Dandenault, und Dandenaults verstehen sofort.

»Uns geht es gut. Wir sind auf einen Felsen aufgelaufen. Wir sind in Sicherheit. Aber ich schaffe es nicht pünktlich nach Hause. Wir kommen ein paar Tage später. Sag es Jean. Sag ihm, er soll sich keine Sorgen machen. Aber er soll erst zum Flughafen fahren, wenn er wieder von mir hört.«

»Sinkt ihr?« Dandenaults wussten auch, wie man sachdienliche Fragen stellt.

»Nein. Tschüs.«

»Okay. Tschüs.«

Neunundfünfzig Sekunden – eine perfekte Winter-Dandenault-Verständigung. Louis hatte die Fakten, ich hatte mich an mein zeitliches Limit gehalten, und zu Hause würde niemand in Panik geraten. Ich ging wieder an Deck und legte mich auf den Bauch, um ein Buch zu lesen, das ich in der Schiffsbibliothek entdeckt hatte: *The Last Imaginary Place: A Human History of the Arctic World* von Robert McGhee.

»Eine Spur von Skeletten, Ausrüstung und persönlichen Gegenständen führte nach Süden zur arktischen Küste, wo sich alle Hinweise auf die Expedition verloren«, schrieb Ghee über die Relikte Franklins. Die Schiffe wurden zwar nie gefunden, fuhr er fort, »doch es wurde ein anderes Ziel erreicht: Die Suchtrupps kartierten die miteinander verbundenen Kanäle, aus denen die Nordwestpassage besteht ...«

Auf unserem Deck, das nun in der neuen Schräglage verharrte, war es warm, und das Schiff erbebte nicht mehr mit den Gezeiten, seit wir uns damit abgefunden hatten, auf Rettung zu warten. McGhee, der das Buch drei Jahre zuvor verfasst hatte, beschrieb die Vorstellung des 19. Jahrhunderts von einer Arktis mit »kristallinen Festungen, die unter einem Himmel aufragen, an dem fantastische Nordlichter leuchten oder multiple Sonnen erstrahlen, die durch Bögen und Ringe aus Licht miteinander verbunden sind ... das Gefühl einer Anderswelt ...«

Es war schon merkwürdig, McGhees Buch zu lesen, nachdem wir eine Tagesfahrt von unserem angestrebten Ziel Kugluktuk Schiffbruch erlitten hatten. Merkwürdig, weil alles, was er beschrieben hatte, immer noch existierte: Auf unserer Reise waren wir Teil davon gewesen. Wir waren Franklins Route nachgefahren, wir hatten die kristallinen Festungen und das fantastische Nordlicht gesehen, und wir hatten innerhalb dieser Welt eine Anderswelt gefunden mit außergewöhnlichen physikalischen und psychologischen Eigenschaften, die mir bisher nur als Andeutung, als glimmender Faden begegnet waren. Nun hielten wir uns bewegungslos in dieser Welt im Gleichgewicht, warteten auf ein Schiff mit Namen *Amundsen* – benannt nach dem Mann, der als Erster diese miteinander verbundenen Kanäle durchfahren hatte, von denen McGhee schrieb. Aber bevor es den Namen *Amundsen* bekommen hatte, hatte das Schiff, das zu unserer Rettung unterwegs war, einen anderen Namen gehabt: Als es 1979 in North Vancouver gebaut worden war, war es *CCGS Sir John Franklin* getauft worden.

Wir machten genau die Dinge, die schiffbrüchige Arktisexpeditionen laut meiner Lektüre machten, während sie auf Rettung warteten. Wir veranstalteten unseren bunten Abend – mein Lieblingsstück war der Chor, den Yoko mit ihren japanischen Reisenden bildete und bei dem auch die schöne Motoko mitmachte, deren Bein immer noch eingegipst war. Ken McGoogan sang Bill Staines' Lied »The Roseville Fair«, und ich holte meine Ziehharmonika und gab eine traditionelle Ballade zum Besten, die Johnny Burke während der Jahrhundertwende in St. John's immer gesungen hatte. Plötzlich kam eine Durchsage über Lautsprecher: Es wurde dringend Gaffer-Tape benötigt, damit man die Kisten mit den aus der Schiffsbibliothek geretteten Büchern zukleben konnte. Triumphierend präsentierte ich die Rolle, die ich auf Anraten meiner Tochter mitgenommen hatte.

Zwei Nächte und den Großteil von drei Tagen warteten wir, bis es am dritten Tag hieß, die *Amundsen* würde uns bei Einbruch der Dunkelheit erreicht haben. Sie würden kleine überdachte Boote zu der Hängetreppe schicken, die wir schon so oft hinabgestiegen waren, um an Land zu gehen. Wir sollten uns dann von den Männern von der Küstenwache auf ihr Boot helfen lassen, aber warten, bis unsere Namen aufgerufen wurden.

Da mein Nachname mit W anfängt, bin ich es gewohnt, stets unter den Letzten zu sein. Jetzt fühlte sich das an wie eine Gnadenfrist: Ich konnte ein letztes Mal auf dem Schiff herumgehen und mich von ihm verabschieden. An Deck verspürte ich den Impuls, meine ausgetretenen Stiefel auszuziehen und sie hier im Norden in den Ruhestand zu verabschieden: Ich band sie an einen Rettungsring, der an der Reling festgemacht war. Ihre Zungen hingen in eingerissenen Ledermündern. Jemand würde sie finden, das wusste ich, denn unser Kapitän und die Crew würden das Schiff nicht mit uns verlassen. Sie mussten an Bord bleiben, bis die Schlepper kamen, um das Schiff zu befreien, oder bis es sich – was immer unwahrscheinlicher wurde – aus eigener Kraft wieder fortbewegen konnte, um anschließend im Trockendock repariert zu werden. Ich band die Stiefel fest, stellte mein Gepäck bereit und setzte mich hin, um auf meinen Namen zu warten. Da kam plötzlich Nathan mit seiner Gitarre, er wollte mir einen letzten Song vorsingen. Er musste gar nicht erst fragen, welchen ich mir wünschte. Natürlich musste es Archie Fishers »Dark Eyed Molly« sein. Ken McGoogan und ich waren uns einig, dass wir Nathan dabei zuhören konnten, bis die Welt unterging. Ich saß da und lauschte, während Nathan mit seiner Stimme, die mich immer etwas an Karamell und Teer erinnerte, noch einmal zu diesem Lied ansetzte, und mein Herz war erfüllt mit allem, was auf dieser Reise passiert war.

Das Lied war zur Hälfte gesungen, als mein Name aus dem Lautsprecher drang, weit entfernt von seinem Platz im Alphabet. Ich wollte ihn nicht hören. Ich wollte nicht weg von dem Song.

»Den Rest singe ich dir irgendwann an Land vor«, sagte Nathan. Ich kehrte ihm den Rücken und ging auf die Tür zu, die sich zum Golf hin öffnete. Draußen waren die Boote der Küstenwache mit ihren orangefarbenen Planen – und den Cellophanfenstern entlang der Decks –, die unsere Passagiere zur großen roten *Amundsen* brachten. Mir fiel auf, dass die Retter von der Küstenwache mit ihren Overalls, reflektierenden Streifen und kanariengelben Helmen die kollektive und die individuelle Identität unserer Passagiere veränderten, die die ganze Zeit über unerschrockene Abenteurer gewesen waren. Jetzt nahm der Mann von der Küstenwache jeden von uns am Arm, als wären wir kleine alte Frauen und gebrechliche alte Männer, traumatisiert und unter Schock stehend. Der Helfer, groß und jung, stark und gutmütig, war gekommen, um uns… nun ja, von Gefahr, Risiko und Angst zu befreien. Sie schienen nicht zu begreifen, und es schien sie auch nicht zu kümmern, dass wir die letzten drei Tage nicht damit verbracht hatten, unter Tränen mit Fernrohren den Horizont nach Zeichen unserer Rettung abzusuchen, sondern auf unserem schiefen Deck herumgehangen und die Philosophie der Arktis diskutiert, beim Yoga die Knie hinter den Kopf geklemmt und uns im Salon mit Apfelblütenhaikus und schottischen Balladen vergnügt hatten. Sie schienen keine Ahnung zu haben, dass wir glücklich gewesen waren, euphorisch gar – bis auf die schon beinahe vergessenen Stunden der Angst –, oder dass wir unser geliebtes Schiff nur ungern verließen. Sie streckten gummierte und paternalistische Arme aus, hielten unsere schwachen Gestalten, geleiteten uns in die mit Plane abgedeckten Boote und rasten dann mit uns – manche von uns sangen, und ich hörte auch Mundharmonikas – durch den aufspritzenden Schaum zu der großen, näher rückenden *Amundsen*.

Wegen der trüben Plastikfenster war das Schiff, das wir zurückließen, nur schwer zu erkennen. Kapitän und Crew waren noch an Bord. Ich reckte den Hals und ignorierte die Ermahnungen, sich hinzukauern – ich wollte einen letzten Blick auf unser geliebtes Schiff werfen, und ich bekam ihn auch. Ich sah die Verletzung, die ihm durch das Gabbro-Gestein zugefügt worden war, die Nase ragte aus dem Wasser heraus, und der dunkelrote Rumpf, der normalerweise unter Wasser war, hob sich in die Luft – unser Schiff mit seinen anmutigen blauen und weißen Linien, den Flaggen und den Bullaugen saß unbestreitbar fest.

Zu diesem Zeitpunkt glaubten viele von uns, unser Schiff könne, mit Hilfestellung, einen Hafen anlaufen, sobald es von dem Felsen befreit worden war. Aber es stellte sich heraus, dass unsere Havarie sehr schwerwiegend war und es beinahe drei Wochen mit vielen Versuchen dauern sollte, bis das Schiff befreit werden konnte. In einem anschließenden Untersuchungsbericht hieß es, starke Windböen und schwere See in der ersten Septemberwoche hätten das gestrandete Schiff rollen, stampfen und auf den Meeresboden schlagen lassen, wodurch der bereits bestehende Schaden an Rumpf und Dieseltanks noch vergrößert wurde. Es bedurfte noch eines Tauchteams und vieler Bergungsversuche, bis es endgültig befreit war und nach Cambridge Bay und später nach Grönland, Island und Danzig befördert werden konnte, um die erforderlichen Reparaturen durchzuführen.

Aber auf der *Amundsen* war uns das alles nicht klar. Wir dachten an die Crew, und ich überlegte, was sie wohl essen würden und wie lange sie dort draußen warten mussten. Aber unser kollektives Bild von unserem verlassenen Schiff – unsere Erinnerung daran – war immer noch das eines magischen Gefährts, auf dem wir die Schönheit und die große Faszination des Nordens kennengelernt hatten.

Wir erreichten Kugluktuk bei Sonnenaufgang. Die Küstenwache brachte uns in offenen Schlauchbooten oder »Hurricanes«, wie sie korrekt hießen, an die Küste, die das Ziel von Samuel Hearne, des Entdeckers aus dem achtzehnten Jahrhundert, gewesen war: Die Inuit kannten die Gegend als Kugluktuk, der koloniale Name lautete aber Coppermine. In vielerlei Hinsicht unterschied sich die Karte, die Hearne benutzt hatte, gar nicht so sehr von denen, die wir 230 Jahre später zur Hand nahmen. Es wurde hitzig über die Genauigkeit dieser und jener Markierung oder Lotung debattiert, und in den Monaten nach unserer Reise kamen immer wieder Fragen darüber auf, warum uns unsere Karten nicht auf den Felsen vorbereitet hatten, auf den unser Schiff aufgelaufen war. Waren unsere Karten auf dem neuesten Stand gewesen oder nicht? In den meisten Medienartikeln über unseren Unfall in der Arktis, egal, ob aus der Neuen oder aus der Alten Welt, wurde meistens erwähnt, dass es immer noch unkartografierte Gebiete der arktischen Gewässer gab. Steve, einer der Geologen auf der *Amundsen*, erklärte mir, dass der Prozess der Kartierung des Nordens selbst noch in dem Moment stattfand, in dem wir uns unterhielten. »Ihr«, sagte Steve und deutete auf Nathan, Sheena, Ken und alle, die die Geschichte und Archäologie, die Geographie und die Lieder auf unserer Route gemeinsam erlebt hatten, »ihr seid Teil der kartografischen Erfassung.«

Die Bewohner von Kugluktuk überließen uns ihre Mehrzweckhalle. Wir suchten uns Plätze auf dem Boden, wo wir uns mit Jacken zudeckten und Pullover zusammenrollten, die uns als Kissen dienen sollten, um eine Stunde Schlaf zu bekommen. Dorfbewohner schickten uns Saftpäckchen und Snacks, eigentlich das Mittagessen für ihre Kinder in der Schule. Ich quartierte mich neben einem Fußballtor ein, konnte aber nicht viel schlafen. Ich ging hinaus. Draußen spielten Kinder mit einem Huskywelpen. Als sie mir den Welpen reichten und ich ihn auf die Arme nehmen durfte, spürte ich plötzlich wieder diese bedingungslose Verbindung, die ich immer bei Hunden wahrnehme – plötzlich wirkte alles nicht mehr ganz so verzweifelt, bis auf die Tatsache, dass alle völlig übermüdet waren –, außer Motoko, die vorhin auf dem Boden sitzend vor einem Handspiegel Lippenstift aufgetragen hatte, vor sich aufgestützt das Gipsbein.

Ein Canadian-North-Flugzeug landete, um uns zurück in den Süden zu bringen. Ich stand mit Elisabeth und Nathan in der Warteschlange, während wir einen Abfertigungsprozess durchliefen, der eindeutig nicht für unser Volumen an

Menschen oder Gepäck gedacht war. Nathan zeigte Elisabeth ein paar Gleichgewichtsübungen aus dem Kampfsport, und sie imitierte einen Blaureiher, der auf einem Bein stand. Die Hände und das freie Bein bewegten sich gelassen und triumphierend in der Höhe. Ich versuchte, auf einem Bein zu stehen, aber ich wackelte wie ein betrunkener Clown, während die beiden schließlich anmutig einen Fechtkampf ohne Schwerter austrugen. Ich schien die Einzige zu sein, die versuchte, ihre Tränen hinter einer Spielzeugsonnenbrille zu verbergen.

Im Flugzeug saß ich neben einer ruhigen Frau, die ich auf der Reise nicht kennengelernt hatte. Sie war klein, hatte lange Haare und reiste offenbar allein. Ich spürte, wie das Flugzeug von dem heiligen Land abhob und in die Luft stieg, die mich ins normale Leben zurückbringen würde, und wäre es nicht so seltsam gewesen, was meine Sitznachbarin sagte, hätte ich es vielleicht ungehört an meinen Tränen vorüberziehen lassen.

»Sind das Frauen oder Vögel?« Sie zeigte aus dem Fenster am Flügel – irgendwie sitze ich bei jedem Flug direkt hinter dem Flügel. Ich sah blauen Himmel, aber keine Wolken.

»Vögel? Ich glaube, dafür sind wir schon zu hoch.«

»Nein. Da – sehen Sie.«

»Ich sehe keine Vögel.«

»Vielleicht sind es Frauen.«

Wie sollten denn Frauen draußen am Flugzeug sein, am Himmel? Ich betrachtete meine Nachbarin etwas genauer, dann folgte ich der Richtung, in die sie zeigte. Ich sah Kerben im Flügel, die etwas dunkler waren als andere Stellen.

»Meinen Sie …« Ich zeigte auf die dunklen Bereiche.

»Ja! Sie sehen sie also. Sind das Frauen? Oder Vögel?«

Ich begriff, dass sich diese Frau in einer anderen Welt befand. Während der vergangenen Tage, in Grönland, beim Überqueren der Tundra und die ganze Zeit, während der wir Franklins Route gekreuzt hatten und Steinmale und Knochen und Wasserkessel verlorener Expeditionen, Schneegänse und Eisbären und Sterntaucher gefunden hatten, musste sich jemand oder mehrere jemands – Engel, die mit uns auf der Reise waren – um diese Frau gekümmert haben, sie beschützt und dafür gesorgt haben, dass sie nicht noch verlorener oder verwirrter wurde, als es jetzt bereits der Fall war. Nun war ich an der Reihe, und ich erklärte ihr behutsam, dass die vier Vogelfrauen zum Flugzeug gehörten und aus Schatten und Teilen des Flügels bestanden. Ich gestand ein, dass es eine Augentäuschung war, und, ja, Schatten manchmal nicht das waren, was sie zu sein schienen. So ging es die ganze Strecke bis Edmonton, und beim Landeanflug war mein Gesicht wieder getrocknet.

Kapitel 20

Heiliges Land

Meine Zeit im Norden hatte mir einen neuen Sinn geschenkt, einen Sinn wie das Sehen oder Tasten – es ähnelte dem Hören, nur war das wahrnehmende Organ mein ganzes Ich, ein Ich, das sich nicht mehr vom Land getrennt fühlte.

Nachdem ich wieder zu Hause war, ging mir der Norden nicht mehr aus dem Kopf, und ich machte mir Gedanken sowohl über den Norden, der jetzt in diesem Moment ganz oben auf der Welt lebendig war, als auch über die Geschichte des Nordens, wie sie von Menschen mit völlig unterschiedlichen Perspektiven erzählt wird. In New York City gab es ein ganz bestimmtes Stück aus der Geschichte des Nordens, das Aspekte all dieser Erzählungen enthielt: Es war ein lebendiges Stück des Landes, und doch gingen von ihm sowohl europäische als auch Inuit-Geschichten aus. Es erzählte auch von einem Ort, der viel weiter entfernt war und aus einer völlig anderen Perspektive auf alle unsere menschlichen Geschichten herabblickte. Dieses Stück Norden, das ich sehen und berühren wollte, war der Meteorit, den Robert Peary 1897 aus Savissivik in Grönland mitgebracht hatte, nachdem er dort Jahrtausende gelegen hatte: Eisen vom Himmel, aus dem Generationen von Grönländern ihre Jagdwerkzeuge hergestellt hatten – bis Peary es mitnahm.

»Niemals hätte ich geglaubt, dass ich eines Tages keine Mühen scheuen würde, um mir einen gigantischen Steinbrocken anzusehen«, sagte ich zu Freunden. »Das hat die Fahrt in den Norden bei mir bewirkt. Dass ich mit einem Steinprediger auf einem Schiff war und auf eine Kante aus Gabbro aufgelaufen bin, das hat das bei mir bewirkt.«

Peary hatte eine Eisenbahnstrecke bauen müssen – die einzige Eisenbahn in Grönland –, um das Eisen abtransportieren und es an Bord der *Hope* bringen zu können, einem 370-Tonnen-Dampfschiff, das er eigens dafür herbeigeschafft hatte. Er hatte fünf Jahre dafür gebraucht, und eigentlich waren es drei Meteoritenstücke; Jäger hatten Peary erzählt, sie hätten ihnen Namen gegeben: Ahnighito (»Das Zelt«), »Die Frau« und »Der Hund«. Sie hatten ihm ihre Geschichte über diese drei Gebilde erzählt, und dann hatte er sie alle drei einfach mitgenommen und seiner Frau geschenkt, die sie für 40 000 Dollar an das American Museum of Natural History verkaufte.

Ich erzählte Bernadette Dean, dass ich vorhatte, mir Ahnigito anzusehen.

»Da musst du lesen, wie sie damals Wände einreißen mussten und so, um diesen Meteoriten ins Museum zu bekommen«, sagte sie.

»Ach was?«

»Ja, und wenn du schon dabei bist, in diesem Museum gibt es noch etwas. Der Tuilli meiner Urgroßmutter befindet sich ebenfalls dort, aber im Lager.«

Ich erinnerte mich an Bernadettes Geschichte von Shoofly, der Frau, die sich in einen Bostoner Walfangkapitän verliebt und ihm Perlengewänder und handgenähte Kleider geschenkt hatte. Bernadette hatte sich sehr anstrengen müssen, die Leute vom Museum zu überzeugen, sie ihr zu zeigen. Ich hatte viel über diese Szene nachgedacht, Bernadette, die sich vorkam wie an der Sir John Franklin Highschool – ein Inuit-Mädchen, das von weißen Lehrern über deren Version von ihrer Welt und allem, was sie enthielt, aufgeklärt wurde. Ich hatte recherchiert und Zeichnungen davon gemacht, wie die Kleidungsstücke ausgesehen haben könnten. Jetzt wurde ich ganz aufgeregt.

»Meinst du denn, es gibt irgendeine Möglichkeit, mir Shooflys Tuilli ansehen zu dürfen?«, fragte ich sie.

»Erkundige dich nach Laila Williamson und sage ihr, dass du mich kennst – du solltest sie vielleicht besser vorher anrufen –, dann können sie dich in den Lagerraum bringen, wo er liegt, zusammen mit ihren Beinkleidern – den Strümpfen – und dem Kopfschmuck.«

Ich hinterließ Laila Williamson eine Nachricht auf dem Anrufbeantworter. Am Nachmittag rief sie zurück.

»Es gibt Bilder von Shooflys Kleidung im Internet«, erklärte sie mir. »Schauen Sie sie doch einfach im Netz an. Es sind professionelle Fotografien, alle Details sind gut zu erkennen.«

»Ich bin sowieso im Museum, um Ahnigito und die ›Frau‹ und den ›Hund‹ zu sehen …« Als ich die Namen laut aussprach, hatte ich das Gefühl, sie wären persönliche Bekannte, lebende Wesen und alles andere als empfindungsloses Gestein. »Ich bin das ganze Wochenende in New York.«

»Na, dann können Sie die Kleidungsstücke sowieso nicht sehen, denn wir haben am Wochenende nicht geöffnet – nur an Werktagen.«

»Ich verstehe, aber ich habe mein Rückfahrticket noch nicht gekauft, sondern nur eine einfache Buskarte genommen. Ich habe mich noch nicht entschieden, ob ich mit dem Bus oder mit dem Zug zurückfahre, deshalb ist es egal, wann ich wieder nach Hause komme.«

Äußerst verwerflich von mir, noch sinnlos Zeit dort zu verbringen, deutete Laila an, während ich doch schon am Sonntag, wie ursprünglich geplant, nach Hause fahren konnte, vor allem, da die Kleidungsstücke online so gut dargestellt waren.

Bedächtig und freundlich, denn ich wollte nicht lästig oder streitlustig wirken, sagte ich: »Manchmal ist es etwas anderes, wenn man einen Gegenstand wirklich sieht, wenn man sich im selben Raum befindet, in seiner Gegenwart. Ich bin nämlich Schriftstellerin, wissen Sie, und ich… die Dinge sprechen mich anders an, wenn ich mit ihnen in einem Raum bin…«

Ich schwieg.

»Na gut. Sie müssen ein Rechercheformular für Besucher ausfüllen.«

Ich nahm meine Tochter Esther mit nach New York. Wir hatten ein paar Jahre zuvor einen Riesenspaß gehabt, als wir zusammen nach London gefahren waren. Wir waren auf die St. Paul's Cathedral gestiegen, hatten oben auf einem Doppeldecker schwankend eine Stadtrundfahrt gemacht, auf Augenhöhe mit grüblerischen Statuen, die gedroht hatten, lebendig zu werden und uns in arthurische Festungen zu entführen. In Stonehenge hatten wir uns mit dem Rücken an die Steine gelehnt und Sandwiches mit Käse und Zwiebeln gegessen, genau, wie Virginia Woolf es getan hatte, und irgendwie konnten wir nicht aufhören, über das Englische an sich zu lachen und wie wenig es sich jemals ändern würde.

Aber New York war anders. Als unser Bus uns morgens um

halb fünf an der Ecke 8th Avenue und 42. Straße ausspuckte, hatte ich Angst, den Bahnhof zu verlassen.

»Ach, komm, Mom«, sagte Esther. »Das sind nur New Yorker, Menschen, die hier leben.« Sie zerrte mich in das Lucky Star Café und wieder heraus. Wir kamen an Tiffany's vorbei, an Kostümen aus dem Brooklyn Museum, an Schaufenstern mit den neuesten Hemden, die mit Federn und Haaren bedeckt waren. Männer in Shirts mit der Aufschrift *NYC Street to Home Outreach*, die Obdachlose betreuten, beugten sich über eine Frau, die ein Schild hatte mit der Aufschrift: *Lasst mich in Ruhe – ich brauche nichts.* Die Eisbahn am Rockefeller Center war sehr klein – aber das war Stonehenge auch –, goldene Seidenfahnen, hohe Bäume, Aufpasser. Der schöne, ruhige Bryant Park lag still da, die Vögel schliefen in den Bäumen, dann kamen die steinernen Bibliothekslöwen. In London hatten wir dem Buckingham Palace und den ganzen Statuen »Aufhören!« zugerufen, aber in New York, der Stadt mit den überbordenden, heiteren Möglichkeiten, riefen wir: »Zeig's uns!«

Am Montag fuhr Esther nach Hause, und ich machte mich auf den Weg zum Eingang des Museum of Natural History in der 77. Straße. Der Turm des Museums ragte eindrucksvoll über dem Central Park in den Himmel. Laila Williamson empfing mich in Begleitung eines Museumswärters. Laila war ein Typ Frau, den ich sehr mag: ernst, schmucklos und ohne ein Lächeln auf den Lippen, eine Frau, die keine Scheu kennt. Der Wärter verschwand unauffällig, und Laila winkte mich weiter hinein in die Dunkelheit, vorbei an – das musste er sein – dem sich undeutlich abzeichnenden, glitzernden, massiven …

»Ist das …«

»Der Cape-York-Meteorit, Ahnighito, ja.«

Wir liefen rasch an Ahnighito vorbei, und Laila drückte undurchsichtige Glastüren mit Verbotsschildern auf. Wir betraten einen Aufzug, der für die Öffentlichkeit nicht zugänglich war, dann Gänge… die Wände waren mit hohen Schränken zugestellt, die wahrscheinlich Gegenstände enthielten, die das Museum erworben, aber nicht ausgestellt hatte. Wir gingen an Mitarbeitern an ihren Schreibtischen vorbei und betraten ein grau gestrichenes Hinterzimmer mit weiteren geschlossenen Schränken. Shooflys Gewand lag kalt und steril auf einem Tisch auf einem Stück Papier. Es war der Tuilli von Bernadettes Urgroßmutter, die sich in den Walfangkapitän George Comer verliebt hatte, der mit ihr Liebe machte und sie fotografierte und sie begehrte und zu ihr zurückkehrte, mit dem sie zur See fuhr und dem sie, wie es hieß, einen Sohn gebar, den alle John nannten.

»Die Inventarnummer dieses Kleidungsstücks ist 1902: Das ist das Jahr, in dem George Comer es gebracht hat«, sagte Laila. »Man sieht, dass es getragen wurde. Sie ist darin herumgelaufen – es weist die üblichen Gebrauchsspuren auf.« Sie betastete ein Stück des Fransensaums, das sich gelöst hatte. »Karibu haart fürchterlich. Es gibt ein Foto von ihr, wie sie mit einer Nähmaschine näht, aber ich glaube, das ist alles handgenäht. Mit einer Maschine lässt sich Leder nur schwer nähen.«

Laila ließ mich eine Einverständniserklärung unterzeichnen, in der ich zusicherte, dass ich keine Aufnahmen ohne Zustimmung veröffentlichte, obwohl es online Bilder von Shoofly in dem Kleid gibt – jeder konnte sie ansehen, ohne auf meine Bilder zurückgreifen zu müssen. Ich war verblüfft, wie flach der Tuilli ausgelegt war. Er erinnerte mich an Stockfisch, der

zum Trocknen auf Holz lag, nicht an den Küsten Neufundlands, sondern in Museen, die behaupteten, Neufundland so
darzustellen, wie es vor dem Ende der Kabeljaufischerei gewesen war. Als ich mich weiter herunterbeugte, entdeckte
ich, dass Bernadettes Urgroßmutter lebendige Szenen auf die
Brustplatte genäht hatte.

»Comers Schiffe sind über den Winter geblieben«, sagte
Laila. »Er hat damals teilweise bei den Eskimos gelebt. Sie gehörte zur Gruppe der Aivilik.«

Eskimos. Dieses Wort hatte ich lange nicht gehört – benutzte man es in Amerika noch? Ich versuchte, mir vorzustellen, wie ich mich wohl fühlen würde, wenn jemand meine
Großmutter oder Urgroßmutter als »northumbrische Ziegel-
macherin, die von Nachfahren aus der Verbindung zwischen
Pikten und Gälen abstammte« bezeichnete, während er eine
ihrer Häkeldecken für die Archive hütete. Aber ich konnte mir
das nicht vorstellen, und hätte ich es gekonnt, wäre es nicht
das Gleiche gewesen.

Ich spürte den Tod um den Tuilli, der ausgelegt und flach-
gestrichen worden war. Ich spürte ihn in den Etiketten *Eskimo*
und *Aivilik*, in dem Turm auf diesem Gebäude und in dem
gesamten Bau mit seinen Formschnitthecken und winzigen
Fenstern und den in die Türstürze gemeißelten Inschriften.
Das war ein Grab. Jeder, der hier drinnen lebte, hatte mit der
Klassifikation von etwas zu tun, das ermordet worden war, wie
die Tausenden lebender, geflügelter Wunderwerke, die Audu-
bon und die Schmetterlingssammler und alle kolonialen Entdecker aus dem europäischen Zeitalter der Segel bis heute gefangen hatten.

»Das …« Ich deutete auf eine mit Perlen gestickte Szene auf

der Kapuze von Shooflys Tuilli. Diese Geschichte zu sticken, musste genauso lange gedauert haben, wie jeder Wissenschaftler oder Dokumentarfilmer oder Schriftsteller brauchte, um irgendwo eine Alltagsszene zu schaffen.

»Das ist eine Jagdszene«, sagte Laila Williamson. »Eine Karibujagd.«

Die Perlen waren rot, gelb, blau, schwarz und weiß, bis auf den Jäger, der eine grüne Hose und ein rosa Hemd trug. Das Karibu war rot, und über der Szene leuchteten die Sterne.

Bernadette hatte mir erzählt, sie habe einen Artikel über den Tuilli geschrieben, für eine Ausstellung mit dem Titel *Infinity of Nations* im Museum of the American Indian. Darin bezeichnete sie die Szene mit der Karibujagd als ihr Lieblingsbild auf dem Gewand. Sie erzählte mir, Shoofly hätte sich sehr gefreut zu wissen, dass ihre Nachkommen immer noch Karibus jagten und Kleidung und Stiefel aus ihren Fellen machten. In diesem Artikel schrieb sie, dass die Alten erzählt hätten, George Comer hätte Shoofly manche Muster vorgeschlagen, und sie fragte sich, ob das vielleicht die Sterne oder die geometrischen Formen auf der Brustplatte waren. Aber ich sah jetzt, dass diese Formen aussahen wie die Schoten, Blumen und Samen, die ich in der Arktis gesehen hatte. Und was war das ebenfalls auf der Brustplatte? Waren das viktorianische Wanderstiefel? Sie hatten robuste, aber modische Absätze und sahen für mich aus wie altmodische europäische Stiefel mit Haken und Knöpfen, definitiv nicht geeignet, um damit über die Tundra zu laufen.

Bernadette sollte mir später, als ich sie nach den Stiefeln fragte, erzählen, dass George Comer Shoofly ein Paar elegante europäische Stiefel geschenkt hatte, in denen man mit einem Schirm in der Hand über die Trottoirs von London oder New

York spazieren konnte, während man die Tauben fütterte oder, wie meine Tochter und ich es gemacht hatten, Glitzersteine beäugte, die, geschützt von Tiffanys Panzerglas, um einen schwarzen Samthals geschlungen waren. Comer schenkte Shoofly Stiefel, die jede Frau faszinieren würden, ob sie Halbschuhe trug wie Laila Williamson oder die altersschwachen Exemplare, die ich an unser verlassenes Schiff in der Arktis gebunden hatte. Comer schenkte Shoofly Stiefel, die ein Liebhaber einer Frau schenkt, aber er hatte noch ein anderes Leben mit einer anderen Frau, daher streichelte er nicht jede Nacht Shooflys Füße mit den Händen. Oder er war einfach nicht der aufmerksamste Mann, vielleicht stahl er die Stiefel für Shoofly auch von Julia, seiner weißen Frau, weil er dachte, alle Frauenfüße wären gleich. Jedenfalls waren die Stiefel zu klein, und was machte Shoofly mit einem Paar herrlicher Schuhe, die ihr nicht passten? Sie nähte aus Perlen ein Abbild davon auf ihren Tuilli, damit sie trotz allem ihre Herrlichkeit zeigen konnte, wenn sie an Land herumlief.

»Arbeiten Sie gerade an etwas Interessantem?«, fragte ich Laila Williamson. Ich merkte, dass sie sich gerne wieder anderen Arbeiten widmen würde.

»Ja, wir haben tatsächlich gerade eine Kollektion von Indianern aus Westmexiko bekommen …«

Unten erwartete mich Ahnighito. Daneben standen die »Frau« und der »Hund«, viel kleiner. Ich fühlte mich wie im Norden, als ich mich unter dem arktischen Himmel neben die Felsen auf den Boden gesetzt hatte. Ausnahmsweise war der Fluchtimpuls eines Geistes, der sonst immateriellen Dingen zugeneigt ist, am Ziel angelangt, wurde vom Boden festgehalten und gehegt. Der Boden ist gleichzeitig Magnet und Himmelskörper, er rast durch den Raum und zieht andere Körper an. Ahnighito, die »Frau« und der »Hund« sind wie die riesige Hand meines Mannes auf meinem Herzen, wenn ich nervös oder traurig bin. Sie besitzen eine wortlose Kraft, sie spenden Trost, und sie sprechen, indem sie nicht Worte, sondern Substanz benutzen – den unausgeformten Ursprung aller Wörter. Der »Hund« ist klein und glatt – im Verhältnis zu Ahnighito und der »Frau«, wie ein richtiger Hund –, verspielt und heißgeliebt. Es war zu erkennen, dass die Grönländer Stücke davon für ihre Werkzeuge abgeschlagen hatten, sodass Pockennarben zu sehen waren, organisch und zielstrebig, bevor sie von Peary unterbrochen worden waren, der erst ihr Vertrauen gewann und dann den »Hund«, das »Zelt« und die »Frau« verschwinden ließ.

»*Spektakuläre Proben vom ganzen Planeten …*«, sprach eine typische Kommentarstimme aus dem Ausstellungsraum nebenan. Eine Frau und ihre Kinder schlenderten an Ahnighito vorbei, und die Mutter erklärte Meteoriten mit Worten aus einem Lehrbuch, ohne auch nur einen Blick auf Ahnighito, den »Hund« oder die »Frau« zu werfen.

Ich wusste, dass Laila Williamson oben wahrscheinlich vorsichtig Shooflys Tuilli verstaute. Ich hatte sie nicht gefragt, ob ich auch Shooflys Beinkleid und Kopfschmuck sehen durfte. Laila Williamson war höflich und entgegenkommend gewesen, trotzdem war ich irgendwie traurig. Ich saß mit Ahnighito und seinen Gefährten da, berührte sie, betastete die Stellen, wo Jäger sich einst Metall von der »Frau« und dem herzerweichenden, rundlichen »Hund« geholt hatten – warum konnte Peary dem grönländischen Volk nicht den »Hund«, die »Frau« und ihr Obdach, Ahnighito, lassen?

Später fragte ich Bernadette, wo Ahnighitos Name herkam.

»In unserer Sprache, in meinem Dialekt, gibt es ein Wort – *angijuq* –, es bedeutet groß oder dick. Das Wort, das du aufgeschrieben hast, hat dieselben Wurzeln, aber damals haben die Leute – englischsprachige Leute – es anders geschrieben oder das Wort anders verstanden.«

Das Museum of Natural History lässt Raum für Spekulationen und bleibt dabei so präzise und wissenschaftlich wie möglich. »Mittlerer Oktaedrit« nennt es die spezifische Zusammensetzung von Ahnighito, während auf einer Tafel verkündet wird, dass sich Jäger die Geschichte vom »Zelt«, von der »Frau« und vom »Hund« vielleicht eigens für Peary ausgedacht hatten, um ihn zu erfreuen. Der Stein liegt da, ungekannt und ungehört von den Scharen, die tun, was Menschen in Museen tun – sie kommen, um zu lernen. Aber was lernen sie?

Später einmal, an einem Januartag in Montreal, schien die Sonne, und mir war bewusst, dass ich nicht die Tundra unter den Füßen hatte. Unter meinen Füßen lag die Rue Jean Talon. Die Gehsteige waren von Eis bedeckt. Die Ornamente des Tages beschränkten sich auf einen Schwarm Tauben, die von der Traufe des Drugstores zu einem heruntergekommenen Bushäuschen flogen. Ich lief an einem Wohnblock vorbei, und mir fiel zum zweiten Mal in dieser Woche auf, dass es draußen zwar minus sechzehn Grad kalt war, dass aber aus einem Gitter Luftstöße kamen, die warm waren wie ein Sommertag. Unser Premierminister hatte beim letzten Weltwirtschaftsgipfel in Europa den Staatsoberhäuptern erzählt, es habe keinen Sinn, die Treibhausgasemissionen zu beschränken, weil das unrealistisch wäre. Der spanische Premierminister sah ihn an, als käme er von einem anderen Stern, und antwortete, wenn wir nicht weltweit unser Verhalten ändern würden, würden wir verschwinden.

Montreals Bäume standen gerade nicht in voller Pracht. Sie hatten kein Laub. Stare und Tauben hockten lieber in Regenrinnen und auf Fenstersimsen, sodass die Bäume kahl blieben, mit rissiger Rinde und eisglänzend unter einem gefrorenen Himmel. Passanten ignorierten die Bäume: Leute, die ihren Hund ausführten, Büroarbeiter, die mit Kaffee im Pappbecher vorbeieilten, keuchende alte Frauen am Stock, beladen mit Tüten voller Äpfel und Toilettenpapier.

Ich erinnerte mich daran, wie ich vor Jahren eine Herrlichkeit innerhalb solcher ganz gewöhnlicher Dinge wahrgenommen hatte: Stare, Zweige, die bescheidene Schönheit von Gassen oder Unkraut auf leerstehenden Grundstücken. Und doch hatte ich, schon als ich noch jung war, gespürt, dass sich die Erde, neben ihrer Schönheit, einer schwer festzumachenden Bedrohung gegenübersah, über die niemand sprach: Wir lebten weiter, als würde das Leben in unserem glücklichen Teil der Welt, so wie wir es kannten, für immer so weiterlaufen.

Selbst heute benehmen sich die Menschen weiterhin so, obwohl jeder zumindest ein paar Alarmglocken gehört hat, wenn es um die Gefahren, die dem Planeten drohen, geht. Ich staune, dass wir weiterhin so leben wie bisher, obwohl sich die Regeln des Lebens deutlich geändert haben.

Auch wenn sie kahl und rissig waren, besaßen die Winterbäume dennoch ein Vokabular aus Knospen und einander überkreuzenden Zweigen, die nach oben strebten, in ihrem Verlangen nach Licht rührend ineinander verflochten: Sie hatten *Präsenz*, und diese Präsenz spürte ich jetzt, wenn ich mich darauf konzentrierte zuzuhören, genau hinzuhören, so wie es mir das arktische Land beigebracht hatte. Ein Baum hat einen Körper, so, wie ich einen Körper habe. Seine Wurzeln reichten weit in die Tiefe auf der Suche nach klarem Wasser. Wir vergaßen diese Wurzeln und wie mächtig Bäume waren; nicht mächtig hinsichtlich Selbstverteidigung, Fortschritt oder irgendwelcher die Grenzen sprengender, mit Action vollgepackter Arten von Macht, an die man gemeinhin denkt, sondern mächtig hinsichtlich ihrer Präsenz und Schwere. Wenn ich zuhörte und empfing, was die Bäume zu sagen hatten, sogar die winterlichen Stadtbäume, dann hörte ich die Geschichte von jemand Schönem, der ungehört blieb. Was sagt die Erde, wenn wir hastig unseren Alltagsgeschäften nachgehen? Sie sagt: »*Hört zu! Da passiert etwas ganz Neues.*«

Seit meiner Rückkehr in den Süden war ich nicht mehr dieselbe. Jedes Blatt, jeder Stein, jede Wolke erzählte mir vom Norden und von der Botschaft, die der Norden mir zu vermitteln versucht hatte. Ich sah mich um, wer – wenn überhaupt jemand – diese Botschaft hörte und sich entsprechend verhielt. Abends erfuhr ich aus den Nachrichten, dass die kanadische Regierung eine Pressemitteilung herausgegeben hatte: Sie hatten ausgerechnet, wie viel ein Eisbär wert war, wenn man Fleisch, Pelz, Tourismus und andere Möglichkeiten, wie das Tier zum Bruttosozialprodukt beitragen könnte, in Geld umrechnete und zusammenzählte. Peter Mansbridge verkündete das mit seiner gewohnten Moderatorenstimme, einer Mischung aus Gravität und Jovialität, und sein Tonfall implizierte: *Da haben wir eine solide Vorstellung.* Aber was ich sah, war eine tabellarische Auflistung von Geldwerten, ohne dass man sich dabei um die tiefere Bedeutung eines Bären oder Landes oder Volkes im Norden gekümmert hätte: Ich spürte die alte koloniale Methode, einen Wert auszurechnen. Aber gleichzeitig erreichte mich ein neues Konzept – ein Wort – durch meine Tochter Juliette, die in der High School gerade Klimakunde und Geographie durchnahm.

Das Wort lautete »Kryosphäre«, einer der seltenen wissenschaftlichen Begriffe, denen es gelingt, durch und durch menschlich und ehrwürdig zu klingen. Abgeleitet vom griechischen *kryos*, das Kälte, Frost oder Eis bedeutet, und *sphaira*, dem Wort für Kugel oder Ball, bezieht sich das Wort auf den Teil des Planeten Erde, der gefroren bleibt: einen Teil, von dem wir heute wissen, dass er schmilzt und kleiner wird, während wir trotzdem weltweit an politischen, kulturellen und industriellen Strategien festhalten, die diese Schmelze beschleunigen. Das Wort Kryosphäre war neu, es stand nicht in meinem Oxford Dictionary. In meiner Vorstellung driftete das Wort selbst auseinander, wie Stücke schmelzenden Eises, und wurde zu »*Cry, o sphere*«. Es wurde zum Teil eines Klagelieds, das in mir lebte, während ich mich fragte, wie ich leben sollte, nun, da ich in den Süden zurückgekehrt war.

Cry, o sphere – weine, Himmelskugel – schluchze, liebe Erde, klagt, ihr Menschen, wenn so heil'ger Boden ungehört bleibt... Weine, Himmelskugel, wenn ich in den Norden gehe und nur den mineralischen Körper der Erde wahrnehme und nicht ihren geheiligten Geist...

Bernadette Dean und Aaju Peter fehlten mir – ihre Stimmen und ihre Perspektiven. Aber eine andere indigene Frau verschaffte sich Gehör. Chief Theresa Spence aus dem kanadischen Attawapiskat-Reservat war in den Hungerstreik getreten, um gegen die Lebensbedingungen ihres Volks zu protestieren. Unterdessen hatten die First Nations in Kanada begonnen, sich gegen die neue Bundesgesetzgebung zu stellen, die den Schutz von Flüssen, Seen und Land zugunsten wirtschaftlicher Gewinne reduzierte. Indigene Gruppen und ihre Bündnispartner aus Neuseeland, Südamerika, Afrika, den Vereinigten Staaten und Israel hatten sich den kanadischen First Nations angeschlossen und verkündeten das Ende des globalen Festhaltens an alten kolonialen Modellen, die das Leben als Ware statt als heiliges Gut betrachteten. Ich beschloss, mit dem Bus zu Chief Spences Tipi zu fahren, das am Ort ihres Protests stand, einer winzigen Insel im Ottawa River.

Ich kam an Tag 31 von Chief Spences Fasten in Ottawa an. Taxifahrer und Ladeninhaber, die nur eine Viertelstunde zu Fuß vom Ort des Protests entfernt waren, hatten keine Ahnung, was dort vor sich ging. Als ich fragte, wo es zum Tipi von Chief Spence ging, oder ihren Hungerstreik erwähnte, wussten die Leute nicht, wo das war oder worum es ging. Mein Mann hatte mich in Montreal noch gewarnt, dass das, was für mich wie der Beginn eines weltweiten Aufstands aussah, von den meisten Menschen gar nicht wahrgenommen wurde; Menschen, die wie üblich in Eile waren, um rechtzeitig zur Arbeit zu kommen.

Durch den Schnee ging ich am Château Laurier vorbei in Richtung der Insel, die auf meiner Karte als Victoria Island verzeichnet war. Bald war ich auf der Wellington Street und lief direkt vor dem Parlament vorbei. Es war kurz nach Weihnachten, und es wurde schon dunkel. Riesige Schneeflocken aus rotem, grünem und weißem Licht wurden auf die nüchterne Steinfassade des Gebäudes projiziert; die Centennial Flame flackerte in ihrem Brunnenbecken, und Touristen machten dort Fotos. Ich wusste, dass Victoria Island hinter dem Parliament Hill liegen musste, aber ich sah sie nicht. Der Peace Tower und der Centre Block ragten mit einem Gesicht und Schultern auf, die imposant und erdrückend zugleich wirkten. Für wen hielt ich mich eigentlich, an diesen Hallen der Macht vorbeizulaufen, in alten Gummistiefeln und mit drei hartgekochten Eiern, einer Prise Salz in Alufolie und einer Thermoskanne Labrador Tea im Rucksack?

Ich hatte Angst davor, plötzlich auf einem kleeblattförmigen Autobahnkreuz zu stehen, das nicht für Fußgänger gedacht war. Ich fürchtete mich davor, mich zu verlaufen und Theresa Spence oder ihr Tipi niemals zu finden. Ich war alleine hergefahren, ein zerlumpter Eindringling, der kein Recht hatte, an der Flamme oder den Queen's Gates vorbeizulaufen, und auf dessen Sympathien das hohe Zifferblatt der Turmuhr durchaus mit Misstrauen herabblicken könnte. Nahm die Wellington Street denn nie ein Ende? Doch da, rechts, sah ich die Portage Bridge, auf den getrennten Fahrspuren rauschte der Verkehr vorbei, zu beiden Seiten war es dunkel. Ich hatte mir eine kleinere Brücke vorgestellt, von der ich auf Victoria Island hinunterblicken, vielleicht ein paar Stufen hinabsteigen und das Tipi ganz leicht von der Straße aus sehen konnte. Aber ich sah nur Finsternis. Warum war ich überhaupt gekommen?

Ich hätte es ganz leicht vernünftig begründen können, wieder nach Hause zu fahren, und manche hätten sich gedacht, ich hätte wohl endlich wieder Vernunft angenommen. Aber ich lief weiter. Auf welcher Seite der Brücke stand ihr Tipi? Welches Recht hatte ich überhaupt, mich dem Lagerplatz von Chief Spence zu nähern? Ich ging weiter und lauschte dem Bewusstsein, mit dem ich in der Arktis gelernt hatte, Land,

Wasser und Luft zu unterscheiden. Während auf der Brücke weiterhin die Autos fuhren, spürte ich das Wasser des Ottawa River darunter, und ich erkannte die Schwärze, wo dicht die Bäume wuchsen. Der Mond, der in der Nacht zuvor voll gewesen war, erleuchtete den Himmel über den Parliament Buildings, die jetzt hinter mir aufragten. Ich bat das Land um Orientierung, blendete die Autos aus und betrachtete den Schnee am Rand der Brücke. Ich näherte mich jetzt dem Ende: Was, wenn ich dort anlangte, ohne eine Öffnung gefunden zu haben?

Dann, golden und blau erleuchtet in dem dunklen Schnee, bemerkte ich eine Fußspur, die von der Brücke wegführte, rechts von mir und am Ufer entlang. Ich folgte ihr, bis ich Stöcke sah, die über einem Zaun nach oben ragten: die sternförmige Spitze des Tipis in einem Gatter aus grobem Holz. Es war nichts zu hören, aber von innen stieg Rauch auf, und es gab ein Tor, durch das ich ein Feuer flackern sah. Das Tor stand halb offen. Ein junger Mann bewachte es, und ich musste nun wohl erklären, was meine Absicht war.

Was genau war eigentlich meine Absicht? Warum war es an diesem Ort so still? Zwei Frauen spielten mit einem Kind um das Feuer. Das Kind hatte eine Trommel. Ich sah Bäume, einen Schuppen und den Rauch eines weiteren Feuers hinter einem Verschlag.

»Hallo«, sagte ich zu dem jungen Mann.

»Hallo.«

Es gefiel mir, dass nichts an ihm mein Recht, mich dort aufzuhalten, in Frage stellte, und doch lud er mich irgendwie ein, meine Gedanken auszusprechen.

»Ich bin mit dem Bus aus Montreal gekommen. Ich hoffe,

das ist in Ordnung. Ich wollte Chief Spence meinen Respekt ausdrücken … ihrem Hungerstreik. Darf ich denn reingehen und das machen?«

»Natürlich. Sie schläft jetzt. Aber Sie können reingehen. Sie können Tabak opfern, wenn Sie wollen.«

Ich dankte ihm und ging hinein, als wüsste ich, wovon er redete. Tabak opfern? Ich wusste nicht, was das bedeutete, und ich hatte ganz sicher keinen Tabak dabei. Ich fand es freundlich von ihm, anzunehmen, dass ich überhaupt etwas zu opfern hatte. Ich hatte ein kleines Geschenk für Chief Spence dabei, aber es war kein Tabak.

Das Kind mit der Trommel sang und trommelte mit einer Stimme, die kraftvoller und prophetischer war, als ich es mir je hätte vorstellen können. Das zweite Feuer, das hinter dem Verschlag leuchtete, war das heilige Feuer von Chief Spence und ihren Unterstützern: Es gab Gepflogenheiten, die um das Feuer herum eingehalten werden mussten, und dazu gehörte, dass ich weder mein Notizbuch herausholen noch etwas mit der Kamera aufnehmen durfte. Die Frau, die ich meine Waffenschwester nenne, Christine – die Frau, die für mich die Wikingerbestattung gemacht hatte, um mich von den Geistern meiner ersten Ehe zu befreien –, war von Toronto aus hergekommen. In dieser ersten Nacht saß sie hier mit vier oder fünf anderen, die beteten und sich rund um das Feuer sitzend unterhielten. Wir hatten gedacht, auf der Insel wären so viele Menschen, dass wir vielleicht gar keinen Platz mehr finden würden. Aber die Anzahl der Anwesenden konnte man an zehn Fingern abzählen: Einer der Ältesten, der zwischen Beten und Witzereißen hin und her wechselte, der trommelnde Junge mit seiner Mutter und eine Frau, die mir erzählte, wie sie sich jahrelang in der Wüste an der kanadisch-amerikanischen Grenze versteckt hatte und es ihr gelungen war, ihre Kinder zu ernähren, ohne von den Grenzposten erwischt zu werden.

Ich genoss den Duft von Räuchersalbei, die Behaglichkeit der Flammen in der Beinahe-Einsamkeit und die Ruhe. Dieses heilige Feuer schenkte mir alte Segnungen, die mir gefehlt hatten.

Ich ging zu dem Baum unten am Fluss, wo die Leute bunte, mit Tabak gefüllte Gebetsbeutel aufgehängt hatten. Auf der anderen Seite des Flusses ragten die Parliament Buildings auf, ganz nah. Diese kleine Insel steckte inmitten der kanadischen Geschichte, wie ein Stein in der Fassung eines Rings. Ich fragte mich, wie sie wohl geheißen hatte, bevor sie nach Victoria benannt worden war, und ich dachte an die ganzen arktischen Orte und Landmarken, die zwei Namen besaßen: eine britische, koloniale Bezeichnung, die über den Namen gelegt worden war, der von den ursprünglichen Völkern stammte.

An diesem Abend sang das Kind mit der Trommel am Feuer:

I remember the time
When we used to stay up all night, singing
Aiee hai away… Aiee hai awa…

Am Morgen hörte ich über den Fluss hinweg das Brummen der Maschinerie, die die Stadt am Laufen hielt. Hier auf der Insel hörte man, wie Holz geschlagen wurde, das Schreien der Kanadagänse, ein quietschendes Tor, Schnee, der unter den Füßen knirschte, dann Trommeln und Gesang im Tipi von

Chief Spence, während sich Heilerinnen um sie kümmerten. Die Ältesten waren zusammengekommen. Sie fragten sich: »Wie sollen wir die nächste Generation von Ältesten ernähren, die Leute, die jetzt vierzig und fünfzig Jahre alt sind?«

Ich hatte Gerüchte gehört, die neue Bewegung zum Schutz der Erde sei eine Bewegung, die von Frauen angeführt werde. Es kamen noch mehr Leute herbei, und ich erfuhr, dass am Nachmittag Medienvertreter hier aufschlagen würden, auch Parlamentsabgeordnete waren angekündigt. Chief Spence wollte der Welt eine Botschaft übermitteln.

Ich hatte ein kleines Geschenk für Chief Spence, und ich wollte es gerne jemandem geben, bevor die Massen kamen. Daher fragte ich einen freundlichen Mann mit Pelzmütze vor ihrem Tipi, wo ich es hinterlassen konnte.

»Es ist Labrador Tea, den ich in Neufundland gepflückt habe.«

Ich hatte auch eine Karte mit einem Moschusochsen im Schnee, der auf dem Foto winzig aussah. Es war ein einsames Tier, dachte ich, nachdem ich gesehen hatte, wie sich arktische Moschusochsen in Dundas Harbour zusammengedrängt hatten, um einen warmen Berg zu bilden. Chief Spence fühlte sich jetzt bestimmt selbst allein, trotz der Menge, die sich hier versammelte. Noch hatte sich niemand ihrem Fasten angeschlossen.

Das Gesicht des Mannes hellte sich auf. »Danke. Ich gebe es ihr.«

Er nahm den Beutel mit den streng riechenden Blättern entgegen, als wäre es Weihrauch oder Myrrhe. Ich hatte mir Sorgen gemacht, dass es vielleicht albern wirken könnte, wenn ich so etwas Kleines verschenkte, aber er gab mir das Gefühl, ich hätte etwas von mir, von meiner Zeit und von dem Land verschenkt, und so war es auch. Ich hatte einen ganzen sonnigen Nachmittag auf einer Anhöhe an der Westküste Neufundlands verbracht, den Tee gepflückt und daran gedacht, wie ich früher mit meinem Freund Art Andrews in den Witless Bay Barrens Tee geerntet hatte. Der Tee duftete nach Medizin, er war erfüllt von der neufundländischen Sonne und von persönlichen Erinnerungen – ich hatte ihn eigentlich für mich selbst gepflückt, aber in der letzten Minute, bevor ich aus Montreal aufbrach, war mir eingefallen, ihn Chief Spence mitzubringen, die medizinische Tees trank, während sie fastete. Wenn ich schon nicht genug informiert war, um Tabak mitzubringen, dachte ich jetzt, so akzeptierte doch zumindest dieser freundliche Mann das, was ich mir hatte einfallen lassen.

Als sich die Journalisten versammelten, fiel mir ein junger Reporter ohne Kamera auf. Er trug einen Filzhut und kritzelte in ein Stenoheft, wie wir es auf der Journalistenschule benutzt hatten. Er wog kaum mehr als fünfzig Kilo. In seinem Ziegenbart hatten sich Schneeflocken gefangen, die geschmolzen und dann wieder kristallisiert waren. Sein Tonfall verlieh ihm etwas Hysterisches, als er den Mann befragte, der meinen Labrador Tea entgegengenommen hatte. Mir fiel auf, dass dieser Torwächter deutlich geduldiger war als ich, wenn jemand aggressiv mit mir sprach.

»Wer sind Sie denn überhaupt?«, fragte der Schreiber. »Hüten Sie das Feuer?«

»Nein.«

»Nicht das Feuer? Was machen Sie dann?«

»Ich hüte den Frieden.«

»Den Frieden zwischen wem?«

»Zwischen allen.«

Ich überlegte, ob ich außer Hörweite gehen sollte, aber der Kontrast zwischen dem schrillen Fragesteller und der Ruhe des Befragten faszinierte mich. Unwillkürlich urteilte ich über den Schreiber, fand mich selbst viel liebenswürdiger als ihn, obwohl das bei weitem nicht stimmte. Ich konnte mich nicht losreißen, besonders als er eine Frage stellte, die ich mir auch schon gestellt hatte.

»Welchen Namen hatte die Insel denn vorher?«

»Das ist Victoria Island.«

»Aber wie lautet der ursprüngliche Name dafür? Wie nennen Sie sie?«

»Wir nennen sie Victoria Island.«

Ziegenbart hielt eine Tirade darüber, dass es doch wohl nicht sein konnte, dass diese Insel wirklich Victoria Island hieß. Handelte es sich hier etwa nicht um Land, das die Algonkin nicht abgetreten hatten? War »Victoria« etwa keine koloniale Bezeichnung? Hatte der Hüter des Friedens nicht genug Verstand, um zu begreifen, dass sein Volk diese Insel unmöglich von Beginn an Victoria Island genannt haben konnte?

Da antwortete er ruhig: »Bei uns hieß sie die Insel der Pfeife.«

Ziegenbart hörte das entweder nicht oder hatte bei seiner Schnellfeuerbefragung einen solchen Schwung entwickelt, dass er sofort zu einem neuen Thema überging. Ich konnte den Mund einfach nicht halten.

»Entschuldigung«, sagte ich zu dem Hüter meines Geschenks, »*Insel der Pfeife* – können Sie mehr darüber sagen?«

»Wegen der Stromschnellen«, sagte er. »Da fließt das Wasser durch Verengungen, und durch diese Kraft steigt Dunst auf, wie Rauch aus einer Pfeife.«

»Das ist heiliges Land, oder?«, wollte Ziegenbart wissen. Ich war mir nicht sicher, was er wollte. Er schien nichts über die Insel der Pfeife geschrieben zu haben und wiederholte jetzt ständig seine Fragen über heiliges Land. »Ist dieser Ort denn heilig? Haben Sie ihn deshalb für den Hungerstreik ausgewählt?«

Er fragte weiter, ob die Insel heilig war, und wieder hatte ich den Eindruck, dass er die Antwort gar nicht zu hören schien. Sie kam ganz leise, ganz sanft, aber sie drang mit einer solchen Macht in meinen Körper ein, dass ich sie nicht falsch verstehen konnte.

»Alles Land ist heilig«, sagte der Hüter des Friedens.

Alles Land ist heilig. Der Ort, den wir die Nordwestpassage nennen, hatte mich gelehrt, dass dies wirklich der Wahrheit entsprach. Während des nächsten Frühjahrs und Sommers merkte ich, dass meine Reise mich für Dinge aus der Natur sensibel gemacht hatte, ganz egal, wie unbedeutend sie waren: ein wenig Goldrute, die in dem Spalt zwischen der Carrefour Dental Clinic und dem Gehsteig der Rue Belanger wuchs, Eichhörnchen in dem italienischen Park am Boulevard St-Laurent, ein Baum voller winziger Vögel in einem sonnenbeschienenen Fleck auf der Mozart Street. Ich wollte mehr davon, deshalb kaufte ich mir ein Ein-Mann-Zelt und fuhr hinaus aufs Land.

Ich hatte eine Medizinfrau kennengelernt, die mir beigebracht hatte, wie man eine Stelle fand, an der man ein paar Tage lang fasten und wohnen konnte, indem man den Wind, die Tiere, die Bäume, die Steine und die Himmelsrichtungen zu Rate zog. Selbst nach meiner Zeit im Norden war ich nicht darauf vorbereitet, wie lehrreich das Land ist, wenn man sich ihm überlässt und ihm ohne Ablenkung zuhört. Ich hatte angefangen, Evelyn Eatons Buch *I Send a Voice* zu lesen, und war bei der Stelle, wo sie darauf hinweist, wie wichtig es ist, alles für sich zu behalten, was das Land und die Tiere einem Menschen mitteilen, der wirklich zuhört, für den Fall, dass andere das nicht verstehen oder gar spotten.

»Die Ahnungen, die Andeutungen, die kommen«, schreibt Eaton, eine in der Schweiz geborene kanadische Lyrikerin, Romanautorin und Dozentin, die ihre späteren Jahre der Spiritualität ihrer ostkanadischen indigenen Wurzeln widmete, »die Präsenzen, die bewirken, dass man sie empfindet, die Reaktionen der natürlichen Welt, Tiere, die kommen, um gesegnet zu werden … Blumen, die sich weiter öffnen, Gräser, die sich nach vorne beugen, Wasser im Bach, das mit einem neuen Klang und in einem neuen Rhythmus plätschert, über diese Dinge kann man nicht sprechen, ohne dass sie an Kraft verlieren oder für einen Zufall gehalten werden oder dass man sich gar darüber lustig macht … Aber wer sich bemüht und redlich ist, der kann sie entdecken, spüren und verstehen …«

Ich brachte mein Zelt zu einer Lichtung im Wald, umgeben von Kiefern. Ich verbrachte dort Tage und Nächte allein, ohne Essen, ohne Buch und ohne Gesellschaft, bis auf das, was das Land zur Verfügung stellte. Nachts kamen Rehe ganz nah – ich hörte ihren Atem, als sie sich meinem Zelt näherten. Zum ersten Mal in meinem Leben achtete ich auf die vier Himmelsrichtungen, ich verabschiedete mich von einer Gänseschar nach der anderen, die ihre Reise in den Süden antraten und deren stromlinienförmige Kalligraphie sich in den

V-förmigen Nadelmustern in den Kiefern wiederholte. Es wird nichts passieren, dachte ich zunächst, aber ich hatte versprochen abzuwarten.

Nachdem ich schon stundenlang still verharrt war, teilte die älteste Kiefer schließlich ein Fragment ihres stillen Wissens mit mir. Nun erlebte ich wieder die Verbindung, die ich in der Arktis kennengelernt hatte und was Evelyn Eaton als die Antworten der natürlichen Welt bezeichnet hatte – subtil und doch unverkennbar –, und nur hörbar, wenn ich bereit war, auf dem Land zu bleiben, statt darauf zu bestehen, nur durchzureisen.

Eaton hatte recht damit, dass diese Botschaften der natürlichen Welt wenigstens für eine Weile geheim bleiben müssen. Zum ersten Mal in meinem Leben richtete ich Fragen nicht an menschliche Lehrer, sondern an eine Krähe, an einen weißen Stein, an ein Reh in der Nacht. Ich kann hier nicht alles sagen, was mich das Land bei dieser ersten Befragung, nachdem ich aus dem Norden zurückgekehrt war, lehrte: Vieles davon sollte nur ich allein hören und mich entsprechend verhalten. Und es ist immer noch erst das Flüstern einer neuen Reise, die gerade erst begonnen hat.

Dank

Danke, Bernadette Dean, Aaju Peter, Sheena Fraser McGoogan, Nathan Rogers, Elisabeth Richard-Moscovitz und allen meinen freundlichen Gefährten auf dieser Reise. Ich danke den Lehrern an Bord unseres Schiffes, insbesondere dir, Marc St-Onge, für deine Geduld und dein Wissen über die Bedeutung von Gestein. Ich danke Matthew Swan und Adventure Canada für die großzügige Gastfreundschaft und Noah Richler für die Einladung zu der Reise. Danke, Rebecca Burgum, für die liebenswerte Freundlichkeit. Danke, Laila Williamson vom American Museum of Natural History, für die Präsentation und die Erklärungen von Shooflys Gewändern. Ich danke allen von House of Anansi, besonders Sarah MacLachlan, meiner engagierten Cheflektorin Janie Yoon und der Grafikerin Alysia Shewchuk. Danke, Melanie Little, für das elegante Lektorat. Mein Dank meiner Agentin Shaun Bradley, für dein unerschöpfliches Verständnis, deine Unterstützung und sicheres Urteil. Ich danke Lois Carson für das Lesen und Kommentieren des Manuskripts. Danke, Christine Pountney, für deine heiligen Handlungen. Und ich danke meiner Familie und meinen Freunden und dem lebenden Land, ohne sie alle wäre ich sehr einsam. Und danke, liebe Leser.

Ich bin Elisabeth Richard-Moscovitz zu Dank verpflichtet, weil sie ihre Erinnerungen an die Reise mit mir teilte, sodass mir Einzelheiten wieder einfielen, die ich sonst übersehen oder vergessen hätte.

Nick Hunt

Mit dem Wind
Wanderungen vom Atlantik bis zum Mittelmeer

416 Seiten, gebunden, btb 75844

**Reisen zu wilden Winden und wilden Landschaften –
und zu den Menschen, die sie bewohnen.**

Den Wind sehen wir nicht, aber wir spüren ihn. Der britische
Journalist und Reiseschriftsteller Nick Hunt macht sich auf
den Weg, den Wind zu erwandern. Von den Höhenzügen im
Nordwesten Englands bis zu den Alpen, von den Ufern der
Rhone bis zur Adriaküste führen ihn seine Wanderungen. Dabei
erlebt er nicht nur hautnah jene Kräfte, denen er auf der Spur
ist, er taucht auch ein in Mythen und Legenden, Geschichte und
Geschichten, Wissenschaft und Aberglauben. Ein faszinierender
und unkonventioneller Reisebericht.

»Mitreißend und unterhaltsam.«
Financial Times

btb